公益叢書
第二輯

東日本大震災後の公益学と労働組合

現代公益学会編

文眞堂

現代公益学会の発足にあたって

　世紀の転換を前後する2つの大震災を機に、公益法人改革がすすめられた。国等が公益法人に対して支給する補助金や業務委託費の適正化、また公務員の公益法人への天下り問題などに端を発し、財団法人の汚職事件（KSD事件）に対する批判・反省等がそれに拍車をかけ、公務員制度改革の一環として公益法人改革がすすめられることになった。その過程で、民間有識者会議が、「官による公益」から「民による公益の増進」に大きく流れを変えることになった。

　NPO法（特定非営利活動促進法）、次いで公益法人3法が導入されたのは、そのような背景の下であった。また、世紀の転換を前後する2つの大震災を機に、市民によるボランティア活動の高まりや寄付文化の醸成もみられるようになった。その流れの中で、公益活動の主要な主体である公益法人が制度面でも、また原則面でも、大きく転換することになるのである。

　その結果、国等からの補助金や委託費を主たる財源として活動する官制公益法人、民間の篤志家が拠出した寄付金を基本財産として、その運用益を主な財源として活動する公益財団法人、さらには法人の活動の趣旨に賛同してボランティアの参加者の活動に重点が置かれるNPO法人など、制度の多元化・多様化、また法人結成の簡易化が実現した。それと共に、公益法人への市民の参入、また公益法人と市民・地域の連携・相互貢献を進める土台が整えられた。

　より良い社会・まちづくりにはNPO法人を含む多様な公益法人の参加、また社会における公益法人の地位や役割の向上が不可欠であるが、今やそれに向けて公益法人は大きく前進しようとしている。現実に、公益法人全体が拡大・拡充に向かいだした。また公益法人の役割や必要性が市民や地域に少しずつ理解されだした。

にもかかわらず、日本における公益の日常化、公益法人の市民化・地域化、さらに国際化は、先進諸国の中では遅れている。なお重要な目標・課題であり続けている。それらを大きく前進させるには、多様な人材・力を結集し、切磋琢磨しあえる学会的な研究活動の推進とそれによる支援も必要である。

このような展開・状況下に、今日ほど公益・公益法人に関する研究の高度化・深化が要請されているときはない。公益に関する研究や議論の対象となるテーマ・課題は尽きない。改めて説明するまでもなく、公益の用語そのものはすでに平安時代には使用されていた。公益に関わる活動の足跡も、それに劣らず古くから標されてきた。近代に入って、公益団体としては初めて法認された公益法人も、日清戦争直後の出発だけに、すでに120年ほどの歴史をもって顕著な足跡を刻んできた。

そのような歴史に焦点をあわせても、また大胆に転換が進められた現代に光をあてても、公益・公益法人領域には無限の広がりと深さ、そして可能性があり、研究にとってはまさに宝庫である。

その宝庫の扉を開き、研究を着実に発展させるために、私どもは、「現代公益学会」を創設することにした。昨年発足した公益研究センターを発展的に解消し、学会という、より高次のステージに進み出ることにしたものである。既成の視点や方法にとらわれず、新しく柔軟な姿勢でオリジナルな研究成果を積み重ねつつ、公益・公益法人研究の総合化・体系化を目ざす公益学の構築に挑戦することにしたい。多くの皆様のご支援とご参加を心より歓迎する次第である。

2014年7月

現代公益学会

目　次

現代公益学会の発足にあたって ……………………………現代公益学会

第Ⅰ部　東日本大震災後の公益法人および公益研究

第1章　日本における公益法人の市民化の軌跡
　　　　―公益法人の市民化・地域化に向けて― ……………小松隆二

はじめに―公益法人の社会的地位と役割 ……………………………… 3
1. 日本の公益法人と市民の距離 ……………………………………… 4
2. 公益法人の市民化 …………………………………………………… 7
3. 公益法人の歴史的展開―その1 ………………………………… 10
4. 公益法人の歴史的展開―その2　第二次世界大戦後の時期 ……… 19
5. 公益法人の歴史的展開―その3　大胆な公益法人改革の断行 …… 22
6. 公益法人の目ざす方向―市民化・国際化の前進に向けて …… 24

　▶コラム：「公益を支える会計と監査」（中村元彦）…………………… 30

第2章　地域包括ケア構築の実践的課題
　　　　―東京都国立市の取り組みからの検証― ……………山路憲夫

はじめに ………………………………………………………………… 31
1. 地域包括ケアの経緯 ……………………………………………… 32
2. 東京都国立市での地域包括ケアの取り組み …………………… 42
3. 地域包括ケアをめぐる2015年介護保険改正案の論点 ………… 47

▶コラム：「アジア化するニュージーランド」（山岡道男）……………53

第3章　公的年金制度はいつまで持つか
　　　　　―新制度モデルは「税プラス積立方式」―　……………北沢　栄

はじめに ………………………………………………………………………54
1. 時代遅れの現行制度 ……………………………………………………54
2. 非正規雇用と年金問題 …………………………………………………59
3. 制度改革に向けて ………………………………………………………66
おわりに―近未来の新年金制度像 ………………………………………70

第4章　現代の風評被害の構造
　　　　　―江戸時代との比較分析― ……………………………上野伸子

はじめに ………………………………………………………………………72
1. 江戸時代の風評被害 ……………………………………………………75
2. 現代の風評被害 …………………………………………………………78
3. 江戸時代と現代の比較分析 ……………………………………………82
4. 風評被害と直接的な被害を区別するもの ……………………………85
おわりに ………………………………………………………………………86

▶コラム：「古典芸能の補助金」（後藤裕子）……………………………91

第5章　一日一善運動を通して「公益心の芽」を育てる
　　　　　―沖縄県公立小学校におけるいじめ撲滅の実践報告―…新垣千鶴子

はじめに ………………………………………………………………………92
1. 一日一善運動の実践方法 ………………………………………………93
2. 事例1―「生きる目的」について考える（Y小学校）………………97
3. 事例2―「一日一善日記」………………………………………………98
4. 事例3―朝の会で紹介した偉人の名言・ことわざなど ……………99

5. 一日一善運動の「公益心の芽生え」に関する効果について ………102
 6. 一日一善運動の子どもの幸福感への効果について …………107
 おわりに ……………………………………………………………110

   ▶コラム：「篠笛ノススメ」（鈴木祐二）………………………113

第Ⅱ部　東日本大震災後の労働組合

第1章　労働組合と市民社会
　　　　―共益と公益をつなぐもの― ………………鈴木不二一

はじめに ……………………………………………………………117
 1. 労働組合と市民社会 ……………………………………………117
 2. 労働組合員の他の市民団体への参加 ………………………120
 3. 地域レベルでの労働組合の公益的活動への関与 …………124
 4. 労働組合の共益的機能の公益的側面 ………………………129
 おわりに ……………………………………………………………132

   ▶コラム：「ニュージーランドと公益」（和田明子）……………135

第2章　公益的労働運動とは
　　　　―総評労働運動という経験― ………………篠田　徹

はじめに―公益的労働運動という視点 ……………………………136
 1. 公益的労働運動としての総評労働運動 ………………………138
 2. 総評労働運動がしたこと ………………………………………139
 3. 労働文化という公共財 …………………………………………142
 おわりに ……………………………………………………………147

   ▶コラム：「公共サービス労働組合にとっての公益性」（徳茂万知子）…149

第3章　連合の非正規労働者等に関わる取り組み
　　　　　―地方連合会の運動を中心に―……………………村上陽子

はじめに ……………………………………………………………… *151*
1. 非正規労働者をめぐる現状 …………………………………… *152*
2. 労働相談活動と地域ユニオン ………………………………… *154*
3. 非正規労働センターの設置 …………………………………… *160*
4. 大学生等を対象にした活動 …………………………………… *163*
おわりに ……………………………………………………………… *165*

第4章　非正規の声は聞こえるか
　　　　　―労働組合の社会的役割― ……………………………東海林　智

はじめに ……………………………………………………………… *167*
1. 非正規労働者と労働組合 ……………………………………… *168*
2. 派遣村で労働組合と出会った非正規労働者 ………………… *169*
3. 契約社員のストライキ ………………………………………… *175*
4. 非正規労働者の包摂のために ………………………………… *179*

第5章　公益の担い手としての労働者自主福祉 …………麻生裕子

はじめに―問題の所在 …………………………………………… *182*
1. 労働者自主福祉と公益の関係 ………………………………… *183*
2. 公益にかかわる労働者自主福祉活動の事例 ………………… *186*
3. 公益をめぐる労働者自主福祉の課題 ………………………… *191*
おわりに―労働者自主福祉の発展にむけて …………………… *193*

　　▶コラム：「国際労働財団の公益事業」（勝尾文三）…………… *196*

第 6 章　静かに一大転換期を迎えた労働組合
―職場から地域・社会へ、労使関係から地域・社会関係へ― ……………………………………小松隆二

はじめに―転換しだした労働者・労働組合 ……………………………… *197*
1. 2 つの大震災に続く労働者の関心・活動と労働組合の変化 ……… *200*
2. 労働組合運動の広がりと機能の変化 ……………………………… *202*
3. 労働組合と社会的役割 ……………………………………………… *205*
4. 労働者の生活および意識の変化と労働組合 ……………………… *210*
5. 労働組合が NPO 法人・公益法人を活用する時代
　―労働者と市民の連携の時代 ……………………………………… *212*

資料：公益研究センター　活動報告
　　　公益叢書刊行の辞（第一輯）
あとがき：公益研究センターから現代公益学会へ………………大森真紀

　執筆者紹介
　コラム　執筆者

第Ⅰ部
東日本大震災後の公益法人および公益研究

第1章

日本における公益法人の市民化の軌跡
―公益法人の市民化・地域化に向けて―

はじめに―公益法人の社会的地位と役割

　社会における公益法人の役割や地位は、国や時代によって単一ではない。それに対する理解やニーズとなると、さらに区々である。

　日本では、社会における公益法人の活動や役割は、まだそれほど顕著に目立つものではない。公益法人への市民のボランティア参加も随分増えてはいるが、大方の市民は、公益法人と理解した上で参加し、つながりを持つまでには至っていないし、その活動や役割などにも大きな関心を示すまでには至っていない。それ以前に公益法人の名称さえ、市民にはそれほど知られていない。誰もが時々目や耳にする日本医師会、日本オリンピック委員会、日本棋院、ボーイスカウト日本連盟、日本野鳥の会などが公益法人であること、身近にある学校・幼稚園、保育園・社会福祉施設、寺社・教会なども学校法人、社会福祉法人、宗教法人として広義の公益法人であることにも必ずしも理解が及ばない。

　中学生や高校生どころか、大学生でも公益法人に興味を持ったり、公益法人の概観・輪郭を理解したりしている人もそういない。中学校や高等学校の教科書にも、営利法人・会社は取り上げられても、公益法人はほとんど取りあげられることはない。子ども・若者向けに書かれた公益法人の著書もまず目にすることはない。

　公益法人は、日本でも石を投げればあたると言われるほど数は多い。かつての民法下の旧社団法人・財団法人時代の公益法人は、長い間およそ2万

6,000前後の数を推移していた。決して少ない数ではなかった。それに広義の公益法人である社会福祉法人、学校法人、宗教法人等を加えたら、膨大な数に達していた。

　現在は、公益法人3法とNPO法（特定非営利活動促進法）の時代になっているが、2013年3～5月現在でみても、公益法人は膨大な数になっている。一般社団・一般財団法人が3万3,000余、公益社団・公益財団法人が8,200余、またNPO法人が4万8,000弱に達している。それに、旧来からの社会福祉法人（1万9,000余）、学校法人（5,500余）、宗教法人（18万余）等が加わる。他に医療法人（4万8,000弱）などを加え、ある程度以上の規模で比較したら、営利の企業に負けないほどの膨大な数に達する[1]。

　これほどの数の公益法人が存在するということは、実はそれだけ社会的・地域的にニーズがあるということである。市民にとっても、意識や理解はされていなくても、必要な組織・活動ということである。

　現実に、資本主義社会にあっては、広い視野に立ってより良い暮らし、より良いまち・社会づくりを考えても、公益法人・NPO法人など公益諸団体の活動・協力・役割が必要・不可欠である。政治や行政の役割のみでも、また営利の経済活動のみでも、自由で安心・安全な社会、貧困や差別なく平等で幸福な社会・まちは実現されない。少なくとも競争原理に立つ営利の経済活動・営利法人に加えて、公益活動・公益法人が不可欠である。やがては経済活動と公益活動、営利法人と公益法人の調和の必要、また国・自治体と市民の協働・共創の必要が市民によっても理解されるようになろう。

　にもかかわらず、公益法人の認知度、その役割や貢献に対する市民の理解、期待、評価は遅れている。それは、公益法人と市民の間には、現在もなお大きな距離があるということにほかならない。その意味では、公益法人の市民化あるいは地域化はまだ十分には進んでいないのが日本の現実である。

1. 日本の公益法人と市民の距離

　以上のごとく、日本においては公益法人が市民の日常生活の中には十分に

入り込むことができていない。それに応じて、市民も公益法人をそれほど的確に受け止めるまでには至っていない。デイ・ケア・サービス施設などに高齢の父母を世話してもらっている家庭、不登校や引きこもりの人を抱える家庭、難病の人を抱える家庭、あるいは震災や台風などで被災した人たちなどは、支援をしてくれる公益法人やNPO法人の関係者に触れることで、公益法人等の存在や役割を知ることもあろう。

　しかし、一般市民は、企業・会社については自然に目にし、関わりも持つので、身近に感じ、理解しているつもりでいるのに、公益法人については日々触れあっていても、それが公益法人であるという認識・理解を持てないのが現実である。企業なら、コンビニやスーパーのように生活資材・物品を購入したり、就職の対象にしたりする。また生活の向上や安定にも関わるので企業の景気の好不況・倒産などに関心も示したりする。しかし、公益法人とは容易には日常的な関心・つながりをもてるほど近い関係には至らないのである。

　公益法人が市民に的確に理解・評価されていない理由は1つではない。いろいろである。例えば、公益法人の側が地域・市民とのつながりを軽視してきたこと、活動・事業が非営利のため広告・宣伝などの広報活動を特に必要としなかったこと、財政・活動実績はじめ、基本的な情報の開示が遅れてきたこと、地域・地元に対しても活動・事業を紹介し、寄付やボランティア活動などの協力・支援を要請する姿勢が十分でなかったこと、一般的に公益法人の財政・活動規模が小さく、多くの公益法人は不特定多数や地域・住民を巻き込む事業を十分に展開できなかったことなどの諸点がすぐに思い浮かぶであろう。

　市民の側をみれば、地域や市民が公益法人から日常的に恩恵を受ける機会が少ないこと、地域や社会が公益法人のお蔭でよくなったという事例などが目に見えにくいこと、公益法人からの広報、参加・支援要請などが市民に十分に伝わってこないので、一般市民には協力・ボランティアなどのきっかけをつかみにくいこと、それだけに、全体として市民は、公益法人が自分たちを必要とせず、相手にもしてくれない団体・施設・活動のように考えている

こと等が指摘できるであろう。

　要するに、公益法人と地域・市民の間に依存関係・協力関係・信頼関係が定着せず、公益法人が市民と共にあり、市民と相互に交流・支援しあう市民化・地域化が進んでいないということである。いうなれば公益法人と市民の距離がまだ遠いのである。また両者につながりの日常化・恒常化が成立していないのである。

　実際に、市民の多くは、営利の企業に比べて、非営利の公益法人には触れることも、理解や関心を向ける機会も少なかった。企業ならコンビニ、スーパー、デパート、ガソリンスタンドなどには、誰もが日々あるいはしばしば関わり、その好不況や閉鎖・倒産にも関心が強い。個人も参加できる証券投資などから企業の状態・営業成績には市民も強い関心を持っている。就職探しでも、普通の人なら企業とは向き合わなくてはならない。ところが、公益法人に対してはそのようなつながり・関わりを認識する市民は少ない。

　欧米の公益法人は、地域で多くの市民ボランティアを協力者や寄付者として抱えるなど、市民とのつながりの日常化である市民化あるいは地域化を一般的に実現している。市民が週末や定年後に公益法人の活動にボランティアとして参加・協力する人もきわめて多い。さらにはそれを超えて、国際的にも活動・貢献している公益法人が少なくない。日本人でも、大学人・研究者・芸術家など専門家ならアメリカ合衆国の財団に研究・調査、留学、交流等で恩恵を受けた人が少なくない。特に第二次世界大戦直後の10年、20年くらいはその恩恵に浴した人が意外に多い。それらを考えると、日本の公益法人は、市民化でも、その先に来る国際化でもこれまで遅れてきたし、さらに今なお遅れをとっているといわざるをえない。

　いずれにしろ、地域や社会においてよりよい暮らし・よりよい社会を実現するには、公益活動・公益法人が社会において重視・尊重され、大きな役割を演じることが不可欠である。よりよい暮らしには欠かせない良好な住宅街づくり、街路樹や花で緑豊かな道路・通りづくりをはじめ、日本では素晴らしいまちづくりが順調・円滑にすすんでいないのも、NPO法人などを含む公益法人のまちづくりへの参加・活動の遅れが一因として与っていると考え

ざるをえないのである。

　日本においても、公益法人が市民に広く知られ、市民と共にあり、さらに地域や社会においてもその役割や評価が大きく顕著になれば、公益法人にとっても、また地域や市民にとっても、如何に有益であろうか。それこそが、公益法人が地域や市民と共にあるあり方への接近であり、公益の日常化、公益法人の市民化・地域化の達成が身近に迫っているということである。その意味では、公益法人の市民化とは、公益法人の本質なり公益性なりを深めることであり、またその度合いを問うことにほかならないのである。

　その上に追究されなくてはならない公益法人の目標・課題は、全国化、さらに国際化である。公益や公益法人は小規模から大規模へ、また小地域から広域、全国、さらに世界へと公益サービスを拡大し、発展することが理想である。発展途上国やアジア・アフリカ諸国等に対しても寄与・貢献する公益法人が増加するほどに公益法人の国際化が進めば、日本の公益法人の地位や役割だけでなく、日本・日本人の国際的地位や役割、世界平和への貢献はさらに高く評価されることになろう。

2. 公益法人の市民化

　公益法人にあっては、非営利、そして不特定多数へのサービスという原則・特徴を考えれば、その本質は自分を超えて全体をみる公益性・社会性にある。本来的には組織の内に閉じこもらないで、あるいは排他的にならないで、すべての市民・地域と共にあるものである。

　実際に、表面から見える公益法人の活動にはそのような特徴や性格は明快にはうかがえない場合でも、寄付行為・定款などに記された目的や理念をみれば、地域や社会のために、また国民・市民の自由、幸福、安全・安心のために活動する公益性・社会性が何らかの形で謳われている。市民化あるいは地域化は、そのような公益・公益法人の本来性や本質に沿うものであり、またその公益性の評価の尺度にもなるものである。

　それだけに、公益法人が規模の小ささや基金の不足から、自らを超えて市

民や地域に向ける活動が困難で、自らの組織を維持することに専ら腐心する以外ないようでは、本来の公益法人とはいえない。特に低金利時代が続くと、基金・基本金の弱小な公益法人は、目的に沿う公益活動にはほとんど取り組めず、組織を維持するのが精一杯という例が増えた。公益法人ならば、自らの組織の維持のためだけではなく、自らの掲げる公益の目的に向かって何ができるかをつねに考え、対応するのが本来のあり方である。

そうであれば、公益法人が、自らの組織の維持にしか関心を持てず、内に閉じこもりっきりになるようでは公益(性)を忘れたことになる。公益法人の市民化ないしは地域化とは、公益法人が日常的に地域・市民とつながり、両者の間に交流関係・信頼関係、そして支援関係をつくりあげている状態をいう。公益法人が日常的に市民とつながること、市民・地域と共にあることは、自らやその組織を超えて、公益性・社会性を発揮する基盤を形成し、実行できる条件を整えることにほかならない。

公益法人が地域や社会でその存在・名称はもちろん、その組織状況、活動・事業内容も市民によく知られているかどうか。公益法人が地域・市民に貢献することもあるが、必要に応じて公益法人は地域・市民からボランティアなどの協力や寄付などを継続的に提供されているかどうか。それだけに、公益法人もその事業・活動、あるいは財政については、閉ざされた形で内部でのみ処理するのではなく、地域や市民に開示し、その協力を前提に事業・活動が企画、運営、実行されているかどうか。さらに地域や社会も、公益法人の活動・貢献を受け入れ、協力してより良い暮らし・地域、幸福、安全・安心を実現・維持しようとしているかどうか。これらのことどもが、公益法人の市民化・地域化では問われることになる。

これらのことを通して、公益法人と地域・市民の間に共通の認識や交流・信頼関係が成立していること、また市民のボランティア・寄付などでも近しい協力・支援関係が成立していることが、公益法人の市民化・地域化、ひいては公益法人の本質・本来性の度合いを計る鍵になるのである。

しかるに、過去のみか、現在も、これらの点で、日本の公益法人は十分な取り組みをしてきたとはいえない。とりわけ民法に拠る旧社団・財団法人が

そうであった。社団・財団法人が市民の下からの要請・ニーズ、そして下からの動きとしてのみ成立するのではなく、資産家・資本家の財力で上から、また行政の権限や予算で市民とはつながりなく一方的に結成され、その後も市民とはつながりのない事業を展開する例が少なくなかったこととも無縁ではないであろう。

　日本には寄付文化が育っていないといわれるのも、寄付する市民や企業の側にのみでなく、寄付を受ける公益法人の側にもその必要性や意味を認識できないという問題があったといわざるを得ない。地域・市民と共生・共存するあり方といえる公益法人の市民化・地域化の遅れはその反映といえよう。

　くりかえすまでもなく、公益法人は、もっぱら自分たちの身内や関係者を対象に活動を行うのではない。身内や関係者を超えて不特定多数の市民や地域に原則として非営利でサービスを提供する。その際、公益法人は市民の上に立って上からの目線でサービスを提供するのではない。現代の公益法人の活動・事業にあっては、法人と市民とはどちらかが上に立つという関係ではない。対等の関係である。その考え・視点の下に、公益法人の市民化が位置づけられている。公益法人の市民化とは、公益法人の本質といってよい社会性・公益性を前提に、公益法人が市民、そして地域と共にあり、対等に協力しあうという意味でもあるのである。

　市民や地域を無視する公益法人、市民や地域とつながりを持とうとしない公益法人は、本来的とはいえない。高度のレベルの先端的研究を目的にする公益法人、行政機関とつながり、その仕事をもっぱら引き受ける公益法人などでも、住民・地域から協力や支援を得られたら、その活動のあり方は大きく変わるはずである。その目的や活動でも、公益法人なら国民・市民の幸福、自由、平等、安全・安心にゆきつかないもの、つながらないものはない。公益法人なら、住民・地域から理解、協力、支援を受けて、より良く機能しよう、成果をより大きくしようとするのは当然なのである。

　しかるに、日本では公益法人の多くは、最初から、あるいはその後速やかに市民化を目標とし、実現に向けて努力、挑戦してきたのではない。一部にそのように市民や地域と共にあった例がみられたとしても、むしろ例外であ

る。大学・学校などの学校法人でさえも、地域重視、地域との連携・共創に関心を示しだしたのは最近のことである。むしろ長い間、地域を軽視し、市民とのつながりにも必要性や意味を感じないできたのである。公益法人の市民化を実現するには、一般的には歳月・時間がかかるのが普通である。それだからこそ、現在も公益法人の市民化の必要が口にされるのである。

　一般的には、公益法人が法認される以前の明治前半のみでなく、その後もしばらくは、公益活動は豊かで恵まれた地主、資産家、地域のリーダーなどの手で主に担われる「モノ」の公益として、上からの目線で行われる時代が続いた。国や自治体レベルの行政系の公益法人になると、市民とは無関係なところに位置して、一層上からの目線が強いものとなった。市民へのサービスを目的にする場合も、市民と共に存在し、活動するという理念・姿勢に欠けていた時代が長かったのである。問題は、国民が主権も、基本的人権も、生存権も認められる第二次世界大戦後も、日本では公益法人のかなりのものが地域を重視するものでも、市民と共に存在・機能するものでもなかったということである。

　時代とともに、そのような公益法人のマイナス面が反省され、ようやく最近に至って導入されたのがNPO法とそれに基づくNPO法人であり、それに続く準則主義を基本に置く公益法人改革と新しい公益法人3法の導入である。ただし、そのようにNPO法人、ついで新しい公益法人が登場し、かつそれらが膨大な数に達した現在でも、公益法人、とりわけ一般及び公益の社団法人・財団法人に関しては、なお市民化が課題であり、声を大にしてそれを訴える意味もあり続けている。そうであれば、市民化・地域化の次にくる公益法人の国際化はまだまだ先の課題ということになるであろう。

3. 公益法人の歴史的展開―その1

(1) 公益法人の歩みと市民化の推移の概観

　公益の流れのなかで、中心になってきたのは、主に「モノ」のサービスを非営利で提供する活動・事業の系譜である。古くからみられた慈善事業、砂

防林や用水路づくりなど「修身」で教えた地域貢献事業、それらを組織化・近代化する公益法人の法認・発展へと続く流れがそれである。

他に、国民・市民に生活の最低限を保障する条件・環境の保護をはかることを公益と位置づける系譜がある。田中正造らの反鉱毒運動で訴えた公益認識、今日も続く公益事業の基本理念などが、その流れである。

その公益法人は、いつ頃、どのようにして始まり、さらにその後どのような歴史をたどって今日に至っているのであろうか。その過程で公益法人は、市民とはどのような位置・関係に立って推移してきたのであろうか。また市民化が公益法人によって意識されたり、受容されたりするのはいつ頃からであろうか。

これまで、公益法人については多くの角度から議論や研究がなされてきた。その過程で公益法人の最も重要なサービス対象である市民や地域との距離・関係については、深く議論されることはなかった。ただ、公益法人と市民の関わりについては、公益法人の「市民化」や「地域化」という表現こそ使われなかったが、一部の研究者の意識にはあったことはまちがいない。また旧民法時代の公益法人の規定に不特定多数を対象とするという一項が入っているが、不特定多数の中に一般市民や地域が含まれていたことはいうまでもない。というより、公益活動では、とくに歴史を遡るほど貧民や被災民など底辺に沈殿する市民の救済・救援は、モノの公益に属するが、公益活動の主要な柱の一つであった。その意味で、戦前は公益法人とサービスを受ける市民との間に対等性は成立していたとはいえないが、公益法人の多くが市民や地域を主要なサービス対象にしたことは間違いない。

公益法人のサービス対象は、繰り返すまでもなく不特定多数の市民やその集団である。公益法人は、自分や家族・身内を超えるところに基本・出発点を置いている。自分や家族・身内を守るための組織、特に天下りにも利用される行政・官公庁の下部組織・内部組織的な公益法人などは、公益法人を名乗ろうと、公益の本来性やあるべき姿とは異なる例・場合が多かった。

その点で、公益法人は、どの時代にも不特定多数の市民との距離・つながりを問われることにならざるを得ない。一般市民とはどのような距離やつな

がり方を保ち、市民化についてどのような位置・姿勢・考え方に立って対処してきたのかが、公益法人の評価の基本に関わるのである。

現在の日本の公益法人の課題は、多様である（公益法人の課題については、拙稿「東日本大震災後の公益と公共、そして公益学」参照のこと［本叢書第一集『東日本大震災後の公益法人・NPO・公益学』文眞堂、2013年]）。ただ、大きな方向性としては公益および公益活動の日常化を基礎に、公益法人の市民化、さらには国際化を進めることである。それが公益法人の発展の証ともなっていく。

市民とつながりを持とうとしない公益法人、市民と共にある理念や活動とは遠い公益法人は、やはり公益法人の本質・本来性からは距離がある。公益法人の多くが市民と共にある発想・理念に立つなり、市民化を目標にしたりすることができれば、公益法人の課題・問題点はかなりのところ解消・解決できると考えてよい。

その点で、日本の公益法人は、その成立・出発から120年近くの歳月の経過をみているが、その間自らの組織・活動の市民化・市民との距離についてどのように対応してきたのであろうか。その点を以下に、法制の歴史的展開に沿う大枠の説明になるが、ふり返ってみることにしよう[2]。

日本における公益法人の歩みと市民化の足跡については、大きな時期区分としては、日清戦争以前を前史とし、戦争直後の民法の制定・実施による公益法人の法認を出発点に、以後今日に至るまでを3つの時期に分けて考えることができる。社会福祉史や社会運動・労働運動史の時期区分のように、もうすこし細分化する方法も可能であるが、今回は概観的に紹介するだけなので、この3つの大きな区分に沿うことにする。

まず第1期は、1896年および1898年にわたる民法の制定・実施が出発点となる時代である。日清戦争後、産業革命下に工業化が進むと共に、労働問題、貧困や公害などの社会問題が表面化するが、それを受け止めるように、民法において社会問題の解消・解決にもあたる公益法人が初めて法認された。

この公益法人が法認された時に始まる第1期を通じて、以後長く、公益法

人制度は民法で一元的に管理・管轄される。もっとも、その中でも多くの変化・変遷はみられる。

この時期にも、公益法人活動は、基本的には不特定多数の市民を対象に非営利で推進された点で、その社会性は疑いをいれないが、公益法人と市民の対等性はまだ遅れ、市民と共にある公益法人の市民性、そして市民化はやや遠いところに位置していた。

第2期は、第二次世界大戦後、社会福祉事業・施設、大学・学校などが民法の財団法人を離れ、社会福祉事業法（社会福祉法人）、私立学校法（学校法人）の下で特別法人に変わる時期に始まる。公益法人は相変わらず民法を軸に位置付けられ、対応されるが、管理・管轄が多様化する時代になる。

この時代になっても、公益法人の市民化・地域化が当事者・関係者からもそれほど意識も、積極的な取り組みもされない。しかし公益法人と市民の間に引き続き距離はあるものの、民主化の下で対等性は拡大し、距離も縮まり始める。現実に社会福祉法人への近隣の市民によるボランティア活動、学校法人への同窓生や市民のボランティア活動などは、広く展開されるようになる。公益法人の市民化がそう遠いものではないことをうかがわせる時代である。

さらに第3期は、ボランティア活動など公益活動が広範に広がり、それを受け止めて法律・制度も市民化に向けて大きく転換する。世紀の転換前後に進められる公益法人改革に始まる時代である。

公益法人改革は、市民によるボランティア活動の拡大とその流れとは距離のある既存の公益法人のあり方の相違・隔たりを改善し、調和させることに改革の狙いの一面があった。その意味で、改革はまさに公益法人の市民化・地域化をすすめる基盤を整える事業でもあった。具体的には、まず特定非営利活動促進法（NPO法）、ついで公益法人3法が導入された。その改革では、厳しい許認可ではなく、準則主義を基本とすることで届け出のみでも公益法人・NPO法人を組織できる緩やかな管理を基本とすることになった。なお公益社団・公益財団法人など許認可のいる制度は残り、国が管理・管轄する側面も残り続ける。しかし、民法時代とは、公益法人のあり方が大きく

変化する時代に入ったのである。

　その結果、新しい公益法人に加え、旧来からの社会福祉法人、学校法人、宗教法人などはそのまま残っているので、全体としては、公益法人が多元化・多様化し、広義の公益法人は、膨大な数にのぼるようになる。それだけに、公益法人が、市民化をすすめる理念・活動に積極的に応える方向に動く可能性が拡がるのである。

　かくして公益法人は、日清戦争直後の出発から、方向性としては少しずつであれ、市民との距離を狭め、つながりを強めつつ、120年ほどの歩みを続けて今日に至る。しかし、なお公益法人全体でみれば、国際化のみか、市民化も、その方向に向かう基盤は整備されたものの、現実には十分に達成できたとはいえず、今後もなお重要な課題であり続けている。

(2) **第1期　日清戦争直後から第二次世界大戦終了までの時期**
　　―主に明治末まで

　日本における公益法人の歩みの第1期は、民法の制定により、公益法人が制度化される19世紀末から太平洋戦争の終わる20世紀中頃までである。つまり資本主義経済が本格化し、産業革命の進行する1897（明治30）年前後から、太平洋戦争の終了する1945（昭和20）年までのおよそ半世紀に及ぶ時期である。

　この時期は、公益法人にとっては、同制度を定めた民法が一元的に拠り所となった時代である。その後長く原則は変わらず、太平洋戦争終了まで1つの時期にくくれるが、細かくみれば多くの動き・変遷がたどれる。

　まず民法が制定されたのは、日清戦争直後の1896年および1898年、施行されたのは、制定と同じ1898年でも1ヵ月後の7月である。

　民法の成立による公益法人の法認以前の前史の時代にも、地主、資本家、資産家など地域リーダーたちが地域の社会問題には救済・救援などの手を差し伸べていた。例えば、貧困に陥ったり被災に遭遇したりする人たち、家庭や教育に欠ける子どもたち、身寄りの無い高齢者、あるいは遅れた公共施設・公共事業などが補助、救済、救援、救助などの対象であった。この時期

にも、博愛社（1877 年）のような巨大な全国組織に発展する団体、また各地にも救貧団体、児童保護団体なども早くから組織されだしていた。

　日清戦争を機に資本主義経済が飛躍的に発展し、産業革命が進行するので、労働問題、公害問題、貧困問題など社会問題は拡大・表面化するが、それに対応するように、政府・行政も社会政策や社会事業に取り組み始める。加えて、社会問題の緩和や改善のために、民間の公益の組織・活動・事業にも参加・協力を要請せざるを得なくなった。

　そのため、政府・行政は民間による公益の組織的活動にも期待し、公益法人の法認に踏み出す。それによって公益法人の生育・発展を促すのであるが、明治初期の前史における貧困、被災など社会問題に対する地主など地域リーダーたちの救済・救援活動や教育・倫理活動の実践で、多くの公益法人が設立される土壌は育っていた。実際に、公益法人の法認と共に多くの公益法人が全国各地で成立していく。

　公益法人を定めたのは、民法第 34 条であった。そこに公益法人制度が定められ、公益法人が初めて公的に制度化される。同時に、その条文中に公益法人の基本原則も示される。それは、日本において公益法人について明文化した最初の原則であった。その原則は今日にいたるまで公益法人を超えて公益および公益活動全体の基本原則として共有され続けることになる。

　民法第第 34 条が掲げた公益法人の基本原則は、活動領域を祭祀・宗教、慈善、学術、技芸などの公益事業とした上で、① 営利を目的にしないこと、② 不特定多数を対象とすること、そして ③ 主務官庁の許可を得ることであった。このごく単純な 3 つの原則が公益法人を営利法人など他の組織・団体と区別する特徴として受け入れられ、生き続ける。

　ただし、公益法人の本来性を象徴する原則である市民化に関しては、対象を不特定多数とあいまいに表現しただけで、まだ明快には意識されていない。というより、公益法人が市民と共にあるあり方、また市民が主体性を持って公益法人に関わるあり方への舵取りは、国が上から指導するものではなく、民間の公益法人と市民が主体的に進んで行うものである。それだけに、出発して間もないこの時期には、市民が公益法人に主体的に関わるあり

方・側面は弱い認識のまま推移する。

　この民法の制定・実施以後、公益活動・公益事業の主要な主体は、バラバラな個人ではなく、組織された公益法人となっていく。公益法人は、それが拠りどころとする基本原則のみか、活動のあり方・内容でも公益・公益活動一般、とりわけモノの公益を代表するようになっていく。具体的には、公益法人の原則のうち、許認可を除く「非営利」と「サービス対象の不特定多数」という2つの原則が、公益法人を超える公益および公益活動全体の原則とも一致するものになっていくのである。

　この第1期の時代には、工業化の進展と共に、低劣な労働者処遇、貧困・スラム街などの社会問題が拡大するので、労働運動、反公害運動、救貧などの諸活動が表面化した。セツルメント活動も始まるように、スラム街や貧民を救済・支援する救貧活動、貧民の子女を対象とする奨学制度など、問題を抱える労働者・市民を救援・救済する社会的活動・事業も拡大した。それに応え、もっぱら非営利の公益活動に従事することになったのが公益法人であった。

　ただ当時は、サービス対象となる貧民など市民と、サービスを提供する主体の側に対等の関係は成立していなかった。政府・行政のみか、公益法人なども一般的には上からみる慈善・慈恵の視点にとどまり、対象の市民と同一のレベルに立って対等に活動するという理念・姿勢はまだ十分には育っていなかった。教育分野などでは早くから行政機関・官公庁の下で、市民とは距離のある公益法人も成立していく。

　この時期を通じて、財閥を含む企業・経営者は、地主などとともに公益活動には比較的協力的で、社会福祉的な慈善事業・社会事業、学校・教育活動、河川・道路・施設の工事・新設などの公共事業等には寄付・補助を常態化するなど理解を示す例が少なくなかった。

　ただし、経営者の活動に関連していえば、営利の企業も公益活動を担えるが、企業の本務の営利の経済活動は、いかに顧客に感謝・有用視されようと、公益とは言わない。また経済活動・収益に伴う企業・経営者の負担する法人税、所得税などは義務であって、任意で行う公益活動とは言わない。企

業が救貧など社会事業、地域活動、環境保護、文化的活動などに非営利で協力・従事する部分・場合のみ、公益活動の主体になったといえる。

ともあれ、企業・経営者が公益活動に最も協力的であったのは、意外にも太平洋戦争前、つまりこの第一期であった。財閥はじめ、経営者は福祉などの公益事業、あるいは公共施設の建設などの公共事業にはよく寄付に応じていたからである。ただし、市民と共に、あるいは市民レベルで対等な姿勢で公益法人や公益活動を維持する姿勢には到達していなかった。

ちなみに、この時代に地域リーダーや公益法人の担った公共事業・救貧事業など公益活動のかなりのものは、第二次世界大戦後には国・自治体が担うものに変わっていく。

(3) 明治末から大正・戦前昭和へ

その後、明治末の40年代に入ると、公益法人、あるいは公益活動・事業は量が増えるだけではなく、大規模化・全国化に向かう例も出てくる。1908（明治41）年には、内務省などの支援もあり、公益活動を行う社会事業団体などの全国組織として中央慈善協会が誕生した。そのような慈善の全国化などに協力するように、国も慈善事業など福祉・公益活動に関心や協力を示し出す。恩賜財団済生会のような大規模法人、また鈴木梅四郎らの実費診療所のような医療サービスを運動として取り組む法人が組織されるのも明治末である。

第一次世界大戦を機に、大正デモクラシー運動が拡大するが、それに合わせて民衆本位を主張・要求する動き・運動が、政治、教育、芸術・文学・美術、社会事業等いろいろの分野・領域で展開される。それを受けて慈善事業領域でも、生江孝之らによって民衆本位が訴えられ、呼称も社会事業と呼ばれるように変わる。特に米騒動（1917年）直後、あるいは労働運動などあらゆる社会運動が高揚する1919年直後には、財閥や企業・経営者による公益法人の新設が目立った。

さらに、中央慈善協会は、1924年に日本社会事業協会となり、実践から研究・調査にわたって組織・活動を整備・拡充していく。

このように、公益法人・公益活動のあり方にも、初めて民衆本位の理念が関わるようになるが、公益法人が積極的に、かつ広範に民衆化・市民化を進める動きをみせることにはつながらなかった。

　大正期の進行、さらに昭和に入っても、向学心がありながら、上級学校、例えば中等教育や高等教育に進学できないもの、さらに義務教育後すぐに工場労働などに就労して、教育機会に恵まれなかった女性労働者等を対象とする社会教育の必要性が強く認識され、文部省でも民間でも、積極的に活動を展開しだすのもこの時期である。大学を含め、財団法人などの公益法人がエクステンション活動や通信教育に打ち込んだのがその例である。

　昭和が進むにつれて、経済的不況が慢性化する。1929年には世界恐慌が勃発するが、世界的沈滞の中で日本でも経済も時代の空気も悪化し、軍部・右傾化が大きく頭をもたげる。労働運動・社会運動は弾圧や抑圧にさらされ、労働組合も時代に迎合する動きをみせ始める。

　そんな中で、生活保護政策は明治初年以来の恤救規則から、やや改善される救護法（1929年制定・1932年実施）の時代に入る。満州事変、次いで日華事変の勃発と共に、社会運動はさらに抑圧され、時代は右傾化・軍国化を一層強める。社会事業も、戦時対応的な色合いを濃くし、1938年には厚生省の発足にあわせ、厚生事業と呼ばれるようになる。

　この間、公益法人の必要性はさらに高まるが、統制経済の下で、企業・経営者も合併の要請や事業形態の変更も迫られ、企業・経営者の地位や財産の保全の必要から公益法人を活用する例も増えてくる。そのような時代の悪化と共に、公益法人と市民との距離はむしろ遠いものになる。

　かくして多くの犠牲を払い、混乱と混迷のうちに太平洋戦争は終わり、新憲法と共に民主主義が全面化する新しい時代を迎える。公益法人に関しては民法に基づく管理・管轄の時代は続くが、公益活動・公益法人は新しい時代に引き継がれることになる。

4. 公益法人の歴史的展開―その2　第二次世界大戦後の時期

　第二次世界大戦後すぐに、公益法人は、原則は変えないものの、1つの変化・展開をみせる。一方で、民法による一元的な管理・管轄の下にあった公益法人が分割され、多様化をみせることになる。他方で、新憲法と共に民主主義、主権在民・基本的人権が確認され、公益法人・公益活動が市民とともにあるあり方に変わっていく土台・可能性が大きく広がることになる。そのような公益法人の多様化が始まり、あわせて公益・公益法人の現代化、そして市民化も意識され、進行する土台・可能性が拡がるのが第2期である。

　戦後すぐに、公益法人の原則は変えず、民法下の公益法人を基軸にしつつ、その公益法人のうち、地域や市民と比較的よくつながる社会福祉団体、学校・大学等が民法の公益法人から分離され、特別法によって社会福祉法人（社会福祉事業法。現在は社会福祉法）、学校法人（私立学校法）等になる。それに宗教法人も加わる。

　戦前までは、社会福祉活動に従事する社会事業団体が公益法人になる場合は、財団法人であった。それが社会福祉事業法の下で社会福祉法人に変わった。早稲田大学、慶應義塾大学などの私立大学・学校も、戦前は財団法人であったように、財団法人が大学・学校を設置することができた。ところが、戦後まもなく、私立学校法の下で学校法人に変わった。また戦前、原則として民法下の公益法人の扱いを受けず、曖昧な位置に置かれた宗教活動の本体も、新しい宗教法人法の下で宗教法人となり、広義の公益法人の地位を付与される。

　そのような政策変更により、公益法人は、新憲法が動き出す時代に民法上の公益法人のみか、特別法に基づく各種公益法人が加わって多様化し、それら全体で広義の公益法人体制を構成することになった。

　かくして、社会福祉法人、学校法人、宗教法人等の成立で、制度変更のみでなく、地域や市民とのつながりなど市民との関係・距離でも、公益法人は新しいあり方・特徴をみせだす。社会福祉法人や学校法人などは、民法下に

残った狭義の公益法人とは異なり、存在や活動がわかりやすく、地域や市民とは何らかの形でつながっている。また福祉、教育・研究などの社会的役割や目的の重要性からも、税制や公的補助等でも民法上の公益法人よりも優遇されることになる。

　これらの新しい公益法人が独自の法律の下で特別な扱いを受けるのは、新憲法下に進められた戦後の国民主権・基本的人権・生存権の確立など国民本位・市民本位の民主化の動きや市民の地位の向上と無関係ではない。新憲法および社会福祉諸立法が国民に健康で文化的な最低限度の生活を保障することで、国民に対する福祉が国および自治体の責務と規定されることになったが、そのことが社会福祉団体・活動に役割や地位を増大させ、社会福祉法人の社会的地位や評価を高めることになった。また教育・学習が国民の権利・義務として重要な役割を担うこと、また私学の地位・役割が増大することが大学・学校に学校法人として特別の地位を付与することになった。あるいはまた戦前しばしば弾圧の対象になった宗教団体は、信仰を国民の自由権として保障されると共に、宗教法人の地位を付与された。

　これら社会福祉法人、学校法人、宗教法人等の重視は、市民生活、福祉、教育・文化を重視する新しい時代を象徴する。いずれも市民生活に直結する活動を行い、国民のより良い暮らしの実現には不可欠な役割を担うことになる。実際に、福祉も、教育・文化も、信仰も、市民の日常生活と関わり、市民と共にある。その点で、公益法人の分離に際しては、国・行政は、公益法人全体の市民化の意識はなかったものの、社会福祉法人、学校法人、宗教法人などの公益法人が、民法下に残った公益法人と違い、それぞれの領域、例えば社会福祉なり教育・学校なりの領域ごとには大量・大規模であること、また市民とはその距離・つながりでごく近い関係にあることを意識しつつ、公益法人の分離、多様化に踏み出したといってよい。やがて、時間はかかるが、次の時代には公益法人の市民化・地域化の中核になっていくのである。

　以上のごとく、社会福祉法人、学校法人、宗教法人など地域や市民と近い位置に立つ公益法人の重視は、戦後の新しい時代の出発に沿うものであった。その方向は、公益法人の役割・本質にかなうものであり、かつ社会福祉

や教育や信仰の本質にも関わるだけに、興味深い政策対応であった。ただその方向がその後も順当にのみすすんだのではない。地域や市民との交流・つながりをそれほど重視しない社会福祉法人も学校法人も残り続けるからである。

　ただ、民法下に残った公益法人の多くは、その後も地域や市民とのつながりでは弱いままで、大きな姿勢の変化をみせなかった。それだけに、社会福祉法人などの地域における位置や活動は、旧来の公益法人のあり方からすると、注意をひくものであった。民法下の公益法人は、新設にはハードルが高く、許認可も厳しいまま推移するが、一旦成立すると、管理は緩やかになるので、社会性・公益性に十分に配慮・留意する方向へ方針や姿勢を大きく変えることはなかった。

　実際に、民法下の公益法人の多くは、組織面でも活動・機能面でも、意外に市民とはつながっていなかったし、今もつながっていないものが目立つ。特に基金が弱小で市民を広く活動・サービス対象にできない小規模財団法人・社団法人は、限定された狭い活動を超えられず、市民とはほとんどつながりをもつことができなかったし、せいぜい特定の階層・領域の市民と関わるのみであった。例えば、研究補助などを行う助成財団法人なら、主に特定の領域の研究者、特に大学・研究所などの研究者・その集団と関わる程度であった。一般市民が財団法人などの助成に与ることは通常はみられなかった。

　それだけに、その後も公益法人全体としては、市民とのつながり・共生を追求する市民化、さらには国際化に関しては、なお踏み込み・追求が不足していた。

　にもかかわらず、この時期の後半にあたる20世紀の最後の20年ないしは30年の間に飛躍的に発展する公益法人の新しい流れが、公益法人の市民化の基盤をととのえることにつながっていく。コンピュータ化・情報化の流れ、そして公益法人にも情報開示を促す流れが、それに重なった。この時期以降、公益法人にとって、その組織、活動、経営・財政などの開示が義務化ないしは当然の趨勢になっていく。

その結果、公益法人に関しては、一部を除いて一般的な情報なら関係者でなくても、誰でもアプローチできるようになる。2つの大震災の際にも、全国のボランティア団体・活動の連携や情報交換が拡充し、活動・運動を飛躍的に大きく伸ばすことになった。そして世紀の転換を前後してNPO法人、ついで新しい公益法人の誕生が法制化されることになるのである。

5. 公益法人の歴史的展開─その3　大胆な公益法人改革の断行

　日清戦争直後に始まる長い公益法人の歴史で、第二次世界大戦直後の改革に続いて大きな改革・変更がみられるのは、20世紀の終盤から21世紀の初めにかけての時期である。

　阪神・淡路大震災を機に公益活動・公益法人をめぐる事態や状況は大きく変わる。既存の公益法人制度には、その法制面でも、また実態面でも限界が明白になっていたのである。

　例えば、公益法人制度に対する既存の国の管理・運用姿勢もあって、民間・市民のボランティア（活動）が公益法人に気軽に参入するには拠り所となる法律・制度がなかった。実際に、ボランティア団体は、一般的に資金的にも人材的にも不十分で、民法上の公益法人にも、社会福祉法上の社会福祉法人にも、容易には受け入れてもらえなかった。既存の公益法人制度は、市民・市民活動にとっては入口の壁が厚く高く、容易に参入できるものではなかったのである。

　そのような現実から、第二次世界大戦後に実行された社会福祉法人、学校法人などの新設にみられる公益法人の多様化を超えて、大衆化・市民化に向かう、さらに大胆な改革・制度変更が不可避になっていた。とりわけ市民との距離・つながりで参加・協力・共生を可能にする大衆化・自由化、そして市民化の方向で公益法人のあり方を見直す改革が課題になっていた。特に1995年1月の阪神・淡路大地震を機に、その流れが明快になっていく。

　その流れを受けてまず取り組まれたのは、ボランティア活動の高揚・拡大を受け止めた特定非営利活動促進法（NPO法）の制定である。新世紀直前

の 1998 年のことである。

　ただ、それでも既存の公益法人制度の硬直化は完全には解消されないままであった。ボランティア活動や公益活動に従事する市民たちが NPO 法人を超えて簡単に公益法人を結成するのもなお困難であり続けた。それでいて、行政系の官制公益法人は安易に結成、維持されてきた。民法下の公益法人制度が手をつけられていなかったからである。

　それを超えるには、既存の公益法人の認可主義の原則による入り口の厚い壁など公益活動・公益法人に対する認識を政府・行政が根本から変える必要があった。それだけに、NPO 法の制定直後から、公益法人そのものの改革が課題になっていた。届け出に近い形で結成できる準則主義に則る公益法人、換言すれば市民本位に立ち、市民と共生できる公益法人の大衆化、それに沿う新制度づくりが次の主要課題になった。

　それに合わせて、政府・行政も公益法人改革を打ちあげ、実際に改革に乗り出した。同時に、公益法人や NPO 法人などの全体像、さらに公益の理論や活動の総合的研究を目指す公益学の誕生がみられ、研究や学界に新しい風が吹きだしたのも、この時期であった。

　そのような流れは、公益法人の部分的改革ではなく、抜本的改革をすすめる方向へと進んだ。とくに、旧来の公益法人には一般市民は近づき難い壁の存在を感じていた。理事（会）・評議員（会）などの役員構成・あり方、基金の多寡・財政状況、活動歴などが形式的に厳しく問われる許認可方式のため、新設にはハードルが高かった。ボランティアなど一般市民は、公益活動の理念、また目的や内容でいかにしっかりしたものを持っていても、寄付文化の成立していない社会では資金（基金・基本金）等で参入が無理に近かった。とりわけバブル崩壊後の長く続く低金利時代には並みの基金保有では実質的な活動は困難に近かった。公益法人が市民との距離を狭め、連携・協力・共生をはかるには、旧来の公益法人制度を大きく変えて、新しく出なおす必要があったのである。

　その結果、2006 年に至り、新たな公益法人立法として、一般社団・財団法人法、公益社団・公益財団法人認定法、上記公益法人 2 法の施行に伴う関

係法を整備する立法からなる公益法人3法の成立をみた。そこでは公益法人の結成原則が準則主義に変わり、公益法人制度の大転換が実行された。NPO法人のみか、公益法人も原則として届け出で組織できるあり方が土台に位置づけられた。それが一般社団・一般財団法人であり、その上に許認可をうける公益社団・公益財団法人が位置づけられることになったのである。

ここに一般社団・一般財団法人と公益社団・公益財団法人の2階建ての公益法人を軸に、それにプラスして社会福祉法人、学校法人、宗教法人など特別法に基づく既存の公益法人、さらにNPO法人が加わって、多元化・多様化を実現した新しい広義の公益法人制度が成立・出発することになったのである。

6. 公益法人の目ざす方向―市民化・国際化の前進に向けて

(1) 公益法人が市民・地域・全体に向ける目

日本の社会がより良い暮らし、より良いまちを実現するには、公益法人、NPO法人など非営利で、かつ不特定多数を対象に全体を考えてサービス活動を行う公益諸団体とその活動がさらに拡大・拡充することが必要である。そして公益法人が地域や社会において大きな役割を演じ、住民・市民に受け入れられることが不可欠である。

社会・地域がより良くなるには、国・自治体の役割と共に、民間の団体・個人の参加・活動が必要である。民間の活動でも、競争原理に立つ経済活動や企業などの営利団体のみが目立つのではなく、非営利の公益法人・公益団体・ボランティアなどの個人がバランスよく参加し、機能することが大切である。

21世紀も早々の2000年代の進行と共に、すでにみたように非営利の公益活動の主要な担い手となる公益法人・NPO法人に関わる改革がようやく進行し、ひとまず完了する。

それによって、公益法人制度が初めて多様・多元的に整備され、特に市民化に向かう基盤が用意されることになった。その改革を進める旧公益法人か

ら一般社団・一般財団法人および公益社団・公益財団法人への移行をはかる過渡期を経て、2013年をもって改革はひとまず一段落する。後は、公益法人がその本質である社会性・公益性を受け止め、質的向上につながる市民化・地域化、さらに国際化にいかに関心を示し、それを実際に進めるかである。

　日本では、長い間、公益法人は膨大な数に達していたのに、市民とのつながりが弱く、社会・地域ではその数や活動があるがままに受け止められてこなかった面がある。今なお社会的位置・役割は分かりにくい一面が残り、市民からの受容は必ずしも浸透しているわけではない。それでも、公益法人改革により、一方でその多様化、組織結成の簡易化・容易化が実現し、他方で官制公益法人への国・公の補助金や天下りの適正化がはかられ、公益法人の市民化が目に見えるほどのものになりつつある。公益法人・NPO法人が地域や市民に広く受け入れられ、評価されるにはなお課題は少なくないものの、それに向かう可能性は広がったのである。

　もともと、公益法人というものは、目的や事業を非営利や不特定多数へのサービスという公益の原則にのっとって受け止め、実践すれば、おのずから市民や地域・社会のためになる活動、そして市民化・地域化に向けて進むはずのものである。それなのに、公益法人のかなりのものが、市民や地域・社会とはつながりなく存在し、活動することに特に違和感や未成熟さを感じないとしたら、公益や公益法人の目的や本来性をどう理解しているのか疑問に思わざるをえない。

　もっとも、日本の公益法人・NPO法人は、数がきわめて多いが、1つ1つでみれば弱小な法人、特に財政基盤と人材面の弱い法人が多いので、地域や社会で目立つほどの組織や活動にならないのも理解できなくはない。しかし、それだからこそ市民化・地域化を心がけることが必要なのに、その認識は弱かったのである。

　そんな中で、公益法人でも市民とつながりの強いのは、この度の公益法人改革以前ならば、社会福祉法人、学校法人、宗教法人など戦後すぐに民法の公益法人の枠を離れて特別法人になった法人である。NPO法の成立後は、

それらに加え、新設のNPO法人が市民とごく近いところで組織され、活動する例が多くなっている。それに続いて、公益法人改革が実現した後は、公益法人結成が準則主義の原則に変わり、一般社団法人・一般財団法人ならおおよそ届け出のみで設立できるようになった。市民との距離がその面では明快に縮まったのである。

　もっとも、市民に近い位置に立ってきた社会福祉法人、学校法人、宗教法人等にも、またNPO法人にも、市民化では改善や解決すべき課題が残り続けている。その意味で、今後は学校法人、宗教法人などの改革も、またNPO法人の改善も検討・検証する必要がある。

　例えば、学校法人にしろ、受験生・在校生・卒業生との関係では一般市民との位置・距離は決して遠いものではなかったが、地域・住民との交流・つながりを重視しだしたのは、ようやく近年に至ってからである。むしろ、長い間、地域や住民のことは大切に扱うというよりも、軽視してきたのである。その他、一般市民が入学困難なほどの高額の学費を課す学校・大学、営利法人以上に高い収益をあげ、内部留保の厚い学校法人の例、また依然として閉鎖的・排他的な姿勢のままで、地域・社会とつながりを持とうとしない例もみられる。

　また、宗教法人にも、財政などの情報の開示はじめ、課題が少なくない。さらに、NPO法人の場合も、人材や財政面で弱体で、特定の個人のワンマン運営がみられるなど、継続性・永続性で問題を抱える例が少なくない。

　その意味で、公益の日常化、公益法人の市民化・地域化、そして国際化の問題は、なおすべての公益諸団体に課題として残り続けている。この市民化、そして国際化こそ、発展段階に入った公益法人・公益諸団体の今後の目標や課題である。

(2) 市民化の推進、寄付文化の育成は公益法人の大切な課題

　公益法人にとって不特定多数や全体を考えることにつながる市民化・地域化は、本質・生命といえるほど重要であるとしても、最初からそれを目標に掲げたり、実現できたりしている例は決して多くない。

留意されてよいのは、一般的には公益法人が設立の当初から、意識さえしっかりしていれば市民化や国際化に取り組めるのではないということである。最初は、公益法人は、組織的にも、活動・事業の内容や広がりでも、また財政や人材面でも、弱小で限られた広がり・レベルから出発するのが普通である。だから不特定多数を対象にするといっても、実際にはその広がりが狭いのも、時には排他的にさえみえる姿勢を取るのも、まだ力の弱い初期段階の公益法人の普通の姿であり、ある程度仕方のないことである。

　公益諸団体とその活動は、時の経過や経験と共に組織的には小団体から大規模団体へ成育・拡大する。また機能的にもその活動の範囲・対象を小地域・少人数から広域・多人数へ拡大していく。組織や機能を支える基金・財政や人材も、弱少なところから出発するので、最初から、公益法人は無限定で広範な広がり・対象でサービスの提供を実施できるわけではない。むしろ当初は時には排他的に、特定の広がり・範囲内で、狭い対象に限られた財政・予算でサービス活動を行わざるをえないのが普通である。

　ただ、公益活動・公益団体ならば、理念・目標としては、限定されない広がりで不特定多数の対象へどんどん拡大してサービスする活動・事業を目指すことは必要である。その目標・理想が片隅にであれ生きていれば、弱小で限られた広がりの活動しかできない時代にも、公益性・社会性はどこかに生きているものである。

　いずれにしろ、公益法人はじめ、公益活動・公益団体ならば、歳月の経過と経験の蓄積と共に、その組織や活動の拡大・発展をはかるのは自然の姿である。公益を追求する団体ならば、できるだけ広く多くの人や地域に公益を及ぼしたいと考えるのは自然の姿勢である。やがてその行き着く先は、特定の国全体に、さらには1国を超えて世界に広く目を向け、活動する国際化の実現である。

　日本では、公益法人の歴史は、前史の明治初期の時期を除いても120年に近い歩みをもっている。それでも、公益の日常化でも、公益法人の市民化でも、欧米に比べて遅れている。その遅れの要因としては、本章でもいくつかの点を指摘してきた。そのような遅れの要因として指摘される公益法人が行

政・官公庁の都合・要請で、いずれ天下り機関にも利用されかねない含みを持って、縦割りに組織されてきた例、資産家が社会的認識・使命感や地域からの要請等によるよりも、自己資産の保全や活用の目的からつくってきた例などの場合、公益法人は組織や機能面で地域や市民とつながる必要も理念も弱く、公益法人が市民の中へ、また市民が公益法人の中へ入り込む意味・認識も弱かった。

　ともかく、公益法人やNPO法人の多くが寄付に依存して経営・財政が成りたつ状況にはないように、寄付文化を育て、成立させることにも大手の公益法人がそれほど関心を示さなかったのも、市民と共にある市民化への意識が不足していたことに通じるものである。特に日本の場合、長い間市民化が公益法人にとって目標や課題として強く認識されることが少なかったことと、寄付文化を育てる意識が欠如してきたことはつながっていた。公益法人がその本質・本来性を明確に自覚し、それぞれの目的に向かって邁進すれば、成長・発展と共に、おのずから市民化の必要にも、寄付文化の育成にも向き合うことになるのであるが、そこまでは至らなかったのである。

　同時に、研究面でも、公益法人に対して市民化・地域化の視点・側面からアプローチする方法や実績も、それほど積み上げられないできた。それは、市民化あるいは地域化に向かう公益法人のあり方が公益法人・公益団体の本質の一面といえるほど重要な意味を持つことが、研究者にも十分に受け止められていなかったことにも関わるであろう。地域や市民と共にある市民化に向かう公益法人のあり方・必要性に、研究者がそれほど強い関心を持たないできたということである。

　ただし、公益法人改革を通して、公益法人の市民化に向けて新しい潮流が生まれ出していることも忘れてはならない。例えば、一般市民でも公益法人を組織できるほど、公益法人が市民にとっても手の届かぬものではなくなったこと、公益法人・NPO法人などの公益活動のサービスをめぐる主体と対象に対等性が成立するにいたっていること、またまちづくりに典型的にみられるように、公益活動・サービス提供が一方的に主体・活動参加者の負担になるだけではなく、いずれ主体・活動参加者側にもプラスになって返ってく

るという認識が育っていることなどである。公益・公益法人をめぐる現代的動きとして留意してよいであろう。

その意味で、日本においては公益の日常化、公益法人の市民化・地域化、さらに国際化は、大方の公益法人および関係者の、また研究者の視野に入るまでにはなっているが、なおその実現は課題であり、また目標であり続けていることも再確認する必要があるであろう。

（小松　隆二）

注
1）　広義の公益法人のうち、学校法人、宗教法人、医療法人等については、公益法人の本来性・本質から考えると、綿密な検証・議論が必要である。学校法人と医療法人の場合、他の公益法人と異なり、サービス対象からしばしばコスト以上の学費などの納付金や医療費を徴収する例がみられる。学校法人では、寄付金からではなく、学費類の余剰から膨大な基本金（第二号及び第三号基本金）を積みあげている例、消費収支でのプラス（収入超過）が公的補助金を超える例もみられる。また宗教法人では、財政等の不透明性・開示の遅れなどが、これまでしばしば批判を受けてきたところである（小松隆二『公益の時代』［論創社、2002年］参照）。
　　　これらの問題を検証・議論なしに、学校法人、宗教法人等を「公益」法人として一律に受け止め、位置づけることには疑問が残る。
2）　峯田志門「日本における公益法人の生成と展開」（東北公益文科大学大学院 2006年度修士論文）は戦前日本における公益法人の歴史に関する先駆的な研究である。なお峯田氏は同論文を基に日本公益学会 2007 年度研究大会でも研究報告を行なっている。

参考文献
小松隆二『公益の時代』論創社、2002 年。
小松隆二『公益とは何か』論創社、2004 年。
塚本一郎・古川俊一・雨宮孝子編著『NPO と新しい社会デザイン』同文館出版、2004 年。
峯田志門「日本における公益法人の生成と展開」東北公益文科大学大学院修士論文、2006 年度。
佐竹正幸『目からウロコ！　こんなにやさしかった公益認定』税務会計協会、2010 年。
小松隆二・白迎玖・小林丈一『公益のまちづくり原論』論創社、2010 年。
中村元彦・脇坂誠也・寺内正幸『NPO 法人の会計・税務ガイド』清文社、2012 年。
公益研究センター編『東日本大震災後の公益法人・NPO・公益学』文眞堂、2013 年。

公益を支える会計と監査

中村　元彦

　最近、非営利団体における不祥事事件に関する記事を見ることが多い。例えば岩手県の山田町で緊急雇用創出事業の委託に係るNPO法人の乱脈経理と不適切な経費支出事件が新聞やテレビで取り扱われ、また、公益法人でも職員による着服などの不祥事が複数報道されている。

　内閣府公益認定等委員会が発行している公益認定等委員会だよりでは、最近財産管理のポイントを特集して取り上げており、横領事件や不適切な会計処理の事例の紹介とともに発生原因と対策を掲載している。これは会計不祥事が頻発すると公益法人制度の信頼性が崩れてしまうという危機意識の表れではないかと感じる。

　岩手県の山田町の事件では、第三者調査委員会報告書を読むと、このNPO法人において「事務所に『現金出納帳』の備え付けがないなど、経理事務の基本を欠く」など、あまりに杜撰な内容であきれてしまう。また、公益認定等委員会だよりでも横領事件等の発生原因として、「定期預金や普通預金の通帳等の証書類と銀行届出印が同じ金庫に保管されていた」、「預金通帳や残高証明書との照合作業が十分に実施されていなかった」などとあり、驚かされる。また、監事がきちんと手続を実施していないとの指摘もあり、何のために監事がいるのかと考え込んでしまう。

　私はNPO法人向けの会計講座の講師を行う機会が多いが、その際、会計がとにかく大変という話をよく聞く。また、会計は分からないので会計担当に任せきりという話も多く、会計担当による不祥事の可能性は潜在的に存在しているのではないかと思われる。会計というと日本では帳合之法が有名であるが、福沢諭吉全集緒言では帳合之法について、「最も面倒にして筆を労したるものは帳合之法なり」とある。もしかすると日本では歴史的に会計は大変なのだとされてしまっているのかもしれない。

　会計は公益活動を会計数値によってアピールするための武器であり、監査は会計数値が正しいことを信頼してもらうためのものである。いかに分かりやすく関係者に会計や監査について理解してもらえるか、また、それによって少しでも非営利団体活動の支援の一翼を担いたいと強く願うとともに、現代公益学会の活動の中でも実現していきたい。　　（公認会計士）

第 2 章

地域包括ケア構築の実践的課題
―東京都国立市の取り組みからの検証―

はじめに

　この日本の高齢化をどう乗り切るのか。高齢化がさしあたってのピークを迎える 2025 年度までに地域包括ケア体制を構築するとした 2012 年度の介護保険法改正を受け、国はさらに 2014 年の通常国会に地域包括ケア体制の構築を目指す「地域医療介護推進法」を提案、6 月に可決成立させた。これを受け、市町村は 2015 年度から地域包括ケアを本格的に具体化させる。

　その大きな柱は要支援者に対する介護保険制度によるサービスのうち訪問介護と通所介護（ディサービス）を「介護予防・日常生活総合支援事業」として市町村に移すという改革案である。その案について、ケアの現場に関わる専門職や事業所、推進主体となる市町村からは従来の制度の枠内でのサービス基準が低下するという批判に加え、全国一律のサービスから、市町村の工夫、裁量により NPO やボランティアによるインフォーマル・サポートの活用という国の方針への反発がある。

　インフォーマル・サポートは地域によってはさまざまな取り組みが広がる一方で、その地域差もあるだけに、市町村にとっては、その活用には未知数の不安もある。しかし、その不安にとどまっていては、地域で加速する高齢化、要介護度も医療依存度も高くなる 75 歳以上の後期高齢者を地域で支え続けることは困難だろう。行政だけの問題ではない。地域住民がどこまで自立困難な高齢者、障害者、子ども、ひとり親家庭、貧困層に関われるのかという、古くてかつ今日的な課題でもある。同時に医療、介護、福祉という、

すぐれて公益的な分野で、私たちの社会はどこまで公益性を共有していけるのかも改めて問われている。

本稿はまず、なぜ地域包括ケア構築が掲げられるに至ったのか。地域包括ケアを目指した地域の実践の積み重ねと制度改革の両面から振り返ることにより、それを考えたい。

さらに、筆者も関わり4年前から取り組んで来た東京都国立市での地域包括ケア体制づくりの実践を振り返り、その課題を明らかにする。その取り組みから、厚生労働省によってまとめられた地域包括ケア構築を柱とした2015年度からの介護保険改正案を検証したい。ただ外在的に批判するのではなく、地域包括ケアの構築は避けて通れないという立場から、それぞれの地域で構築していくための具体的な方策も公益学の観点から探りたい。

1. 地域包括ケアの経緯

(1) 広島県御調町の先進的取り組み

地域包括ケアを明確に定義し、その後の法改正への流れを作ったのは2008年度の老人保健増進等事業による「地域包括ケア研究会」(座長・田中滋慶大教授)報告書であるが、地域包括ケアは、その研究会で初めて使われた概念ではない。

例えばイギリスではじまったコミュニティケアという考え方、取り組みは地域包括ケアの考え方のルーツともいえよう。イギリスにおけるその萌芽は、1800年代の隔離収容政策の反省から生まれた1914年の精神薄弱者法に始まり、第二次大戦後の児童政策、1960年代からの保健福祉政策とりわけ高齢者ケアの取り組みに発展してきた。1968年のシーボーム報告を受けたシーボーム改革で、コミュニティケア政策の拡充が打ち出された。その改革をいち早く具体化させたのが、ロンドンのイズリントン区で、ソーシャルワークによる、地域社会での個人の生活全体をとらえる実践と官民協働によるネットワークづくりを柱としたものである。そうした取り組みが評価され、コミュニティケアを進めるために自治体での実施体制の整備・拡充もは

からられた[1]。

　日本でも 1960 年代後半からコミュニティ・ケアの取り組みが紹介され、1969 年東京都社会福祉協議会が「東京都におけるコミュニティケアの推進について」との報告書をまとめ、地域での自立困難な人々をコミュニティケアで支えていくという考えが次第に広まっていった。

　広島県御調町（当時、現在は尾道市）の公立みつぎ総合病院の山口昇医師はすでに約半世紀前から脳卒中などの患者の生活の質（QOL）を高めるためには治療、予防、リハビリテーション、介護、福祉を専門職だけによるサービスだけでなく地域の住民ぐるみで取り組む必要があるとして、御調町で全国に先駆けた取り組みを展開した。その取り組みの総称として「地域包括ケア」という言葉を用いたのが山口医師だった[2]。

　「専門職と一体となって住民が保健・医療活動に参加する。住民の、住民による、住民のための地域ケアである。（中略）顔なじみの地域の人がいてくれれば、ディケアに行くのが楽しみになる。こうして寝たきりの防止もできる。QOL（生活の質）と言われる長寿社会では、このような住民も含めての地域ケアが必要である。しかもそれは専門職やいろいろな保健・医療福祉施設と一体となっての地域包括ケアシステムの一環となるのが望ましい」[3]と今から 20 年以上前に「地域包括ケア」という言葉を用いて、住民ぐるみ、地域ぐるみの全人的なケアの必要性を論じた。

　山口は 1966 年から公立みつぎ総合病院で、25 年にわたり地域包括ケアを実践、とくに「寝たきりゼロ作戦」では大きな成果を挙げた[4]。御調町での成果を受けて、国も 1991 年「家庭や施設でできる寝たきり防止——寝たきりゼロへの 10 カ条」を作成した。

　山口の唱えた地域包括ケアの考え、実践は地域包括ケア体制の構築への道を切り開く先進的な役割を果たしたといえよう。例えば、御調町に隣接していた尾道市医師会は片山壽医師らが中心となり 3 つの急性期病院と診療所との病診連携により、救急救命システムを 1994 年までに作りあげた。高齢化が 30％を超え、それに対応できる地域医療の改革をさらに進めた。その成果を受けて、主治医機能の拡充による在宅医療のシステム化と高齢化に備え

た地域包括ケアシステムの確立を目指した。さまざまな研修を重ねて医師だけではなく看護師ら関連職種を対象にした在宅医療を担える人材の養成を図ると同時に、在宅医療支援機能を持つ医師会の老人保健施設を作った。多職種協働による長期継続ケアの実践、いわゆる「尾道方式」といわれる地域包括ケアシステムの1つのモデルを作り上げた[5]。

医療、介護をめぐるこうした地域ぐるみ、住民ぐるみの取り組みは尾道市や旧御調町だけではない。1950年代後半から長野県では、佐久市立国保浅間総合病院院長をしていた吉沢国男医師が保健師（当時は保健婦）、保健師をアシストする「保健補導員」の女性たちとともに地域ぐるみの健康改善活動に乗り出し、大きな成果を挙げた。その頃、長野県は脳卒中の死亡率が全国一高かった。漬物などの塩分摂取量が多い。真冬の時期に発作を起こしやすい。健康診断、栄養指導により塩分摂取を抑え、部屋を暖かくする「一部屋暖房」など生活改善を進めた結果、長野県は全国有数の長寿県となり、それが今も続く。

健康づくりや要介護の高齢者を支えるさまざまな地域ぐるみ、住民ぐるみの活動が地域性を生かしながら、取り組まれてきた。そうした活動の積み重ねによりたどりついたのが「地域包括ケア」だった。

(2) 病院・施設から在宅への改革

医療・介護保険制度改革から「地域包括ケア」にたどりついた流れを見てみよう。

日本の医療が変質した1つの節目は1973年、国により実施された老人医療費の無料化であろう。当時、老人医療費の無料化は、公的年金の大幅引き上げ（月平均3万円から5万円に）とともに、もろ手を挙げて世間で歓迎された。1973年のこの年は後に「福祉元年」とも呼ばれた。それが医療の在り方を変えた。

自宅で最後を迎える。戦前から戦後の一時期まで、日本人の終末期はそれが当たり前だった。1970年代の中頃を境に、病院での死が自宅での死を上回った。以来、病院死が増え続ける。なぜか。

老人医療費が無料化された1973年前後から、それまで当たり前だった町の開業医による往診がめっきりと減り始めた。在宅での死が減り始めた時期とほぼ軌を一にしている。

　それまでは、自転車で黒い往診カバンを積んで往診に回る開業医の姿は全国あちこちで見られたのに、その時期を境に徐々に姿を消していくことになる。老人医療の無料化は、高齢者にとって、費用の心配もなく受診できるようにした一方で、病院のサロン化や同じ病院でいくつもの医療機関にかかるハシゴ現象も起きた。1カ月に53回も医者に通ったケースまで出てきた。医療機関の側にもモラル・ハザードが起きた。必要以上に薬や検査、長期入院させるといった「乱診乱療」も目立つようになった。[6]。

　高齢者の外来が増え、出来高払い制の下で開業医の収入は増え、往診をしなくても外来だけに切り替える医師が増えた。1970年代前半まではサラリーマンとそれほど収入差がなかった開業医が、「儲かる職業」の代表のようにいわれるようになり、収支差額でサラリーマンの平均年収の4〜5倍もとるようになった、そのきっかけとなったのが、この老人医療費の無料化であろう。

　老人医療費の無料化は高齢者やその家族を喜ばせたが、医療費の給付は増え続け、医療保険財政を悪化させた。1973年に3兆9,000億円だった国民医療費は翌74年に36.2％、75年には20.4％もの伸び率をみせた。

　日本の診療報酬体系は2003年の医療制度改革以降、入院や高齢者医療に定額（包括）払いが導入されつつあるが、長らく出来高払いが柱だった。出来高払いは定額払いに比べ、上限の抑制がなかなかできにくい。老人医療費の無料化は診療報酬での出来高払いと結びついて、爆発的な給付増となっていった。1983年2月に、老人医療無料化を廃止し、高齢者にも自己負担を導入、現役世代から老人医療に仕送りをする、入院に偏った治療中心から予防、健康づくりを柱とした老人保健法をスタートさせたのは、医療保険財政の危機打開のためでもあった。

(3) 介護保険の役割と限界

　2000年4月から公的介護保険が導入されたのは、家族にしわ寄せされて来た高齢者介護が寝たきりや認知症など要介護高齢者の増加で、もはや持ちこたえられなくなり、「介護の社会化」を目指す、というのが第一の理由だったが、それだけではない。

　もう1つの大きな理由は、高齢者のいわゆる「社会的入院」の解消である。「社会的入院」の増加が医療費、中でも高齢者医療費をふくらませた。それを減らさないと医療保険財政がもたない、という財政事情ももちろんあったが、病院などでの社会的入院が、結果として「寝たきり老人」を増やし、悲惨な療養環境の中で死を迎えさせた。

　「福祉の世話になりたくない」という意識も日本の社会には根強い。家族も特別養護老人ホームなどの福祉施設に入れるのは抵抗があるが、病院なら周りからとやかくいわれない、という意識もあった。介護保険もまだなく、何より在宅医療不在の中で、家族では面倒を見きれない。その結果、高血圧や糖尿病などの持病を持っている高齢者は多いが、慢性疾患の多くは本来なら入院する必要がないのに、行き場がないために入院する。その「社会的入院」の実態をみると、療養病床の入院患者のうち、「医師の対応がほとんど必要ない」人が5割、残りも医師の対応が「週1回程度」にとどまっていた[7]。

　この調査が明らかにしているように、本来なら、入院して医療を常時受ける必要がないのに、受け皿がないために入院せざるを得ない。が、療養環境は劣悪だった。そうした「社会的入院」をできるだけ減らし、在宅での受け皿を作る。介護保険制度が導入された大きな理由の1つだった。

　介護保険制度導入の最大の理由は、家族による介護力に限界が来ていたからである。介護の長期化の末に、介護のために退職を余儀なくされたり、介護に疲れ果て、虐待も深刻化した。介護を社会的システムにより「社会化」する。2000年4月から始まった介護保険は、そうした考えから、その状況を改善させる制度となるはずだったが、必ずしもそうはならなかった。確かに、介護保険により、それまで措置制度により、限られた介護サービスが一

挙に広がった。介護保険による給付費は3.6兆円から5年間で倍増、11年間で8.2兆円と2.3倍に増えた。その内実はどうだったか。

2000年4月から05年4月の間での要介護度別認定者数でみると、介護度の比較的重い要介護2以上は1.5倍前後の伸びにとどまっているのに対し、要支援が2.31倍、要介護1は2.42倍と軽度者の伸びがきわだって大きいのが目立つ。認定者のすべてが介護給付を受けるわけではないが、実際の介護度別の利用者もほぼこの認定者の伸びを反映している。

問題は利用が「自立支援」につながっているのかどうか。日医総研の調査[8]）をみると、「要支援の約6割、要介護1の約5割が2年後には要介護度が悪化、もしくは死亡」との結果が出た。03年以後の厚生労働省集計による「介護給付費実態調査」をみると、年を追うごとに「重度化」は減少、「維持」が増えている。日医総研の調査とは異なる調査結果ではあるが、いずれにしても介護保険の最大の狙いである自立支援につながっているとは言い難い実態が見られた。

こうした状況から、当時、与党自民党政調会長だった亀井静香氏は、家事援助サービスの使い方を「訪問介護サービスを濫用してはいないか」と厳しく批判した。社会保障審議会（貝塚啓明会長）は2002年社会保障審議会介護給付分科会に「今回見直し後の介護報酬について、利用者のサービスの利用の動向や事業者の経営状況などに与える影響の把握に努め、介護サービスが適正かつ効率的に運営されているかどうか、また、サービスの質の向上に資するものとなっているかどうか、検証し、次回以降の見直しに反映させていくことが必要である。特に、重点的に評価を行った居宅介護支援については、介護支援専門員の資質の向上と地位の確立を図るとともに、居宅介護支援が公正、中立に行われるよう、検討を進めることが必要である。なお、制度の見直しについては、「介護報酬見直しの考え方」において示された意見に沿いつつ、利用者の意見や実態並びに地域の実情を踏まえながら、制度創設の理念とあるべき介護システムの実現に向けて、幅広い検討を早急に行っていくことが必要である」との介護保険見直しを提言、これを受けて厚生労働省は具体的には訪問介護として認められていた「身体介護」「家事援助」

「複合型」の3種類の体系を「身体介護」「生活援助」の2種類に分け、とくに従来の「家事援助」を見直していくこととした。

そうした流れを受けて大幅改正となった06年の介護保険改正は、とくに軽度者を対象に「介護予防」を柱としたサービスに切り替えた。それは方向としてはやむを得ない転換であった。要介護にならないようにする、もしくは要介護になってもできるだけ悪化させないようにする。そのために地域包括支援センターをすべての市町村に設け、介護予防のケアプラン作りにあたる。主治医とケアマネとの連携、病院から退院してくる場合の在宅との連携が確実に実施できるケアマネイジメントの役割も課された。同時に在宅や施設での看取りを支援、そのために在宅での看取り支援を新設した。

介護保険だけでは、在宅での介護や看取りを100％カバーできない。それは介護保険の限界というべきだが、安心して在宅での療養、介護生活、さらに看取りまで迎えるためには、介護保険と医療保険制度というタテ割りの制度の枠を超え、コ・メディカルの職種間の連携はもとより、介護と医療との一体的に利用できるようなケア・マネイジメントへの方向が打ち出されたのである。

しかし、2009年改正（第4期）は、介護報酬を3％プラス改定し、介護職の報酬引き上げをした以外は大幅な見直しはしなかった。民主党政権下の2012年の第5期改定は2年毎の医療保険制度の診療報酬改定と3年毎の介護報酬改定が重なり、それゆえに抜本改革の絶好の機会だったにもかかわらず、2025年に向けての地域包括ケア体制の構築が打ち出されたのにとどまり、その具体化は先送りされた。

(4) 立ち遅れた医療保険制度改革

医療保険制度改革はさらに立ち遅れた。1990年代から2000年初めにかけ医療費は年平均4％、老人医療費は同7～8％伸び続けた。大半は高齢化によるものだが、医療制度改革の立ち遅れが、それに輪をかけた。バブルがはじけて以降の長引く不況で、勤め人の収入は頭打ちとなり、勤め人の収入にリンクする医療保険料収入も横ばいを続けたために、医療保険財政は1990

年代の後半から危機的な状況に陥った。

　誰でも、いつでも、どこにでもかかれる、世界に冠たるはずだった日本の医療保険制度がこのままでは維持できない。その危機感を持った当時の政府与党（自民、社会、さきがけの自社さ連立）協議会が「21世紀の国民医療」と題した4本柱（診療報酬、薬価、医療提供体制、高齢者医療）についての医療制度改革の報告書をまとめ、2000年度のスタートを目標に医療制度改革案をまとめるための論議をスタートさせた。ところが、医療制度改革はほとんど進まず2000年度の開始は理由もなく先送りされた。日本医師会の抵抗がきわめて強かったこと、厚生労働省の側にも強力にそれを推進する力に欠けていたためである。

　ようやく実施された02年度からの改革は、勤め人の窓口負担の引き上げや保険料率のアップという保険財政の危機を乗り切るための負担増による応急措置が主で、EBM（根拠に基づく医療）やDRG／PPS（診断群別包括払い）、医療の情報公開などの抜本改革は先送りされ「在宅と予防」への道筋をつけたにとどまった。

　本格的な医療制度改革が始まったのは、06年度からの医療制度改革関連法の成立を受けての医療制度改革である。厚生労働省の06年からの制度改正は、かつて老人病院と呼ばれた療養病床の削減により、社会的入院をなくす。その受け皿として、在宅医療の強化、在宅での看取りをできる仕組みを作ることに大きな狙いがあった。「病院で死ぬ」時代に終止符を打ち、在宅（住み慣れた地域での在宅に近い施設も含む）でケアを受け、死ぬ時代に転換する、ということである[9]。

　これまでの老人保健制度に代わり、08年度から始まった後期高齢者医療制度の大きな狙いは、急性期以外はできるだけ医療的ケアを減らし、高齢者の生活機能を重視した在宅ケアを介護と医療の両面からみていこうという点にある。おそまきながら、この時点でようやく「予防」と「在宅化」への軌道が敷かれたのである。「病院で死ぬ」時代に終止符を打ち、在宅（住み慣れた地域での在宅に近い施設も含む）で死ぬ時代に転換する、ということである。

そのためには在宅医療の充実が不可欠だが、そのカギを握るのは、在宅医療を担う医師である。「かかりつけ医」は介護保険制度がつくられた際、介護認定の所見を書く医師として制度上位置づけられたが、日本の医療保険制度での開業医は自由開業制度であり、ヨーロッパの家庭医のような制度はないこと、在宅医療をしなくとも外来だけで十分な収入が保証されて来た日本の診療報酬体系の問題、「家庭医」のような総合医としての教育、訓練を受けていないために、在宅医療については多くの医師は積極的に取り組もうとしてこなかった。こうした日本の医療保険制度の立ち遅れについて「失われた30年」と、諏訪中央病院の院長を務めた今井澄医師（故人）は嘆いた[10]。

(5) ようやくまとめられた「地域包括ケア」

制度改革は立ち遅れたが、加速する高齢化に対応する地域、在宅ケアの受け皿づくりを急がざるを得なかった。2008年の「地域包括ケア研究会」（座長・田中滋慶大教授）に先駆けて、厚生労働省「高齢者介護研究会」（堀田力・座長）が2003年にまとめた「2015年の高齢者介護」報告書で、「保健・福祉・医療の専門職相互の連携、さらにはボランティアなどの住民活動を含めた連携によって、地域の様々な資源を統合した包括的なケアを提供することが必要である」と地域包括ケアの必要性を掲げた。その5年後の「地域包括ケア研究会」報告は地域包括ケアについて「「地域包括ケアシステム」は、ニーズに応じた住宅が提供されることを基本とした上で、生活上の安全・安心・健康を確保するために、医療や介護、予防のみならず、福祉サービスを含めた様々な生活支援サービスが日常生活の場（日常生活圏域）で適切に提供できるような地域での体制と定義する。その際、地域包括ケア圏域については『概ね30分以内に駆けつけられる圏域』を理想的な圏域として定義し、具体的には中学校区を基本とする」と定義した。

社会保障制度改革国民会議が2013年8月まとめた最終報告書で「地域包括ケアシステムの構築は、団塊の世代のすべてが75歳以上となる2025（平成37）年に向けて速やかに取り組むべき課題であり、その実現に向けて早急に着手し、全国から先駆的実践事例等を収集するなど、地域の特性に応じ

て実現可能な体制を見出す努力を促すための取組を早急に開始すべき。介護予防給付について、市町村が地域の実情に応じ、住民主体の取組等を積極的に活用しながら柔軟かつ効率的にサービスを提供できるよう、受け皿を確保しながら新たな地域包括推進事業（仮称）に段階的に移行させていくべき」と地域包括ケアの推進を盛り込んだ。

　そして2013年12月、社会保障審議会介護保険部会での取りまとめを受け、国は2014年通常国会に2015年度から地域包括ケア構築の具体化を柱とする以下の「地域医療介護推進法」を提案可決成立させた。同法の最大の柱は「地域包括ケアシステムの構築に向けた地域支援事業」の見直しである。具体的には以下の4つを柱として、実施は2015年度からだが、3年間かけて段階的に進めていくこととした。

　①在宅医療・介護連携の推進
　②認知症施策の推進
　③地域ケア会議の推進
　④生活支援サービスの充実・強化

　いずれも重要な柱ではあるが、このうちとくに大きな改革となるのは①と④である。④については従来の要支援者を対象にした予防給付サービスのうち訪問介護と通所介護を市町村による「地域支援事業」に移行させる。さらにその「地域支援事業」を介護事業者だけでなく、ボランティアなどの多様な住民も参画することにより、日常生活全般を支援する多様な生活サービスを効率的に提供できるようにする。そのために日常生活支援の総合サービス「介護予防・生活支援サービス」として市町村が取り組むよう提案した。国がガイドラインを示すが、従来のような介護保険制度による一律のサービスではなく、独自に報酬設定やサービスの内容も工夫する。「効率的にサービス提供をし、総費用額の伸びを低減させる」よう市町村に求めている。この案の課題、問題点については最終節で改めて論じる。

2. 東京都国立市での地域包括ケアの取り組み

(1) 在宅医療モデルからスタート

　東京都国立市を取り上げることにしたのは、事実上地域包括ケアづくりが2008年から始まり、徐々に進められ先進的な役割を果たして来たこと、その推進に筆者も関わり、その経緯、さまざまな課題についてほぼ把握できることが、その理由である。

　国立市は東京西部の多摩地区のほぼ中央にある、面積8.14平方キロという全国で3番目に小さい市の中に、人口7万5,000人が住む。都心への通勤族も多いが、一橋大学を中心とした学園都市として知られる。高齢化率（2014年1月1日）は20.95％と全国平均を下回るが、これから高齢化が加速、とりわけ75歳以上の後期高齢者、認知症、一人暮らしが増え続けているのも大きな課題である。このまま手をこまねいていては、在宅ケアの受け皿が間に合わない。そうした危機感から、在宅ケアの医療モデル事業から地域包括ケア作りが始まった。

　まず2008年11月、東京都の「在宅医療ネットワーク推進事業」での3つのモデル地区（墨田区、豊島区）の1つとなり、東京都からの補助金を受け「国立市在宅医療推進連絡会議」（代表・新田國夫医師）が設立されたのがきっかけである。それ以降、図表 I-2-1 で示すように2011年から3段階の取り組みを経てきた。

　2011年度は東京都補助事業に、さらに2012年度は国の在宅医療連携拠点事業（復興枠）、さらに2013年度からは東京都補助事業に加え、同11月からは「認知症医療支援診療所地域連携モデル事業」として国から国庫補助による委託事業も受託した。事業名称を変えながらも地域包括ケア体制の構築として一貫した取り組みを続けてきた。

　スタートした2008年11月からの「在宅医療ネットワーク推進事業」には医師、歯科医師、薬剤師、看護師、地域中核病院の医師、同地域連携室、介護職、行政、介護を抱える家族会の代表、学者らによる多職種を集め、事務

第 2 章　地域包括ケア構築の実践的課題　　43

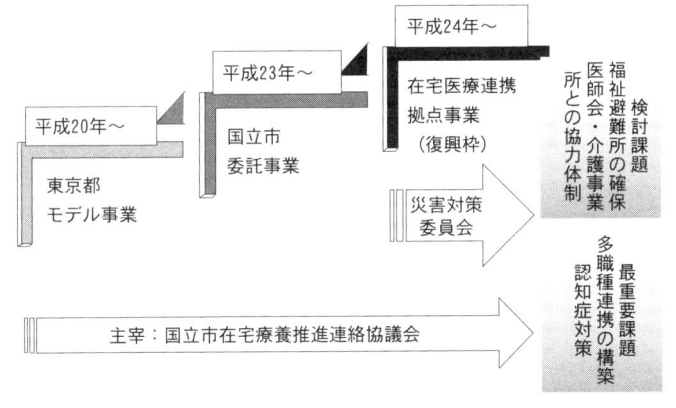

図表 I-2-1　国立市地域包括ケア構築の取り組み

[図：平成20年〜 東京都モデル事業／平成23年〜 国立市委託事業／平成24年〜 在宅医療連携拠点事業（復興枠）／災害対策委員会／福祉避難所の確保、医師会・介護事業所との協力体制（検討課題）／多職種連携の構築、認知症対策（最重要課題）／主宰：国立市在宅療養推進連絡協議会]

出所：国立市つくし会新田クリニック在宅医療連携事務局作成。

局を含め 18 人のメンバーで、住民が住み慣れた地域で安心して療養生活をできるよう、医療機関、訪問看護ステーション、ケア・マネジャーらによる在宅ケアネットワークを作り上げる。それを目的としたものだったが、実際には「手探り」の取り組みで、2010 年度末まで 6 回にわたる協議会で、まず多職種の意見交換と連携のあり方の課題を出し合い議論、研修会の開催、さらに相談事業、そして在宅医療についての市民アンケートを実施した。70 歳以上の市民 300 人を対象にした「市民アンケート」では在宅医療の現状とニーズ調査、医療と介護についての情報の入手のあり方、その問題点などを調べた。

　2011 年 4 月から、休止していた「国立市在宅医療推進連絡会議」を受け継ぐ形で改めて「在宅療養推進連絡協議会」（会長・新田國夫、副会長兼座長・山路憲夫）を立ち上げ、メンバーも診療所医師、訪問看護ステーション責任者らを加えた 20 人に増やし、在宅ケアをさらに具体的に進めるために、以下の 7 項目を柱に、具体的な取り組みを本格化させた。

・医療と介護の連携、地域中核病院（多摩総合医療センター、国家公務員共済立川病院など）と診療所などとの医療連携パス、ネットワークの構築

・研修会や困難事例検討会などによる多職種連携
・在宅での一人暮らしの認知症高齢者への対応
・24時間対応できる仕組み作り
・在宅医療の相談窓口
・情報交換ツールのICT化
・在宅療養ハンドブックの作成

(2) 認知症によるまちづくり

とくに力を入れてきたのは、認知症への対応である。国立市の調査（2013年1月時点）によると、75歳以上の在宅の高齢者は人口のほぼ1割弱にあたる7,282人。そのうち介護保険で要介護、要支援認定を受けているのは3割弱の2,142人で、そのほぼ半数の1,055人がなんらかの認知症症状を抱える。さらに認知症で一人暮らしの後期高齢者は住民票の上では288人おり、その中で生活実態でも家族の手助けも得られない高齢者は56人いることがわかった。認知症の夫婦や認知症でかつ独居の高齢者は今後も増え続けるとみられる。

認知症対策として、同協議会がまず取り組んだのが、同連絡協議会の医療・介護の専門職に加えて、市民や認知症当事者を抱える家族にも呼びかけて「認知症アクションミーティング」と名付けたワークショップである。何が認知症対応で求められているのかをリストアップし、そのうち関心のあるテーマごとに、市民の理解を高める研修（劇づくり）、いつでも集まれる場づくり、見守り隊、「私は認知症」と言えるキャンペーンなど9グループに分かれて、具体的な計画づくり、実践を徐々に広げていった。目指したのは「認知症になっても安心して暮らせるまちづくり」だった。

この活動から、毎年10月の第3土曜日に「国立市認知症の日」とし、その第1回を2012年10月に開催、認知症まちづくりグループの活動を紹介、認知症の演劇、認知症当事者も参加しての合唱やシンポジウムを市民約200人を集めて開催、2013年10月にも「認知症の日」イベントを開催、認知症の市民理解を広げた。このほか、認知症介護家族間話合いの場（家族会）も

持ったり、さらに認知症カフェもグループホームなどで開催するだけでなく市内 7 カ所の喫茶店を認知症当事者や家族も気楽に入れるカフェとして指定、居場所づくりとして位置づけた。

　高齢者本人や要介護高齢者を抱える家族のために「くにたち在宅療養ハンドブック」も作り、65 歳以上の高齢者のいる家庭の希望者に配布した。これを読めば、市内の在宅医療や訪問看護ステーション、介護事業所、病院・施設のマップ、相談窓口、さらに緊急時の連絡先など在宅ケアを受けるための必要な情報を盛り込んでいるほか、終末期を迎えた時にどういう医療的ケアを望むのかも表示できるページも付けた。

　同市介護保険運営協議会（会長・林大樹一橋大学教授）でも、こうした動きと連動する形で 2013 年度から配食サービスの見直しもした。それまで 20 年余りにわたって NPO と社会福祉法人の 2 事業所だけに任せていた配食サービスは週 3 回だけだったのを最大週 5 回に増やし、配食サービスの委託事業所も公募により一挙に 11 事業所に増やし、選択の幅を広げた。高齢者だけの世帯が増えるにつれ、食事サービスの重要性が今後とも高まるのに対応したものだった。

　以上のような取り組みを国立市の場合、多角的に取り組んでは来たものの、やり残している課題、取り組んではいるが不十分な課題はまだまだある。

　ひとつは医療と介護の連携である。地域包括ケアの柱の 1 つはいうまでもなく、医療と介護の連携というより、さらに一歩進んで「医療と介護の統合」である[11]。

　現実にそれがどこまで進んでいるのか。国立市でのケース検討会議での議論からみると以下のような課題がみられた。

　国立市在宅療養推進連絡協議会は個別のケースについて多職種（医師、歯科医師、看護師、歯科衛生士、介護福祉士、理学療法士、ケアマネ、家族の会代表ら）が集まり「ケース検討会議」を 2 月に 1 回程度開催。2014 年 1 月 24 日に開催した第 9 回の会議は、2 人のケアマネがそれぞれ扱った事例について報告、検討した。

1つは87歳の高齢者が心筋梗塞で倒れ、入院、退院したケース。倒れるまでは毎朝ラジオ体操を欠かさず、なんとか元気に生活していたが、発作が起きてからは時折、意識がなくなる状態が起きたり、杖に頼らざるを得なくなった。大学病院からは医師の指示書もなく、4週間後退院してきた。相談を受けた市の地域包括支援センターが介護保険認定調査を実施、要介護認定1となったのを受け、介護事業所をあっせん、ケアマネがリハビリに加え、廃用症候群にならないためにディサービス、さらに自宅の手すりをつける住宅改修などの介護保険サービスを入れ、支援を続けているという。

ここでの問題点は医療と介護の連携である。地域中核病院は退院する場合、地域連携室が退院後のケアをどうしていくのか、受け皿となる地域の医師や介護事業所とも連携をとり、患者家族にアドバイスするケースも増えてはいるが、今回の場合はそれがなされていなかった。このケースの相談を受けた地域包括ケア（市直営）のケア・マネは、それまで入院していた大学病院に退院時の状態を問い合わせることもしなかった。さらに退院後の「かかりつけ医」を紹介したり、相談することもせず、介護事業所のケアプラン作りに委ねていた。大学病院の退院のさせ方も問題だが、その後もケア・マネがとろうとしなかったところに、このケースの問題がある。

もう1つのケースは、82歳の一人暮らしの女性で、転倒して、駅で動けなくなっているところを発見され、入院した。ところが本人の強い希望で、退院したものの、自宅で動けなくなっているところを発見された。地域包括支援センターの担当者が出向き、介護保険の認定手続きをとり、訪問介護、歩行器レンタル、配食サービスを入れることにし、ようやく自宅での生活を始められるようになった。

この2つのケースに共通するのは、地域中核病院が、地域のかかりつけ医の連携をきちんと取ろうとしていなかったこと、もう1つは地域包括支援センターのケア・マネや介護事業所のケアマネが医療との連携を積極的にとろうとせず、結果として「かかりつけ医」の関与がないままに在宅ケアが進められていることである。近所や親せきとのつながりも薄く、近隣の支援が得られていない。地域のつながりの薄さは大都市部に共通するものだが、国立

市のような他市に比べ、医療と介護の連携が比較的出来ている地域ですら、個別にはきわめて連携不十分なケースも見られる[12]。

3. 地域包括ケアをめぐる2015年介護保険改正案の論点

(1) 2015年改正の狙い

　介護保険制度は2000年4月に始まって以来、3年に一度の介護報酬の見直しに伴う改正を積み重ねて来た。とりわけ2006年に要介護認定者のうち軽度者への介護予防給付を柱とした予防重視型システムへの転換は地域包括ケア構築の第一歩となる大きな改正となった。それ以後もさまざまな改正が積み重ねられては来たが、今回の改正は、それを上回る抜本改正となる。

　その第一は、これまで保険制度の枠内で提供してきたサービス、具体的には要支援1と要支援2のサービスのうち、訪問介護、通所介護を切り離し、市町村事業に移行させるという点である。但し、財源は介護保険給付費の2％（地域の事情によっては3％）を充て、従来のサービスを切り下げることはしないとしている。

　もともと2011年度改正で、要介護者・要支援者以外の高齢者（2次予防事業対象者など）への介護予防事業は、「地域支援事業」で実施する。市町村の選択により、「地域支援事業」において、要支援者・2次予防事業対象者向けの介護予防・日常生活支援に資するサービスを総合的に実施できる事業（「総合事業」）を創設した。

　2017年4月までに、すべての市町村で要支援者に対する新しい総合事業を開始する。同年度末をもって、予防給付のうち訪問介護と通所介護については終了し、総合事業として衣替えし、高齢者の多様なニーズに対応するため、市町村が地域の実情に応じたサービスを提供していくこととなる。この狙いは主に2つある。

　1つは財政事情である。厚生労働省が社会保障審議会介護給費分科会等で明らかにした資料、説明によると、このまま制度改革をしなければ、介護予防給付費の伸びが年平均5〜6％の伸びは避けられないが、総合事業に移行

させれば費用の伸びは、効率的なサービス提供を通じて、後期高齢者の伸び（3〜4％）程度に抑えたい、という。持続可能な制度にするためには、今回の改革は避けられないという主張である。

もう1つは、これまでの介護保険制度の枠を超えて、高齢者の生活全体を支援できるようにする。新設する総合事業を日常生活総合支援事業という名称を使おうとしているのはそのためである。これまでの要支援者に対する介護保険制度にわたるサービスは訪問看護、通所介護が主で、ヘルパーによる食事や掃除などの生活支援は認められてはいるものの限定的で、高齢者の生活全体を支えるまでのサービスではなかった。ところが今後、後期高齢者や独居が増え、要介護度も重くなるにつれ、日常の生活、例えばゴミ出しや電球の付け替えといった日常必要な家事も難しくなってくる。そうした生活全体を手助けするサービスをできるように市町村の工夫により、できないか。それがもう1つの狙いである。

(2) 改正案の問題点：保険でどこまでカバーするのか

これまで人類が経験をしたことがない少子高齢社会に突入した日本にとって、制度を持続可能なものにしていくための抜本改革は避けられない。その意味で、今回の改正案の方向は理解できるが、それを実現していくためには、重大な問題、課題を抱える。

1つは、今回の改正は「介護の社会化」を目的とした介護保険制度の役割の質的な転換を事実上図るものである。にもかかわらず十分な合意、その説明がきわめて不十分なまま、進められようとしているところに、大きな問題がある。

2014年1月11日に筆者が副会長を務める「NPO福祉フォーラムジャパン」主催が東京で開催した「どうなる　どうする　介護保険」のシンポジウムで、今回の改正案を説明した厚生労働省老健局の榎本健太郎介護保険計画課長に対し、東京武蔵野市の笹井肇・健康福祉部長は「そもそも介護保険の理念、保険というあり方を根本的に転換させるものではないか」と批判した。「介護の社会化」を目指してきた介護保険の「公約違反」ではないか、

という思いからであったろう。

　1994年に始まったドイツの介護保険や、2008年にスタートした韓国の長寿療養保険も対象者を要介護度3以上の重度に絞ったのと比べると、日本の介護保険の場合、要介護1や2の軽度の要介護者、要支援者を対象とした高齢者への家事援助、生活支援サービスを含めたところに特徴がある[13]。保険としてどこまでカバーするのかという十分な議論、共通の認識がないままに「介護の社会化」という厚生労働省が掲げる言葉に寄りかかって、介護保険が始まったのである。

　2003年改正で、訪問介護のメニューのうち「家事援助」サービスが「生活援助」に変わり、「過剰な」家事援助の見直しがなされ、軽度者への支援は2006年改正で予防重視型システムに切り替わったものの、今回の改正まではその在り方についての議論がほとんど尽くされなかった。厚生労働省だけでなく政治の責任も重いが、自治体そして住民も含め、制度の持続可能性から見て「介護保険がどこまでカバーすべきなのか」という議論に向き合ってこなかったのではないか。「サービスの切り下げ」という批判からではなく、負担と給付のあり方について改めて、議論を深めていく必要がある。

(3) インフォーマルサポートの役割と限界

　もう1つの問題は、要支援1と要支援2の介護保険認定者へのサービスのうち訪問介護、通所介護を切り離し、市町村事業に移行させ、高齢者の多様なニーズに対応するため、市町村が地域の実情に応じたサービスを提供していく「総合事業」の在り方、その担い手の問題である。厚生労働省によると、「効率的な事業の運用」のために「NPO、ボランティア等の地域資源の有効活用」「付加的なサービスやインフォーマルサービスを組み合わせた多様なサービス内容の事業を実施」[14]と説明する。

　問題はNPOやボランティアが担うインフォーマルサービスをどういう形で、市町村が「総合事業」に組み込んでいくのかは、市町村に委ねることとなるが、もとよりそれによるサービスの内容は定かではない。市町村によって格差が出るのは避けられない。その結果として「市町村の責任」ではかた

づけられない深刻な格差を生ずる恐れがある。少子高齢化が加速し、社会保障の財源が切迫する中で、「自助、互助、共助、公助」のうち「公助」と「共助」の限界が見えてきたのはまぎれもないが、インフォーマル・サポートという不確かな「互助」をどこまで取り込めるのか。

今回の法改正は地域が、住民の意識がどこまで変われるのか、という困難な課題を提起しているとも受け取れるが、それだけでは「不確かな青写真」に終わってしまう。だからこそ、一方で専門職が支える「しくみ」の整備がさらに必要である。

在宅ケアの現状を見ると、要介護の高齢者を十分に支えているとは言い難い。介護保険制度の限界もあるが、在宅医療が不足しており、介護との連携も不十分である。最大の問題は要介護高齢者本人を支えるコーディネーターの不在である。介護保険制度上はケアマネジャー（介護支援専門員）が要介護者のケアマネイジメントをすることになってはいるが、それが十分に機能していない。危機的な状況にある[15]といっても過言ではない。

ケアマネイジメントは多職種との連携をとり、ニーズを突き合わせ、調整して利用者本人にとって適切なプランを作成する。そのためには利用者に関わる担当者会議も必要だが、2009年11月1カ月間、担当者会議の時間は平均13.8分である[15]。

医療知識に乏しい介護系のケアマネが多く、かかりつけ医や看護師との連携を十分に取れていないこと、地域とのさまざまな連携をとる基本的なマインドが不足している等の理由があろう。それを補うものとして2006年から各市町村に作られた地域包括支援センター、かかりつけ医の役割も大きい。

今回の改正案によると、地域支援事業を充実させる4本柱の1つとして「在宅医療・介護の連携」を挙げ、そのために「市町村が中心となり、多職種参加の研修を通じ、医療介護のネットワークを構築」、もう1つの柱の「地域ケア会議」は「多職種会議のケアマネイジメント支援や地域課題への取り組みを推進」とする。

国立市の例に挙げたように「医療と介護の連携」は仕組みとして確立されていないために、地域によって大きな差がある。

多職種による「地域ケア会議」はもちろん重要だが、それを誰が中心になって調整、推進するのかが明確ではない。さしあたっては市町村、そのもとにある地域包括センターがその役割を果たすことになろうが、行政の限界がある。国立市のように在宅医療に取り組んで来た医師らの専門職が関われる仕組みを作ることが不可欠となろう。

　そもそも地域包括ケアの大きな柱である在宅医療を担う医師が少ない。2014年度からの診療報酬で、在宅医療を進めるさまざまな加算措置は取られたが、まだまだ不十分であろう。一部の在宅医療に取り組む医師だけでなく、地域の医師会が関われる仕組み、在宅医療にシフトする診療報酬体系にしなければ、地域包括ケアの実現は難しい。そのためには在宅医療を担える「総合医」を養成する医学部教育の改革もようやく進められつつあるが、何より求められるのは、医師をはじめとした医療・介護・福祉に関わる専門職の意識改革、すなわちこの分野はすぐれて公益性の高い分野であり、それゆえに公益の意識を持つ専門職の養成、もしくは意識改革が不可欠となる。

　地域包括ケアの構築は官（とくに市町村）や専門職だけに委ねるのではなく、住民自らがこの高齢化を乗り切るために、自分たちの地域を安心して暮らせる地域にしていくための知恵と力を出していかなければ、地域包括ケアの構築は望むべくもない。公益の意識を持つ、自立した市民意識を持てるかを私たち自らに問わねばならない[16]。

（山路憲夫）

注
1) 右田紀久恵他編『社会福祉の歴史』有斐閣、2001年。
2) 宮島俊彦『地域包括ケアの展望』社会保険研究所、2013年。
3) 山口昇「保健医療活動と地域住民活動」（長寿社会総合講座第[7]『市民参加と高齢者ケア』第一法規、1993年、所収）。
4) 山口昇『寝たきり老人ゼロ作戦』家の光協会、1992年。
5) 片山壽『父の背中の地域医療─『尾道方式』の神髄（カンファランスがつくる地域包括ケアシステム）』社会保険研究所、2009年。
6) 吉原健二・和田勝『日本医療保険制度史』東洋経済新報社、1999年。
7) 医療経済研究機構「療養病床における医療提供体制に関する調査」2004年。
8) 日医総研川越雅弘研究員による2000年と2002年の松江市などの比較調査（『介護保

険 4 年間の検証』中央法規、2004 年、所収）。
9） 山路憲夫「国民は在宅医療に何を求めているか」（佐藤智・編集代表「明日の在宅医療」第一巻『在宅医療の展望』中央法規、2008 年、所収）。
10） 今井澄『理想の医療を語れますか』東洋経済新報社、2002 年。
11） 宮島俊彦『地域包括ケアの展望』社会保険研究所、2013 年。
12） 山路憲夫「地域包括ケアをどう構築するか―東京都国立市と東村山市の事例から」（社会保険研究所『介護保険情報』2012 年 5 月号、所収）。
13） 山路憲夫「韓国老人長寿療養保険の現状と課題」（社会保険研究所『社会保険旬報』2370 号、2008 年、所収）。
14） 福祉フォーラムジャパン主催「どうする　どうなる　介護保険改正」シンポにおける榎本健太郎・厚生労働省介護保険計画課長による説明とそのレジュメ（2014 年 1 月 11 日）。
15） 池田省三『介護保険論』中央法規、2011 年。
16） 小松隆二『公益の時代―市場原理を超えて』論創社、2002 年。

アジア化するニュージーランド

山岡　道男

　2013年4月より1年間にわたり、ニュージーランドで、10年前に続き、2回目の在外研究をオークランド大学で行っている。私が所属している所は、アジア関係を取り扱うニュージーランド・アジア研究所（日本・中国・韓国・東南アジアの4部門）であり、また以前から親しく交流をしている先生方が、アジア学部（日本・中国・韓国の3専攻）に所属しているので、必然的に、当地で付き合う人々は、国籍は別にしてもアジア人が中心となる。

　福祉国家として、また公益の浸透した国として知られてきたニュージーランドであるが、この10年間に、中国を筆頭に、アジア系の人口が急増した。2001年と2013年の国勢調査によれば、総人口に占めるその割合は、6.6％から11.8％となり、ほぼ倍増した。オークランド市の中心街にあるクィーン・ストリートの土産店の売り子は、ほとんどがアジア系の若い女性に入れ替わっていた。もともと、オークランドは多文化な都市である。しかし特記すべきは、地方の日用雑貨店（Dairy Shop：日本のコンビニのようなもの）を経営しているのが、現在は中国系の人々で占められていることである。

　オークランド大学のメイン・キャンパスの構内を歩いていても、国籍は別にして、アジア系の学生は多い。治安が良く、これまでは生活費が割安だったニュージーランドは、国家政策として留学生を積極的に受け入れているために、英語圏の留学先として人気のある場所ともなっている。

　総人口の3分の1が住んでいる大都会のオークランド市を除けば、ほとんどの地域には牧歌的な風景が広がっており、オークランド市でも、車で30分も走れば、牛や羊が放牧されている地域となる。しかし、居住者の数が増加しているために住宅の増設も進んでおり、今まで牧場であった場所が住宅地へと変貌している。現在、総人口が460万人のニュージーランドでは、それを600万人まで増やす計画があるが、その大半をアジア系移住民でまかなうことになり、アジア化はますます進んで行くであろう。

（早稲田大学大学院教授）

第3章

公的年金制度はいつまで持つか
―新制度モデルは「税プラス積立方式」―

はじめに

　民主党政権下の2012年6月、民主、自民、公明の3党が「社会保障と税の一体改革」を目指すことで合意した時、この国が今度こそ超党派で消費税を財源に社会保障改革を実現するのではないか、との期待が国民の間に高まった。ところが、首相直属の社会保障制度改革国民会議が13年8月に結論をまとめ安倍晋三首相に提出した報告書は、年金の抜本改革を見送り、現行制度を容認して延命させる道を選んだ。本稿は現行制度の致命的な欠陥を明らかにし、抜本改革を実現する公的年金制度のニューモデルを提示する。

1. 時代遅れの現行制度

(1) 年金の不公平
　現行制度の問題を大きく括れば、世代間・世代内の不公平である。「世代間」不公平とは、高齢者ほど有利で若者・将来世代ほど不利な給付・負担条件を指す。「世代内」不公平とは、職業・雇用間の不公平性を指す。非正規雇用者や自営業者が加入する国民年金とサラリーマンが加入する厚生年金の負担・給付格差がその端的な例である。
　非正規雇用者は全雇用の3分の1強、女性の雇用の6割を占める。背景にデフレ経済に伴う企業収益の悪化と雇用形態の変化があり、所得・雇用の違いが年金格差となって表われる。

国民年金の受給額は満額でも厚生年金の標準年金額の28％に過ぎない。しかも国民年金は所得に関係なく保険料を月々定額で払わなければならない。現行の月約1万5,000円の納付は低所得者にとって厳しい。これが未納の原因となる。非正規雇用の増加に伴い無年金者、低年金者は今後ますます急増する見込みだ。これらの人びとの多くが、貧困高齢者となって生活保護になだれ込む。年金の経済学とは、基本的に「負担」と「受給」の問題である。年金の不信・不安を若者ほど募らせている現状が、年金問題のありかたをあぶり出す。

　年金問題の考察に当たり、あらゆる社会保障分野で年金は特別の位置を占める、というところから始めよう。なぜかと言えば、人間の誰もに繰り返される「生誕―成長―成熟―老衰」という人生の晩秋期の「生のあり方」を左右するからだ。人生の黄昏時の自己評価は、人生全体の幸福の評価にしばしば決定的な作用を及ぼす。黄昏時に日没の金色の光景を眺めたとしよう。「いろいろあったが、人間の不完全性を考えれば、結局わが人生を『良し』としよう」と肯定できるかどうか―。とはいえ、大部分の高齢者にとって現実の黄昏生活は経済条件が厳しい。

　内閣府が2012年10月に実施した面談による全国20歳以上の世論調査で、じつに人々の7割以上（男71.8％、女75.3％）が将来不安の1番に「年金」を挙げたのだ。年金不安度は、2位の「医療・介護負担増への不安」45.0％、3位の「給料・手当の減額不安」25.3％を大きく上回った。国民の公的年金への深い関心は、年金が多くの高齢者の生活の"命綱"になっているためだ。厚生労働省によれば、高齢者世帯のほぼ6割が年金収入だけで生活している（図表I-3-1）。年金の平均所得に占める割合は約7割に上る（図表I-3-2）。

　知り合いの80歳になる、妻と2人暮らしの年金生活者が心境をこう語る―「今の（年金）水準で不自由なくやっていけるから幸せと思わないとね。でも将来、インフレになって年金が上がらないようだと厳しくなる」。年金生活者にとって、これまでのデフレとは逆のインフレ環境下では、年金の受給額が実質減少していくことに不安が強まる。

56　第Ⅰ部　東日本大震災後の公益法人および公益研究

図表 I-3-1　約6割の高齢者世帯が年金収入だけで生活

公的年金・恩給が総所得に占める割合

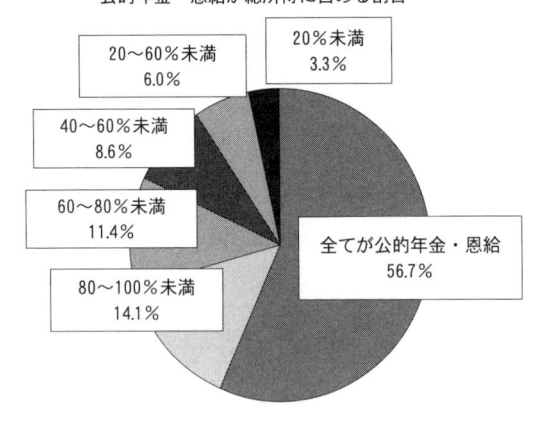

- 20%未満　3.3%
- 20〜60%未満　6.0%
- 40〜60%未満　8.6%
- 60〜80%未満　11.4%
- 80〜100%未満　14.1%
- 全てが公的年金・恩給　56.7%

出所：平成23年国民生活基礎調査（厚生労働省）。

図表 I-3-2　年金は高齢者世帯の収入の約7割

高齢者世帯の平均所得に占める割合

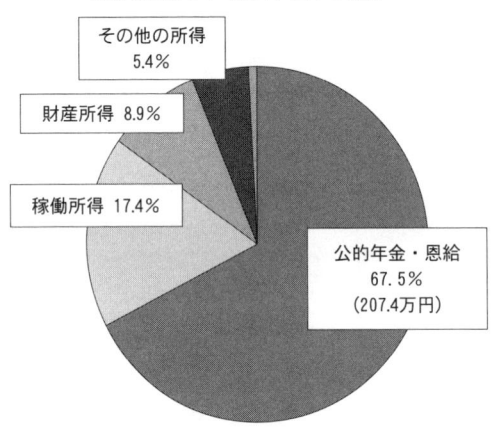

- その他の所得　5.4%
- 財産所得　8.9%
- 稼働所得　17.4%
- 公的年金・恩給　67.5%（207.4万円）

出所：平成23年国民生活基礎調査（厚生労働省）。

(2) 自由人としての晩秋期

　年金頼みの背景にあるのは、誰しも老化を避けられないという「生命の無情」である。この現実を直視して「老いの哲学」を以て、やがて来る冬（死）

に備え晩秋期を充実させる必要がある。

　老化という機能低下は、何人も回避できない、基本的に不可逆の傾向である。だが、その機能低下の程度は個人差が大きく、人は一様に老いていくわけではない。聖路加国際病院理事長の日野原重明氏のように、102歳を超えてなお第一線で元気溌剌と活躍している人もいる。年々増える100歳以上のお年寄りは現在、日本に過去最多の約5万4,000人。もはや「人生100年」も希有ではない。

　晩秋期は人生の最も生産的になり得る季節でもある。精神的充実に欠かせない自由さと静かさを手に入れ、十分に楽しめるからである。日野原重明氏によれば、定年後の人生は「自分の時間を自由に使える」。それは社会を支える現役を終え、束縛から解き放たれるという"自由の身"になる時である。なるほど、「健康長寿」を保ち、そこから得た自由を、たわわな収穫を手にした時のように楽しむというわけである。すると、次に来るステージは、「死」をも焦らずに、従容と迎え入れることになるはずだ。なぜなら、生の楽しみは死を前にした宴と言ってもよいからだ。老いと死のつながりを日野原氏は、次のように書いた――「果実が自分のなかに種を包んでいるように、人間も自分のなかに死という種をもって生まれてくる」(『いのちの言葉』)。

　年金生活は、この晩秋の一時(いっとき)の自由さと楽しみを確実なものにしなければならない。この期に、人は豊かに輝き、現役時代に社会と家庭で身につけた深い知恵を若者に与え、自らは"自由人"として晩秋期を楽しむ。この老いを楽しむライフスタイルを年金が本来、しっかり保障すべきなのである。

(3) ほど遠い優雅な年金生活

　しかし、この豊かな年金生活を現状の年金からは期待できない。仮に公的年金だけに頼る老後の生活ならどうなるか。国民年金は満額受給で月6万4,000円余、平均で月額5万5,000円ほど。厚生年金の平均受給額で月15万1,000円余(2012年度末)だから、優雅な生活からはほど遠い。国民年金だけでは満額を受け取っても、厚生年金平均の4割に過ぎず、最低限の生活す

ら覚束ない。

　いや、受給されるはずのこの年金額も、「マクロ経済スライド」が発動され、インフレで物価高になった分を下回る給付額になる、その仕組みが適用されれば、年金受給額は名目では上がっても実質減額になる。ある大学院生が筆者に「国民年金を納付するつもりは毛頭ない」と打ち明けた。その理由について「本当に将来、約束通り貰えるのか。貰えるにしても額が低すぎる」と言う。

　現行の公的年金制度は、人口の増加と経済成長が続き、年金保険料収入が年々増えるのを前提に設計された。この成長モデルでなら、働き手の現役世代が拠出する保険料の収入で引退した高齢世代に年金を支給する仕組み（賦課方式）は十分に機能する。子らが親たちの老後の面倒を見る式の「世代間扶養」を実現する現行制度は、1970年代半ばまでの上昇する人口・経済であれば、完璧に持続できるはずであった。

　現行制度が持続するための要件とは、人口増を背景に雇用が増え、賃金が上昇する、高度成長期に具現したような「成長経済」であることだ。それは少子高齢化のデフレ経済とは真逆の経済成長社会である。言い換えれば、賦課方式と呼ばれる現行制度は、毎月保険料を納める働き手が減少していくような現状では早晩行き詰まる。年金収入が減っていけば、高齢化で増大する年金支給額が賄えないからだ。

　賦課方式においては、現役の働き手が年々減るようなら、年金財政をやりくりする手段は次の3つに限られる。

　① 保険料を引き上げる（現役の負担増）
　② 給付額を引き下げる（年金の給付減）
　③ 支給開始年齢を引き上げる（給付減）

　つまり、「給付減・負担増」の選択肢しかない、ということになる。

　保険料の供給源である人口は、出生率で見るとすでに1970年代後半から下降傾向に入った。政治はこの段階で危機感を抱かなければならなかったが、当時到来する「人口減の衝撃」を感じた形跡はなく、少子化対策は先送りされる。死亡数が出生数を上回る人口の自然減に初めて転じたのは2005

年。06年に増えたが、07年から2013年まで7年連続で減少し、その開きは年々大きくなる。少子化対策先送りの引き金となったのは、主に女性が社会進出して労働力人口が増え続けたせいだ。だが、この労働力人口も1997年をピークに減少していく。

　このように見ると、日本の年金制度が大きく揺らぎだしたのは労働力人口が減りだし、長期デフレ不況に転じた1998年頃からだ。この頃から労働・雇用市場に、重大な質的変化が起こりつつあった。非正規雇用の急増である。

2. 非正規雇用と年金問題

(1) 非正規雇用が4割近くに

　日本の雇用状況は長い間、日本型雇用の柱とされる終身雇用制度が守られ、非正規雇用者の割合は伝統的に低かった。それが劇的に変わったのは、1990年代後半からである。背景に経済のグローバル化があり、冷戦終結後「市場開放経済」に転じた中国の躍進、韓国の追い上げがあった。大企業が国際競争に打ち勝つためリストラに一斉に乗り出し、固定コストである人件費の大幅削減を狙って正規雇用から非正規雇用に切り替えていったのである。非正規雇用とは、一般的に正規の職員・従業員以外のパートやアルバイト、契約社員、嘱託、派遣社員を指す。

　総務省が発表した2013年の労働力調査によると、全雇用者（役員を除く）5,210万人に占める非正規雇用者（職員・従業員）は36.6％の1,906万人と過去最高に上った（図表Ⅰ-3-3）。うち男性は21.1％、女性55.8％。全雇用者の4割近く、男性の2割、女性の6割近くが非正規雇用者として就業している。

　この結果、非正規社員の給与は正社員の半分以下に減っていく。国税庁によると、非正規雇用者の12年の平均年収は168万円。民間企業の正社員の平均年収468万円の4割弱にとどまった。

　非正規雇用の拡大に伴い正規・非正規雇用間の収入格差の広がりが社会問

図表 I-3-3　雇用形態別雇用者の推移

<table>
<tr><th rowspan="3"></th><th rowspan="3"></th><th colspan="3">男女計</th><th colspan="1">割合
(%、ポイント)</th><th colspan="2">男</th><th colspan="1">割合
(%、ポイント)</th><th colspan="2">女</th><th colspan="1">割合
(%、ポイント)</th></tr>
<tr><th colspan="3">実　数(万人)</th><th></th><th colspan="2">実数(万人)</th><th></th><th colspan="2">実数(万人)</th><th></th></tr>
<tr><th>役員を除く雇用者</th><th>正規の
職員・
従業員</th><th>非正規の
職員・
従業員</th><th>正規の
職員・
従業員</th><th>非正規の
職員・
従業員</th><th>正規の
職員・
従業員</th><th>非正規の
職員・
従業員</th><th>正規の
職員・
従業員</th><th>非正規の
職員・
従業員</th><th>正規の
職員・
従業員</th><th>非正規の
職員・
従業員</th></tr>
<tr><td rowspan="11">実数</td><td>2003年</td><td>4,948</td><td>3,444</td><td>1,504</td><td>69.6</td><td>30.4</td><td>2,410</td><td>444</td><td>84.4</td><td>15.6</td><td>1,034</td><td>1,061</td><td>49.4</td><td>50.6</td></tr>
<tr><td>2004</td><td>4,975</td><td>3,410</td><td>1,564</td><td>68.6</td><td>31.4</td><td>2,385</td><td>466</td><td>83.7</td><td>16.3</td><td>1,025</td><td>1,098</td><td>48.3</td><td>51.7</td></tr>
<tr><td>2005</td><td>5,008</td><td>3,375</td><td>1,634</td><td>67.4</td><td>32.6</td><td>2,357</td><td>507</td><td>82.3</td><td>17.7</td><td>1,018</td><td>1,126</td><td>47.5</td><td>52.5</td></tr>
<tr><td>2006</td><td>5,092</td><td>3,415</td><td>1,678</td><td>67.0</td><td>33.0</td><td>2,378</td><td>519</td><td>82.1</td><td>17.9</td><td>1,036</td><td>1,159</td><td>47.2</td><td>52.8</td></tr>
<tr><td>2007</td><td>5,185</td><td>3,449</td><td>1,735</td><td>66.5</td><td>33.5</td><td>2,408</td><td>539</td><td>81.7</td><td>18.3</td><td>1,041</td><td>1,196</td><td>46.5</td><td>53.5</td></tr>
<tr><td>2008</td><td>5,175</td><td>3,410</td><td>1,765</td><td>65.9</td><td>34.1</td><td>2,367</td><td>560</td><td>80.8</td><td>19.2</td><td>1,043</td><td>1,205</td><td>46.4</td><td>53.6</td></tr>
<tr><td>2009</td><td>5,124</td><td>3,395</td><td>1,727</td><td>66.3</td><td>33.7</td><td>2,345</td><td>527</td><td>81.6</td><td>18.4</td><td>1,050</td><td>1,200</td><td>46.7</td><td>53.3</td></tr>
<tr><td>2010</td><td>5,138</td><td>3,374</td><td>1,763</td><td>65.6</td><td>34.4</td><td>2,324</td><td>540</td><td>81.1</td><td>18.9</td><td>1,051</td><td>1,223</td><td>46.2</td><td>53.8</td></tr>
<tr><td>2011</td><td>5,163</td><td>3,352</td><td>1,811</td><td>64.9</td><td>35.1</td><td>2,313</td><td>571</td><td>80.1</td><td>19.9</td><td>1,039</td><td>1,241</td><td>45.6</td><td>54.4</td></tr>
<tr><td>2012</td><td>5,154</td><td>3,340</td><td>1,813</td><td>64.8</td><td>35.2</td><td>2,300</td><td>566</td><td>80.3</td><td>19.7</td><td>1,041</td><td>1,247</td><td>45.5</td><td>54.5</td></tr>
<tr><td>2013</td><td>5,210</td><td>3,302</td><td>1,906</td><td>63.4</td><td>36.6</td><td>2,275</td><td>610</td><td>78.9</td><td>21.1</td><td>1,028</td><td>1,296</td><td>44.2</td><td>55.8</td></tr>
<tr><td rowspan="11">対前年増減</td><td>2003年</td><td>8</td><td>-45</td><td>53</td><td>-1.0</td><td>1.0</td><td>-27</td><td>13</td><td>-0.6</td><td>0.6</td><td>-18</td><td>40</td><td>-1.3</td><td>1.3</td></tr>
<tr><td>2004</td><td>27</td><td>-34</td><td>60</td><td>-1.0</td><td>1.0</td><td>-25</td><td>22</td><td>-0.7</td><td>0.7</td><td>-9</td><td>37</td><td>-1.1</td><td>1.1</td></tr>
<tr><td>2005</td><td>33</td><td>-35</td><td>70</td><td>-1.2</td><td>1.2</td><td>-28</td><td>41</td><td>-1.4</td><td>1.4</td><td>-7</td><td>28</td><td>-0.8</td><td>0.8</td></tr>
<tr><td>2006</td><td>84</td><td>40</td><td>44</td><td>-0.4</td><td>0.4</td><td>21</td><td>12</td><td>-0.2</td><td>0.2</td><td>18</td><td>33</td><td>-0.3</td><td>0.3</td></tr>
<tr><td>2007</td><td>93</td><td>34</td><td>57</td><td>-0.5</td><td>0.5</td><td>30</td><td>20</td><td>-0.4</td><td>0.4</td><td>5</td><td>37</td><td>-0.7</td><td>0.7</td></tr>
<tr><td>2008</td><td>-10</td><td>-39</td><td>30</td><td>-0.6</td><td>0.6</td><td>-41</td><td>21</td><td>-0.9</td><td>0.9</td><td>2</td><td>9</td><td>-0.1</td><td>0.1</td></tr>
<tr><td>2009</td><td>-51</td><td>-15</td><td>-38</td><td>0.4</td><td>-0.4</td><td>-22</td><td>-33</td><td>0.8</td><td>-0.8</td><td>7</td><td>-5</td><td>0.3</td><td>-0.3</td></tr>
<tr><td>2010</td><td>14</td><td>-21</td><td>36</td><td>-0.7</td><td>0.7</td><td>-21</td><td>13</td><td>-0.5</td><td>0.5</td><td>1</td><td>23</td><td>-0.5</td><td>0.5</td></tr>
<tr><td>2011</td><td>25</td><td>-22</td><td>48</td><td>-0.7</td><td>0.7</td><td>-11</td><td>31</td><td>-1.0</td><td>1.0</td><td>-12</td><td>18</td><td>-0.6</td><td>0.6</td></tr>
<tr><td>2012</td><td>-9</td><td>-12</td><td>2</td><td>-0.1</td><td>0.1</td><td>-13</td><td>-5</td><td>0.2</td><td>-0.2</td><td>2</td><td>6</td><td>-0.1</td><td>0.1</td></tr>
<tr><td>2013</td><td>56</td><td>-38</td><td>93</td><td>-1.4</td><td>1.4</td><td>-25</td><td>44</td><td>-1.4</td><td>1.4</td><td>-13</td><td>49</td><td>-1.3</td><td>1.3</td></tr>
</table>

注：1．2012年以前は詳細集計の結果を掲載している。また2013年の対前年増減について、前年（2012年）の数値として、集計対象等が異なる詳細集計の結果を便宜上用いている。
　　2．割合は、「正規の職員・従業員」と「非正規の職員・従業員」の合計に占める割合を示す。
出所：厚生労働省。

題となる。若い非正規雇用者の多くは、職業技能や知識を得る機会にも恵まれない職場環境から潜在能力を引き出せずに、正規雇用を確保できる可能性は年令と共に小さくなりがちだ。こうして非正規雇用で低収入のまま、中高年を迎える独身者も増加していく。この世代内収入格差が年金財政に跳ね返り、保険料未納を招いて国民年金制度を空洞化する要因となる。

「ニート」と呼ばれる若年無業者の増加も無視できない。ニートとは、15歳〜34歳の無業者で、家事も通学もしていない者を指す。総務省の就業構造基本調査（2012年）によれば、その総数は61万7,000人、調査時の5年前に比べ1万5,000人減ったが、若年人口に占める若年無業者の割合は2.3％と、0.2ポイント上昇している。ニートの多くは親元に住み、事実上、親の収入・資産に頼って暮らしている。彼らがこのまま自立できなければ、将来、無年金者・低年金者となり「最後のセーフティネット」とされる生活保護に頼るようになるのは必至だ。

無年金者・低年金者を生み出す要因は、本人の現役時代の年金保険料の未納にあり、この未納率の高まりが公的年金制度を蝕んでいるのである。

(2) 国民年金は実質破綻

年金制度の空洞化は目下、国民年金で進行中だ。若者らの保険料未納で国民年金制度はすでに実質破綻している。国民年金はそれ自体では、もはや回っていけない。破綻が顕在化しないのは、サラリーマンや公務員ら被用者が納める厚生年金、共済年金の基礎年金部分が国民年金資金の不足分を賄っているからだ。ここに国民年金制度の破綻が隠されるカラクリがある。〈図表Ⅰ-3-4〉が示す通り、「基礎年金」が職域別に分立する公的年金制度のナベ底にあり、その一部が「国民年金」となって被保険者に給付されていることが分かる。

これが日本の公的年金制度の特性である。本来、自営業者のための年金として始まり、いまでは非正規雇用者が多くを占める国民年金は自立的に運営できず、主に厚生年金に支えられて存続しているのである。当然の帰結として、年金収入の基幹となる厚生年金保険料引き上げへの圧力が増す。サラリーマンが月々源泉徴収される厚生年金保険料は、2004年10月以降、2017年までに毎年9月より総報酬（給与プラス賞与）の0.354％（労使折半）ずつ引き上げられる。サラリーマンの負担によって国民年金は延命している、と言ってよい。

「国民皆年金」を掲げて国民年金制度が制定されたのが昭和60（1985）

図表 I-3-4　公的年金制度の仕組み

◆公的年金制度は、加齢などによる稼得能力の減退・喪失に備えるための社会保険。(防貧機能)
◆現役世代は全て国民年金の被保険者となり、基礎年金の給付を受ける。(1 階部分)
◆会社員や公務員は、これに加え、厚生年金や共済年金に加入し、基礎年金の上乗せとして所得比例年金の給付を受ける。(2 階部分)

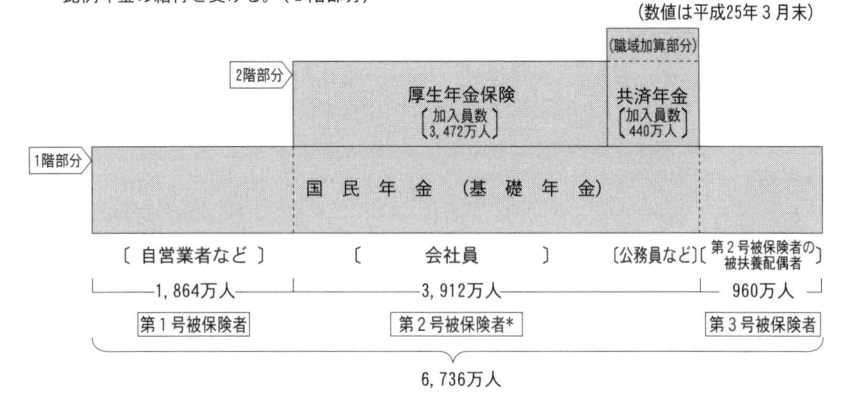

(数値は平成25年 3 月末)

[2階部分]

厚生年金保険
加入員数
3,472万人

共済年金（職域加算部分）
加入員数
440万人

[1階部分]
国 民 年 金 （基 礎 年 金）

〔自営業者など〕　〔会社員〕　〔公務員など〕　第2号被保険者の被扶養配偶者
―1,864万人―　―3,912万人―　―960万人―
第1号被保険者　第2号被保険者*　第3号被保険者

6,736万人

＊第 2 号被保険者等とは、雇用者年金被保険者のことをいう（第 2 号被保険者のほか、65 歳以上で老齢、または、退職を支給事由とする年金給付の受給権を有する者を含む）。
出所：厚生労働省。

年。この「60 年体制」が、いまなお基本的に変わらずに続いているのである。したがって、抜本改革とは、事実上「60 年体制」の刷新を意味する。古い革袋をそっくり新しいのに代え、新たなブドウ酒が盛られなければならない。

　警鐘を鳴らしているのが、国民年金保険料の未納問題だ。筆者の調査によると、未納率は公表されている「 4 割」どころか「実質 7 割」にも上ると見込まれる。「未納率 4 割」のカラクリは厚生労働省のプレスリリース資料に明らかだ。2013 年 6 月発表の「平成 24 年度の国民年金保険料の納付状況と今後の取組等について」を見てみよう。それによると、12 年度の国民年金保険料の納付率は 59.0％とある。

　ところが、これには経済的困難から納付が免除されている学生らの「法的免除月数・申請全額免除月数・学生納付特例月数・若年者納付猶予月数」は一切含まれていない。この免除者等は第 1 号被保険者 1,864 万人のうち 31.5％の 587 万人にも上る。この人たちを実質的な未納者とみなすと未納率が跳

ね上がるのは言うまでもない。その上、未納者の定義がおかしい。同資料の下欄に脚柱があり、「未納者とは、24カ月の保険料が未納となっている者」とある。

　念のため担当官に問い合わせると、思った通りそれは「24カ月、つまり2年間連続して未納した者」の意味だと言う。2年間まるまる納付していない者を指すのであれば、仮に2年のうち1カ月でも納めていれば「未納者」とみなされない。担当官は「(2年間に) 一部でも払っていれば、納付期限までに払うとの期待から納付者に分類される」と言うのだ。これは国民保険の未納の実態をわざと小さく見せかける情報工作ではないか。「問題の矮小化」は「手法の複雑化（分かりにくさ）」と並ぶ官僚の常套手段と言ってよい。一種の隠蔽工作である。戦時の「大本営発表」と大差ない。

　「未納問題の矮小化」について掘り下げてみると、未納者の定義を「2年間連続して未納でなければならない」とする理由が、厚労省にはあった。未納の広がる実態は、年金制度への不信を呼ぶ。役所にとって「不都合な真実」なのだ。自分たちが作り、そこから年金関連事業への天下りなどで既得権益を得ている公的年金制度が、ますます揺らぐようでは困る。未納の真相を隠して国民の年金不信・不安を極力鎮めたいのである。

　当局者は前出の脚注に未納者数の計算根拠が書かれてある、と言い訳する。だが、そこには単に「24カ月の保険料が未納となっている者」としか書かれていない。国民に分かるようにするには「24カ月連続で保険料が未納・・・」と明記する必要がある。さらに、なぜ24カ月中1カ月分とか2カ月分しか納付しない者を保険料納付者としてカウントするのか、その理由も説明すべきだろう。

(3) 未納問題の病巣

　未納の背景にあるのは、所得格差問題である。底辺層に拡大する非正規雇用者が、間断ない未納増をもたらしている。

　国税庁の「民間給与実態統計調査」によると、2011年に東日本大震災・原発事故の影響で改善されていくかに見えた所得格差が再悪化している。民

間企業のサラリーマンに 11 年の 1 年間に支給された平均給与（賞与含む）は 409 万円で前年を 0.7％、3 万円下回ったことが分かった。非正規雇用者が増えたためだ。

2011 年の民間企業で働く給与所得者（パートなど非正規雇用者や役員を含む）5,427 万人のうち、1 年を通じて勤務した給与所得者は 4,566 万人。給与の分布を見ると、全体で最も多い層は「300 万円超 400 万円以下」で、838 万人と 18.4％を占める。だが、これより低い「300 万円以下」が 1,865 万人、全体の 4 割と、多数派を占める。注目すべきは、前年の 2010 年にはリーマン・ショックから立ち直って平均給与は 1.5％増と 3 年ぶりに伸ばしたあと、大震災の影響から反落したのと同時並行して、給与格差がまたしても開いたことだ。

平均給与は過去 10 年間に 454 万円から 409 万円（男 504 万円、女 268 万円）へ 12％減った。給与の下落トレンドは、平均 467 万円を付けた 97 年をピークに続いている。長期デフレ不況を象徴する現象である。

安倍政権下の 2013 年の実質賃金を見ると、1〜6 月の上半期は若干上昇したものの、下半期は物価上昇を受けマイナスに転じた。しかも給与格差はむしろ拡大した。2011 年の最底辺層（年間給与 100 万円以下）は前年より 32 万人増え、393 万人に膨らむ一方、高所得者の「1,000 万円超」が全体の 3.9％の 178 万人と若干増え、貧富の差が広がった。社会の安定に欠かせない中間所得層はますます減り、所得格差が再び目立ってきたのである。

未納問題の病巣は、このようにずっと深く広がっている。国民年金はもはやそれ自体では持続可能性を失っているのだ。こうした事態を前に、野田佳彦前民主党政権から続いている短時間労働者への厚生年金の適用拡大政策は、真の解決とはならず、弥縫策に過ぎない。

現行制度の枠組みを維持しようとするなら、年金財政を改善するため「給付減・負担増」を実現するしかない。現実的な選択肢として主に 3 つが考えられる。

1 つは、政府が頼りとする「マクロ経済スライド」による年金額の実質給付減である。マクロ経済スライドとは、04 年年金改正で導入された。賃金

や物価の上昇に応じて年金額をマイナス調整するもので、仮に物価が1％上がった場合、そこから0.9％相当減らし0.1％の年金支給額に留める仕組みだ。つまり、物価上昇時に支給金額の絶対額は若干増えるものの、実質的には0.9％分減少していくわけである。この仕組みはデフレ下では機能しないため、デフレだった2000年〜02年に年金額を特例措置で据え置いたことから、実質多めに支給してしまい、後にその分を13年10月支給分から差し引いた経緯がある。厚労省は、来年度からこのスライド調整率を0.9％から1.1％に引き上げ、デフレ状況でも発動する構えだ。

　2つめは、専業主婦が年金を貰える第3号被保険を廃止したり、高所得高齢者から年金控除額縮小などの形で負担増を求める方法だ。

　3つめは、長寿化を受け欧米で進む「年金支給開始年齢の引き上げ」である。日本の平均寿命は現在、男約80歳、女約86歳と世界最長レベルにある。しかし年金支給開始年齢でみると、2025年度までに男が65歳（女は30年度）と、米国の67歳（27年までに実施）、英国の68歳（48年まで）、ドイツの67歳（29年まで）に比べて低い。これを67歳以上に引き上げる選択肢は、2014年の年金財政検証を受けて論議され、導入される方向だ。

　現行制度に拠る限り、厳しさを増す年金財政から何らかの形で「給付減・負担増」を続けるほかない。このことは、言い換えれば「制度はいつまでも続かない」ということだ。

　厚労省が2013年12月に発表した数字が、この持続可能性の危機を物語る。12年度の公的年金加入者数は6,736万人と、前年度比39万人（0.6％）減少した。半面、受給者数は6,622万人と、前年度比238万人（3.7％）増加して過去最多となり、公的年金支給総額は53兆2,397億円と過去最大に達した。加入者の減少と受給者の増加が続く下で年金総額は増え続け、公的年金制度はやせ細っていく。人口増を前提に制度設計された現行モデルは、もはや「時代遅れ」になっている。

　制度を持続させるためには、少子化に歯止めを掛けると共に外国人の就労策、移民受け入れ策、二重国籍容認策などが欠かせない。少子化対策としては、先進国のうち米国と並んで出生率を人口の再生産レベル（人口代替率）

の 2.0 以上に維持しているフランス、さらに「出生率ニッポン1」を誇る静岡県長泉町の子育て支援策を見習うべきであろう。しかし、これらは政策効果が表れるまでに相当の期間がかかるうえ、現行制度のままならその「不公平問題」や際限なき「負担増・給付減問題」を決して解消できない。

3. 制度改革に向けて

(1) 財源に「永久国債」も

　そこで、真の制度改革を図るには現行の賦課方式の廃止から始めなければならない。なぜなら、賦課方式は現役世代が納める年金保険料収入で引退した高齢世代に年金を支給するシステムのため、少子高齢化により行き詰まるのは明らかだからである。

　新しい公的年金制度のモデルとして、賦課方式とは対照的なシステム—現役時代に積み立てた分が将来、運用益分を含め受け取れる積立方式が浮かび上がる。これに貧困高齢者向けに財源を全額税で賄う生活保障年金（基礎年金）を考えてみる。つまり、生活保障年金部分は超富裕層など一部の例外を除きすべての高齢者が受給できるようにし、それ以上の年金（付加年金）は積立分に応じて受け取れるようにする。

　このような「税プラス積立方式」の仕組みを採用している国の1つにオーストラリアがある。米大手の年金・財務コンサルティンググループ「マーサー」によれば、12年度の世界18カ国の公的年金制度ランキング中、オーストラリアはデンマーク、オランダに続きベスト3に入っている（日本はインドに次ぐワースト2位で中国、韓国を下回る）。

　積立方式とは、「将来の自分の老後に必要な年金は、予め自分の現役時代に積み立てていく」方式だ。それは「自分の老後は自分で面倒をみる」方式だから、自助と自己責任の精神に沿う。積立方式が公的制度として重要なのは、少子高齢化が急速に進もうとも、これに影響されないことだ。日本の現状に打ってつけの年金制度と言える。積立方式は賦課方式の限界を超え、財政難から「負担増・給付減」になることはない。

ただし、積立方式にも弱点が指摘される。1つは、大インフレになった場合に積立金の実質価値が大幅に目減りするリスクである。これに対し、超インフレのような異常事態は歴史上滅多に生じないこと、さらにインフレは名目金利を上昇させ、それに伴い積立金の運用益も膨らむため、インフレの負の影響を過大視して積立方式を排除するのは適切でない。

先のマーサーの年金制度ランキングのベスト3のうち、トップのデンマークと3位オーストラリアはいずれも積立方式を採用している。賦課方式にこだわる厚労省は現行制度により年金関連の許認可権限を握り、天下り法人向け補助金等の交付を通じた既得権を官僚OBが得ている点に注意する必要がある。年金官僚にとって現行制度は是が非でも守らなければならない砦なのだ。積立方式は新制度の選択肢として同省から排除されると想定して、かからなければならない。

積立方式への移行で留意しなければならないのは、隠れ借金とも言える「年金債務」である。積立方式に移行する際は、国はそれまでに保険料を拠出した人々に借金を負う形となる。このことが「積立方式への移行を困難にする」との指摘は少なくない。この過去期間分にかかわる給付（負債）から保有する積立金（資産）を差し引いた金額が、国の「年金純債務」となる。厚生年金と国民年金を合わせた年金純債務は800兆円規模とされ、この債務処理問題が浮上してくる。800兆円規模の債務となると、GDP（国内総生産）比で1.6倍だから、その巨額の処理にはひと工夫がいる。国債を発行し100年かけて償還するとして、単純試算でざっと年間8兆円の償還だ。

「永久国債」という奇手も考えられる。これは利子は永久に支払われるが、償還はされない公債だ。過去に発行例が英国と日本にある。英国のは、1749年以降に発行された「コンソル公債」（Consoles）で、サッチャー政権が1980年代に償還するまで約250年続いたという。このコンソル公債は、ナポレオンを相手のワーテルローの戦い（1815年）に備える戦費を賄うために発行されたとされる。研究者の調所一郎氏によれば、日本では薩摩藩で天保6（1835）年に500万両の負債に対し利子を払わずに元金を毎年2万両ずつ250年かけて返済するという「天保の改革」が断行された。その後、明治

4 (1871) 年の廃藩置県によって藩が廃止され、その借金は明治新政府が引き継いだ。この実績を現代に生かすことも考えられる。

仮に長期国債を発行し 100 年で償還すると、財源を消費税で賄うとすれば、3％引き上げ分に相当する。積立方式への移行で従来の被保険者はそれまでの年金保険料を納めなくて済む分、家計に余裕が生まれるため、3％の消費増税を吸収する力は強まるはずだ。消費税だけに頼らない選択もある。「新型相続税」（鈴木亘・学習院大学経済学科教授）や遺産への「死亡消費税」（伊藤元重・東京大学大学院経済学研究科教授）のような財源捻出法だ。厚労省は、積立方式を「実現困難」と一蹴するが、方法はいく通りも考えられる。要は改革への政治の意志次第である。

(2) 優れたオーストラリア・モデル

新制度の基本モデルとしてオーストラリアの制度に注目するのは、それが簡潔で分かりやすい仕組みで、貧困層から中産階層、富裕層にわたる全所得層への目配りがあるからだ。その構造は 2 階建てで、① 1 階部分に十分な生活資力のない高齢者向けに税で全額賄う「社会保障年金」を設け所得保障している、② 2 階部分に付加年金として「退職年金保障（Superannuation）」を被用者向けに設け、その原資として事業主に賃金の一定割合を被用者のために積み立てることを義務付けている。自営業者も個人で拠出・受給可能、③ 所得・資産制限に基づき「社会保障年金」（1 階部分）の受給を制約される高所得・高資産保有者は、2 階部分の「退職年金保障」及び個人年金で一定の年金収入を得られる—となっている（図表 I-3-5）。「社会保障年金」は、全額を税で賄うため保険料拠出は一切ない。「退職年金保障」（2 階）の拠出率は 9％で、事業主のみ拠出しサラリーマンは拠出する必要がない。事業主の拠出率 9％は、日本の場合の事業主負担の上限である 9.15％（2017 年 9 月以降）よりも低い。

加えて、内外移住者が増えるグローバリゼーション対応もなされている。年金受給要件は原則として「連続 10 年以上のオーストラリア居住者」。オーストラリア国民であるか永住者ビザの保有が必要条件だが、連続して 5 年以

図表 I-3-5　オーストラリアの公的年金の体系

国名	オーストラリア
公的年金の体系 保険料財源 税　財　源 企業・個人年金	2階建て 退職年金保障（Superannuation） 社会保障年金（老齢年金）（Age Pension） 少　所得　大　　大／少 受給額
被保険者 （◎強制△任意×非加入）	・社会保障年金（老齢年金）（1階） 　税方式 ・退職年金保障（2階） 　◎被用者、△自営業者、×無職
保険料率（2011年）	・社会保障年金（1階）は税方式であり、保険料拠出を必要としない ・退職年金保障（2階）の保険料については、9％の事業主負担
支給開始年齢	男性：65歳、女性：64～65歳
基本受給額	・単身者：豪＄689.00/2週間 ・夫婦：各豪＄519.40/2週間 　（上記は社会保障年金の受給額。2011年第4四半期現在）
給付の構造	所得制限及び資産制限に基づく税方式の社会保障年金により低所得者の所得保障を行うのに加え、被用者については積立方式の退職年金保障により所得を保障
所得再分配	社会保障年金における資産・所得制限により給付減額あり
公的年金の財政方式	・社会保障年金（1階）⇒ 税方式 ・退職年金保障（2階）⇒ 社会保険方式（強制積立）
国庫負担	社会保障年金の財源全額。退職年金保障への個人拠出に対し助成あり
年金制度における最低保障	所得制限に基づく社会保障年金支給
無年金者への措置	所得制限により無年金になることもある
公的年金と私的年金	退職年金保障は民間基金で運用。なお、任意拠出ができる。
国民への個人年金情報の提供	HPや電話、各地のCentrelinkにおける相談業務等にて対応

出所：年金シニアプラン総合研究機構。

上の居住実績があれば日本を含む社会保障協定締結国の制度下での期間と通算して10年以上を満たせばよい。さらに任意で救出することが認められている自営業に対する公的助成措置もある。政府は個人拠出1豪ドル当たり所

得に応じ最大1豪ドルまで助成している。また「退職年金保障」の運営は民営化され、民間基金で運用される。

　おおむねこのような仕組みを持つオーストラリアモデルは、日本の新制度設計に重要なヒントを提供している。

おわりに―近未来の新年金制度像

　筆者の提案は、このオーストラリア制度をモデルに新制度を設計し、旧来の60年体制に代えることだ。新公的年金制度像は次のようなイメージになる。
- 構造は2階建て。1階部分は生活資力のない高齢者向け全額税財源の「基礎年金」。
- 2階部分は「事業主による被用者（サラリーマン、公務員）向け積立方式」とし、基礎年金を補完。自営業者、無業者など個人も、2階部分に積立金を拠出、付加年金として受給できる。
- 受給資格は日本での20年程度以上の居住者。
- 積立方式により拠出された積立金の管理・運用に民間企業を参加させ、全額もしくは一部を民間基金として運用。
- 積立年金（2階）の事業主の拠出率を9％程度とし、現行の法定上限率9.15%以下にとどめる。
- 基礎年金の給付水準は最低賃金、生活費支出をベースに設定し、物価変動に応じ調整→当初は単身世帯で「7万円＋α」、夫婦世帯で「13万円＋α」（月）が目安か。

　以上のスキームに立って、新制度への移行を実現するのである。これにより、増え続ける貧困高齢者、年金未納、生活保護の問題に正面から応えられるばかりでない。世代間と世代内の不公平をなくし、多様なライフスタイルや職業選択が受給に不利な影響を及ぼす事態を解消できる。こうして年金不信・不安から生じる国民の将来不安も解消され、国民は安心感を抱いて日々

の生活を営むようになるだろう。

　経済的効果も格別だ。基礎年金が全額税方式に移行し、2階の積立金拠出を事業主が行うとなれば、被用者のサラリーマン、公務員らは強制的な保険料負担をしないで済む。現行の厚生年金の場合、保険料負担は労使折半だが、被用者の個人負担は2017年10月納付からの保険料上限固定時点で給与収入の9.15％にも上る。したがって、この強制的な保険料負担がなくなる分、減税と同じ効果になって経済的な余裕が生まれ、可処分所得も増える。その余裕分を旅行や住居の改善、趣味、投資、さらに将来の年金生活を充実させるための年金積立金に回せばよい。

　一方、過去に年金保険料を納めた被保険者に対しては、引き続き国の公的機関が給付作業を粛々と進めていく。このようなシナリオの下、国民は「生きがい年金」の安心を得て経済に豊かなキャッシュフローをもたらし、社会が活性化に向かうのは必至となる。

（北沢　栄）

主な参考文献

横山和彦・田多英範編著『日本社会保障の歴史』学文社、1991年。
『保険と年金の動向 Vol.59 No.14, 2012/2013』厚生労働統計協会。
西沢和彦『年金制度は誰のものか』日本経済新聞出版社、2008年。
権丈善一『社会保障の政策転換　再分配政策の政治経済学Ⅴ』慶應義塾大学出版会、2009年。
植村尚史『若者が求める年金改革―「希望の年金」への道を拓く』中央法規出版、2008年。
有森美木『世界の年金改革』第一法規出版、2011年。
橘木俊詔『消費税15％による年金改革』東洋経済新報社、2005年。
高山憲之『信頼と安心の年金改革』東洋経済新報社、2004年。
駒村康平『大貧困社会』角川SSコミュニケーションズ新書、2009年。
八代尚宏『社会保障を立て直す―借金依存からの脱却』日経プレミアシリーズ、2013年。
調所一郎・藤井厳喜・有澤沙徒志・松田学『永久国債の研究―不況克服、財政破綻回避の最終手段』光文社、2009年。
『平成21年財政検証結果レポート』厚生労働省年金局数理課。
社会保障制度改革国民会議『社会保障制度改革国民会議報告書』2013年8月6日。
Pension at a Glance 2011, OECD.
厚生労働省、日本年金機構、OECDなどの各種ホームページ。
公益財団法人・年金シニアプラン総合研究機構編『年金と経済』Vol.31、『世界の年金情報』2012年。

第 4 章

現代の風評被害の構造

―江戸時代との比較分析―

はじめに

　今日、風評被害は深刻な社会問題として注目される。2011年3月11日に起きた東日本大震災による東京電力福島第一原子力発電所(以下、福島原子力発電所)事故は、農産物や物流[1]、暮らしや健康、あるいは大学・学校の学生・生徒の募集などに関して様々な風評被害の言説を生んだ。本研究は、このような現代の風評被害が起きる構造について解明することを目的としている。

　風評被害は、これまで被害に対する損害賠償に焦点が集まるために学術研究の対象とされにくい面があった。しかし、原子力事故やBSE等安全性に関する問題が起きるたびに風評被害は重要な社会問題として認識され、その構造を学術的に解明する研究がでてきている[2]。海外では、風評被害に類似したテーマの研究として、リスクの増幅(amplification of risk)やスティグマ(stigma：負の烙印)といった研究がおこなわれている[3]。

　関谷直也は著書『風評被害　そのメカニズムを考える』の中で現代の風評被害の事例をもとに風評被害が注目されるようになった背景と、風評被害にいたる要因を社会心理学の視座から論じている。それに対して、鈴木浩三は『江戸の風評被害』の中で江戸時代に風評被害が引き起こされる構造について分析している。

　これらの風評被害に関する論者らは、まず「風評被害」の定義を確認する。「風評被害」という用語が1990年代頃から一般化したこともあって厳密

な定義はまだ確立していないからである[4]。国語辞典などに登場するのは、『現代用語の基礎知識』（自由国民社）、『Imidas』（集英社、2007年版で書籍は休刊）、『知恵蔵』（朝日新聞社、2007年版で休刊）といういわゆる「現代用語事典」の中であり、はじめて「風評被害」が項目として登場したのは『Imidas』の2000年度版からである[5]。即ち、「風評被害」という用語は、古くから日本語として定着した言葉ではない現代用語といってよいであろう。

　他方、「風評」という用語は「風評被害」よりも古くから国語辞典に登場する。堀洋元は「風評」は辞書に掲載されているが「風評被害」はどの辞書をひいても掲載されていないことを指摘している[6]。最近の辞書には、「風評被害」の項目も掲載されている。『広辞苑　第六版』（平成20年）によれば、「風評」とは「世間の評判。うわさ。とりざた。風説」とあり、「風評被害」とは「風評によって売り上げ減などの被害を受けること」とある。鈴木はこの定義の「世間の評判」に着目し、「風評」という言葉には、人々によって価値判断が行われた上で共有化され、語られる評価という意味がふくまれることを指摘している[7]。即ち、「風評被害」は「風評」の意味するうわさや世間の評判にもとづくものであるとされるのである。

　これに対し、関谷は、現代の風評被害は人々の「疑心暗鬼の連鎖」の結果であり、うわさや世間の評判を意味する風評による風評被害とは別物であると述べている[8]。この関谷の解釈によると、風評被害は、現代の情報社会に流通する多様な情報を受けた人々が、確固となる根拠もないのに関連する対象を忌避する結果生じる現象であると捉えることができる。このように風評被害をうわさから派生した世間の評判の結果とする鈴木と、うわさから派生するのではなく人々の疑心暗鬼の連鎖の結果であるとする関谷の解釈の違いは何であろうか。

　鈴木は、江戸時代を対象に風評被害について論じている。これに対し、関谷は現代を対象としている。即ち、鈴木と関谷の論考の違いは、対象とする時代である。したがって、鈴木と関谷の風評と風評被害の関係性の解釈に関する違いは、研究対象とする時代が異なるためではないだろうか。鈴木は、

江戸時代の風評被害の現象を読み解くことから、現代の風評被害の理解がえられるとしている[9]。

しかし、江戸時代の現象を解明するだけでは、現代の風評被害の特徴を明らかにするには不十分である。江戸時代の現象と現代の現象とを比較することで、初めて現代の風評被害の特徴を浮き上がらせることができる。また、関谷や他の論者のように、現代の風評被害の現象のみを論じるだけでは、現代の風評被害の本質や特徴を明確に示すことはできない。

以上を受けて、本研究は、第一に、鈴木が論じる江戸時代の風評被害と、関谷や他の論者が論じる現代の風評被害の構造を比較し、現代の風評被害の特徴を明らかにする。このように社会システムが異なる2つの時代を比べることで、現代の風評被害の構造を明らかにすることができる。加えて、「風評被害」が現代的特徴とされる理由についても学ぶことができるであろう。

第二に、本研究は江戸時代と現代の風評被害の比較に加えて、現代の風評被害について、風評被害（間接的な被害）と直接的な被害を区別するものは何かについて明らかにする。それは、風評被害と直接的な被害の境界があいまいなまま、マスメディア等に語られることが多いため、現代の風評被害の構造を論じるうえで重要である。現代の風評被害については、複数の論者によって、原子力事故、ダイオキシン汚染問題、鳥インフルエンザなどの事例から読み解かれている[10]。本研究は、これらの論考から風評被害と直接的な被害を区別するものについて明らかにする。

本研究は、以上の問題意識にもとづいて、現代の風評被害とはどのようなものなのか、江戸時代の風評被害と比べてどのように違うのか、また現代の風評被害について、風評被害と直接的な被害とを区別するものは何か、といった問いのもとに、現代の風評被害の構造を科学的に明らかにする。

なお、風評被害の対象には、原子力事故や食品安全問題等に関して安全性を問題にして引き起こされる経済的被害と、企業や金融、保険などの分野における経営不安から引き起こされる経済的被害がある[11]。本研究では、安全問題から引き起こされる風評被害に限定して論じることとする。現代の風評被害については、東日本大震災の福島原子力発電所の事故やBSE、鳥イ

ンフルエンザなどの食品安全問題等、安全問題から引き起こされる風評被害が、社会的な問題として注目されるからである。

以上のように、本研究は、まず江戸時代と現代のそれぞれの風評被害の論考をレビューする。その後、両者を比較分析し、江戸時代と現代の風評被害の差異を明らかにする。さらに、現代の風評被害と直接的な被害を区別するものは何かについて詳細に検討する。

1. 江戸時代の風評被害

鈴木は、著書「江戸の風評被害」の中で、江戸時代にも風評被害の現象があったことを多くの事例と共に明らかにする。例えば、「蕎麦を食べた者が中毒死した」という風評が拡がったために蕎麦屋の休業が続出するといったことが実際に起きていた。鈴木は、江戸時代のこのような風評被害について、食品、飲料水の安全性、地震、貨幣などの金融、神社仏閣といった多岐に及ぶ事例を対象に論じている。

本研究は、先述のとおり事例対象については、現代において社会的に重要視される安全問題に限定するため、鈴木が対象とする事例の中から安全問題に関する事例（食品や飲料水の安全性および地震）を主に参照する。

まず第一に、食品の安全性に関する風評被害については、200年前の文化10年（1813年）4月頃から、江戸市中に「蕎麦を食べるとあたって死ぬ」という風評が俄かに広がり、その結果、蕎麦を食べる者が激減し、蕎麦屋の休業が続出する深刻な状況になった風評被害があった。この時代、このような風評被害の風評は、「風評」と表現されたのではなく、幕府の公文書上の表現では「浮説」「虚説」「風説」などといった用語が用いられていた。当時の資料から、町奉行所、町年寄のほか名主らがこの風説の調査、報告、取締りに直接関与していた。[12]

当時、江戸市民にとって蕎麦は寿司に次いで好んで食べられていた。しかし、蕎麦に関して何らかの不安が社会の中で表明されると、人々は不安と疑いを抱き、「蕎麦を食べるとあたって死ぬ」という風評を発生させた。さら

に、この風評は、「洪水で不作になった綿畑にまかれた蕎麦が原因」といううわさの信用度を高める話や、「風聞の取締りのために新たな御触が出される見込み」という町奉行所の関与までもが語られるようになった。このように、風聞が風聞を呼ぶ、即ち風評のスパイラルが発生して、うわさが世間の評判に発展した。このような世間の評判が形成される原因は、蕎麦に関する人々の知識、情報量が少なかったことにあるとされる。[13] また、当時は、食品に関する科学的評価にもとづいた政治的判断が機能していなかったため、うわさや世間の評判を断ち切ることができなかった。

第二に、飲料水の安全性に関する風評被害については、風評に政治的な意味が含まれることが指摘される。この事例では、天明6年（1786年）9月に、江戸で「上水に毒物が投入された！」という浮説が出回り、上水から水を汲む者がいなくなるなど、市中が大混乱に陥った。この浮説が発生した天明6年9月11日は、十代将軍家治の薨去が発表された直後であり、蕎麦の風評被害のように単なる社会的不安定さからだけでなく、政権交代と絡み合って特定の意図も絡んで浮説が発生したことが否めなかった。

加えて、当時の水は将軍の仁政の象徴として扱われていた側面があり、真偽は別として上水に毒が混入されたという話が世間に出回った。そのこと自体、将軍の治世を具体的に執行する立場の老中以下の幕閣にとっては好ましくないことがらであった。[14] このように風評が政権交代時の利害から発生したことから、鈴木はこの飲料水に関する風評には政治的な意味合いがあると指摘している。

第三に、大地震の後にさらに大きな地震が起きるという風評が発生して経済的損失を生んだ事例が取り上げられる。江戸時代に江戸が壊滅的な被害を受けた大地震は、元禄16年（1703年）11月23日未明に発生した元禄地震と、安政2年（1855年）10月2日夜10時頃に発生した安政江戸地震である。

元禄地震では、その直後からさまざまな流言や浮説が出回った。さらに大きな地震に見舞われるといった浮説に怯えて、江戸商人たちが商品を安値で投げ売りしたという史実がある。これは一種の風評被害である。このよう

に、江戸時代において、天変地異の直後には流言や虚説が人々に拡がって社会不安が高まる、あるいは経済的な損害がもたらされたりした。[15]

　以上の3つの江戸時代に起きた風評被害の特徴をまとめると次のようになる。江戸時代の風評被害は、浮説、虚説、流言、風説といった風評、即ち悪いうわさが人から人へ伝わり世間の評判が形成された結果起きている。ことに生命や健康にかかわる情報には誰もが関心をもつがゆえに、それが間違ったものであっても、たちまち風評となって拡がる危険を孕んでいた[16]。そして、この風評による経済的被害を軽減するために、幕府はその風評を断ち切るための取締りを行った。当時は、浮説や虚説、流言、さらには幕府の禁令に触れる事実などを流して問題となると、発信元は捕まれば死罪になりかねなかった[17]。

　加えて、この風評が起きる背景には、科学や高度化の遅れも与って、なんらかの社会不安が利用されると、風評(悪いうわさ)が社会的評判に発展しやすかった。このように、うわさの伝播と風評被害とは密接に相関していたのである。他方、鈴木は、この風評は政治的に利用されたことについても指摘している。飲料水の事例では、政権交代時の利害から将軍の仁政の象徴である水道に風評被害が起きた[18]。この場合、風評は意図的に流されたものであると強調される。

　このように、江戸時代の風評被害は、社会不安など社会的状況がなんらかのうわさを生み、そのうわさが人から人へ伝わる過程を経て世間の評判に発展し、この評価にもとづく市場メカニズムの結果もたらされるものと説明される。

　なおここで取り上げた3つの事例は江戸時代の典型的な風評被害の事例であるが、鈴木は、これらの他にプラスに働く風評利益の事例についても紹介している。「ご利益がある」という風評が、被害ではなく利益を生んだ神社仏閣の事例である。即ち、風評にはマイナスの悪いうわさだけではなく、プラスの良いうわさも含まれるのである。

2. 現代の風評被害

(1) 現代の風評被害の経緯

　まず、現代の風評被害が社会的問題として注目されてきた背景について述べたい。関谷は、現代の風評被害が社会問題化されてきた経緯について、1990年代半ばまでは、原子力が関係する事故のもたらす被害の1つとして、「放射性物質による汚染がない『安全』な食品・商品が受ける経済的被害」のことだったと述べている。1990年代後半には、環境問題や災害がもたらす経済被害においても使用されるようになってきた。風評被害という言葉が定着してきた2000年頃からは、食品を取り巻く「病原菌」に関して問題になった。BSE、鳥インフルエンザ、ノロウイルスなどである。SARSや9.11テロ後の沖縄などにおける観光被害、企業や金融機関などが受ける経済被害についても風評被害といわれるようになっていったと説明している。[19] 即ち、風評被害が社会問題化されてきた背景には、相次ぐ原子力事故やその後の食品安全問題など、高度な科学技術がもたらすリスクがあることが分かる。

　では、現代の風評被害はどのように発生するのであろうか。既に先述したとおり、関谷は、著書『風評被害　そのメカニズムを考える』の中で、現代の風評被害はうわさによる被害と風評被害は明らかに別の現象であると指摘している[20]。うわさではなく、人々の疑心暗鬼の連鎖であると捉えているのである。ではその疑心暗鬼の連鎖とはどのようなものであろうか。このような風評被害を引き起こす理由を探るために、まず、現代の風評被害がどのように定義されているのかを参照する。

　関谷は、風評被害を次のように定義している。

　　風評被害とは、ある社会問題（事件・事故・環境汚染・災害・不況）が報道されることによって、本来「安全」とされるもの（食品・商品・土地・企業）を人々が危険視し、消費、観光、取引をやめることなどによって引き起こされる経済的被害のこと。[21]

この定義の中の下線部分「ある社会問題が報道されることによって」とあるように、マスメディア報道が、現代の風評被害に大きな影響を及ぼしていることが分かる。

次に、関谷の論考の 8 年前に風評被害について論じた堀もまた、「マスメディアを通じて風評が流布されることによって、特定の人や地域に経済的な悪影響を与えること[22]」と定義している。さらに西澤は、3.11 東日本大震災以降のリスクコミュニケーションを論じる中で、メディアが科学技術のもつ不確実性や化学物質の小さなリスクをセンセーショナルに伝え、過度の不安を煽っていることが、原子力事故などにおいて風評被害を招いていることを指摘している[23]。

このように、多くの論者は、マスメディア報道が風評被害を煽る原因であると論じている[24]。また、風評被害の実態に関してこれまで行われてきた調査においても、新聞記事やテレビ報道といったマスメディアから発信された情報内容が調査される傾向にある[25]。

では、マスメディア報道の何が風評被害を引き起こすのだろうか。関谷は、風評被害の事例の共通点の 1 つに、事件や事故、災害の後、長期間にわたって大量の報道がなされることをあげている。人々へのマスメディアの影響には、細かい内容よりも報道量こそが重要であり、この報道量の多さが風評被害を招く要因であると指摘している。[26] したがって、現代の風評被害を引き起こす理由の 1 つにマスメディアによる大量の報道があげられる。このマスメディア報道を受けた人々がそれぞれの価値判断に基づいて行動する結果、風評被害は引き起こされるのである。

(2) 人々の疑心暗鬼の連鎖の構図

ここで、マスメディア報道を受けた人々がどのように行動して風評被害が引き起こされるのかについて、筆者が調査した食品安全の事例をもとにみていきたい[27]。BSE や鳥インフルエンザなどの問題発生時や食品リスクに関する注意事項などのリスク情報が発信された時に、消費者はそのリスク情報を受け止め、それぞれの価値判断のもとリスクの意味を解釈する。食品のリ

スクは、消費者1人1人がリスク対応を自らの意志で選択することができるという大きな特徴がある。この特徴ゆえに、何か問題が生じたときに、問題に関連する商品が売れなくなるなど食品業界への影響が顕著となるのである。

　食品の風評被害を招く要因として、消費者のリスク関連商品の不買行動と中間流通業者のリスク回避の行動がある。まず消費者の不買行動については、食品のリスク情報提供時や、BSEや鳥インフルエンザなどの問題発生時など、いずれの場合にも、消費者はハザード（危害）に対する恐怖心を抱き関連食品を購入しない行動をとる。

　例えば、2003年6月に厚生労働省から「水銀を含有する魚介類等の摂食に関する妊婦等への注意事項」が報道発表された時には、リスク情報の対象が妊婦等と限定されていたにもかかわらず、妊婦以外の一般国民もキンメダイなどの魚介類を一時的に食べなくなった。2003年度のキンメダイの売上は例年に比べて減少している。

　2004年2月に発生した鳥インフルエンザでは、発生直後は全国的に鶏肉鶏卵の売上が減少した。鶏卵の売上が西日本で2割減、東日本では1割減、そして鶏肉の売上は全国的に3割減少した。特に問題発生産地の鶏肉鶏卵の売上高は大幅に減少した。例えば京都では、問題発生後1週間で鶏肉の売上は35％の減少となった。この売上減少の直接的要因には、消費者の不買行動に加えて、鶏肉鶏卵メニューが学校給食や病院食で一定期間中止されたこと、レストランで鶏肉鶏卵メニューが削除されたことがあげられる。

　次に、中間流通業者のリスク回避行動については、リスク情報に反応するのは消費者だけではない。大手量販店、小売店など中間流通業者も売上減少を予測して仕入れを控える、あるいは店頭から商品回収をするといった行動をとる。魚介類の水銀含有リスクに関する注意事項報道時には、消費者がキンメダイを購入したくても、中間流通業者が店頭から商品回収してしまい購入することができない事態があった。

　鳥インフルエンザ発生時には、大手量販店や小売店は、問題発生産地の商品回収や「○○産ではありません」といった店頭表示を故意に出すリスク回

図表 I-4-1　鳥インフルエンザ発生時におけるステークホルダーの相関図

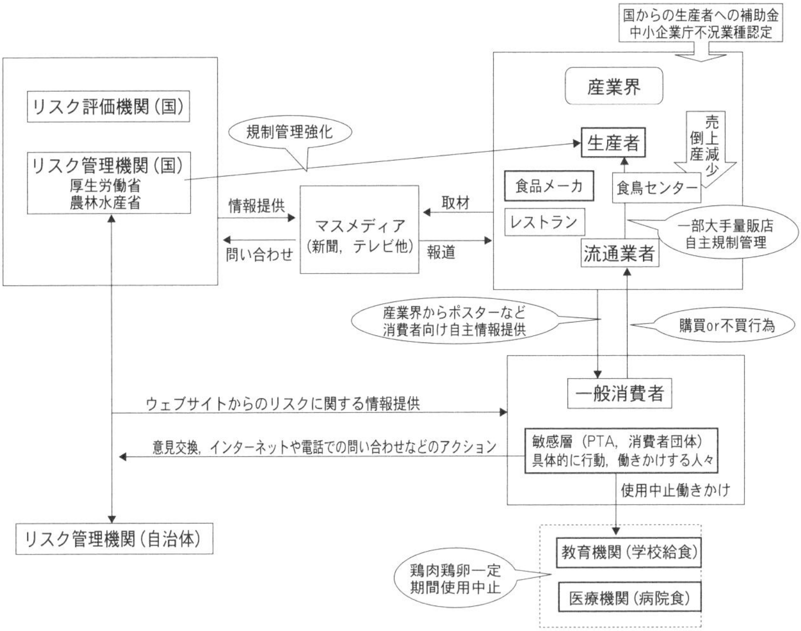

出所：上野伸子「食品の風評被害と軽減対策」『技術と経済』457 号、2005 年。

避行動をとった。このように、消費者は自分自身と家族の安全安心のために、中間流通業者は収益減を回避するために、各々の価値尺度に基づいた情報行動をとるのである。

さらに、人々を利害関係から分類したステークホルダー（利害関係者）の情報の受け止め方を概観する。図表 I-4-1 は鳥インフルエンザを事例としたステークホルダーの相関図である。食品に関するリスク情報は、基本的にリスク評価機関やリスク管理機関のウェブサイトから発信されている。消費者がこれらのウェブサイトに常にアクセスして情報確認するようなことはなく、概ね情報を知るのはテレビや新聞などのマスメディアを通してである。この点で、消費者が食品リスクの情報を入手する手がかりとしてマスメディアの役割は大きい。

他方、マスメディアは、国の評価機関やリスク管理機関からプレスリリー

スされたリスク情報に基づき報道内容を作成する。したがって、マスメディアもまたリスク情報を消費者に伝えるステークホルダーの1つと捉えることができる。

　国のウェブサイトは、消費者が報道直後にマスメディア報道を確認するためのメディアである。この時に、適切なリスクに関する情報が国のウェブサイトに掲載されていない場合、消費者が不安に陥り不買行動などによる混乱が生じる。英国食品安全庁（Food Safety Agency）やカナダ食品検査局（Canadian Food Inspection Agency）などの欧米諸国のリスク評価機関や管理機関は既にこの因果性を認識しており、迅速な情報掲載に努めている。このように、食品の風評被害は、関連するステークホルダー各々のリスク情報に対する印象とその後の行動の連鎖により生じる結果である。即ち、風評被害は、マスメディア報道を通して受けた情報をもとに、人々が疑心暗鬼のもとに行動する、この行動の連鎖の結果引き起こされるのである。

　関谷は、このような現代の風評被害の背景には、高度情報社会、絶対安全を志向する社会、高度流通社会があると指摘している。とかくセンセーショナルになりがちなマスメディア報道は、この3つの社会環境があるために、風評被害をより深刻な社会問題にしていると訴えている。

3. 江戸時代と現代の比較分析

　上記において、江戸時代と現代の風評被害について概観した。本節では、この2つの時代を比較する。まず風評被害の現象、次にこの風評被害の背景にある社会環境を比較する。時代による社会環境の違いをみることで、現象の違いをより明確に理解することができることから、このような比較分析は重要である。

　江戸時代の風評被害は、風評即ち悪いうわさが人から人へ伝わり世間の評判が形成された結果起きる経済的な被害であった。これに対し、現代の風評被害は、マスメディア報道を通じて広まった情報に対する人々の疑心暗鬼の行動の連鎖から引き起こされる経済的被害である。このように、江戸時代と

現代とでは風評被害が引き起こされる情報流布の仕組みが異なる。

　次に、社会環境については、先述のとおり、風評被害の背景に、高度情報社会、安全を志向する社会、高度流通社会の3つの社会環境があるとされる。なお、関谷は、現代社会では、人々は、絶対安全を志向すると強調しているが、実際のところ、人々はリスクに対してなんらかの価値判断にもとづくトレードオフ選択を行っていることから、本稿では絶対安全という表現を用いず、安全を志向する社会とした。本研究は、この3つの社会環境をふまえ、① 情報環境、② 安全に対する公衆の目標、③ 流通環境の3つの視点から2つの時代を比較する。また科学技術の発達度と風評被害が起きたときの社会状況（不安な社会であるかどうか）を加えた。科学技術の発達度を加えたのは、現代の人々がゼロリスクや極めて安全な社会を志向する背景に高度な科学技術の進歩があるからである。社会状況については、風評被害が発生した社会には、現代も江戸時代にも不安な状況があったとされるからである。本研究は、これら5つの視点から江戸時代と現代の風評被害を比較分析する。

　図表 I-4-2 は、風評被害の背景にある社会環境に関して、江戸時代と現代とを、上記5つの視点から比較した結果を提示している。① 情報環境については、江戸時代は口コミ、手紙、読売・瓦版など人を介したネットワークが発達した情報社会であった[28]。他方、現代は、マスメディアやインターネットの普及による高度にシステム化・ネットワーク化された高度情報過多社会である。この情報環境の違いが、江戸時代と現代の風評被害の現象の差異に大きく影響している。

　安全に対する公衆の目標については、江戸時代の人々がどの程度もっていたのか定かではないが、生命や健康に関する安全性の目標は高かったとされる[29]。しかし現代は、米国産牛肉が輸入再開されるときに全頭検査を要望した国民の反応に見られるように、人々は「ゼロリスク」を志向する。したがって、現代のほうが江戸時代よりも安全性に対する目標は高いように推測される。しかし、このように現代の人々がゼロリスクを志向することができるのは、科学的評価にもとづく政治的判断が江戸時代より可能な状況にある

図表 I-4-2　風評被害の背景にある社会環境に関する江戸時代と現代の比較

5つの視点	江戸時代	現代
①情報環境	口コミ、手紙、読売・瓦版など人を介した情報社会	マスメディア、インターネット、SNS等、システム化・ネットワーク化された高度情報過多社会
②安全性に対する公衆の目標	経験・前近代の科学を基盤とした安全志向社会	客観的科学評価を基盤とした安全志向社会
③流通環境	人力による流通社会	システム化・ネットワーク化された高度流通社会
④科学技術の発達度	前近代の科学技術	高度な科学技術
⑤風評被害が起きたときの社会状況	不安な社会	不安な社会

出所：筆者作成。

ためである。したがって、江戸時代も現代も、安全性に対する公衆の目標は同じ安全志向であるが、その安全志向を支える科学技術の発達の程度が異なるため、江戸時代については、経験・前近代の科学を基盤とした安全志向社会とし、現代については、客観的科学評価を基盤とした安全志向社会とした。

流通環境については、江戸時代は人力による輸送を基本とした流通社会であった。他方、現代は、情報ネットワークシステムと連動し、陸空海の輸送手段を複合的に活用した高度流通社会である。

科学技術の発達度については、江戸時代は前近代の社会であり、高度な科学技術は未発達であった。これに対し、現代は、情報システムや物流システムなど高度に科学技術が発達した社会である。さらに、風評被害が起きたときの社会状況については、江戸時代も現代も不安な社会状況にあったことが、これまでおこなわれてきた研究のレビューから説明される。

以上の2つの時代の比較から、次のことが明らかにされる。江戸時代は前近代的な社会であったために、発信元を特定することができない悪いうわさが世間の評判に発展し、風評被害を引き起こした。幕府は、このうわさの伝播と世間の評判を、当時の科学が未成熟であったために断ち切ることができなかった。これに対し、現代は、高度に科学技術が発達した高度情報過多社

会であるために、マスメディア報道後、疑心暗鬼の多様な行動の連鎖の結果、風評被害が引き起こされる。ただし、現代は、科学的に評価されるものについては、政治力で人々の行動の連鎖を断ち切ることができるが、科学的な評価にもとづいて政治的判断が簡単にできない場合には断ち切ることができない。即ち、いずれの時代も、風評被害が起きる社会状況は、政策によって風評を断ち切ることができない不安な社会なのである。

この2つの時代比較のもとに、現代の風評被害について再考するならば、現代の風評被害とは、不安な社会状況下の、高度な科学技術に支えられた高度情報過多社会、高度流通社会、安全志向社会において、マスメディア報道から人々が抱く疑心暗鬼の、その多様な行動の連鎖を、科学的根拠にもとづく政治的判断から容易に断ち切ることができない場合に引き起こされる経済的被害であると捉えることができる。

4. 風評被害と直接的な被害を区別するもの

最後に、本研究の3つめの問いである風評被害と直接的な被害を区別するものについて検討する。安全性に関する問題から引き起こされる風評被害の場合、農産物や食品、地域など風評被害の対象が安全であるか否かが重要である。安全であって経済的被害がある場合は風評被害の対象であり、安全でないため被害が生じる場合はその対象にはならない。安全でない場合、自らが問題を起こした場合を除いて直接的な被害の対象となる。

例えば、東京電力福島第一原子力発電所30km圏（屋内退避、自主避難）にかかる相馬市、南相馬市やいわき市などの全域で、30km圏外であっても医薬品や食糧などが届かない「物流の停滞」が発生した[30]。この事象では、この30km圏の中か外かで風評被害か直接的な被害かが線引きされた。

農産物については、事故後3月19日に福島の原乳、茨城産のホウレンソウから暫定規制値（当時は1キログラム当たり500ベクレル）を超えるヨウ素131が検出されたことから、北関東の野菜が売れなくなる現象が続いた[31]。この場合は、暫定規制値が風評被害か直接的な被害かを区別した。

平成16年2月に発生した鳥インフルエンザでは、京都府の高病原性鳥インフルエンザ京都府対策本部が、発生農場から30km以内を出荷制限区域とし、その区域の養鶏農家等に対する鶏、鶏卵等の移動制限を発動した。この場合は、出荷制限区域か否かが風評被害か直接的な被害かを区別した。

これらの事例から、風評被害か直接的な被害かを区別するのは、科学的に安全か否かを示す基準であることが分かる。この基準は、科学的な専門家の評価から判断され提示された数値であるが、その数値未満、以上は、実際は連続しており、厳密には基準値で安全か否かが区別されるわけではない。しかし、この基準値が社会に提示された段階で、様々な社会活動における安全性の指標となる。鈴木は、江戸時代において「「本来安全」というのは、「科学的に安全」という意味ではない。あくまで、ある立場の人にとって主観的に安全かどうかということだ[32]。」と説明している。現代においては、安全性基準、即ち規制科学（社会に応用された科学）が主観的に安全かどうかを判断する指標になっているのである。したがって、風評被害の対象であるか否かを区別するものとは、安全性基準等の規制科学であるといえよう。

他方、風評被害を払拭するために、自主的に基準値を設定して風評被害に挑む下からの取組も出てきている。福島原子力発電所事故以後、柏市のある地域で放射性物質による汚染が極端に高かったことから、柏周辺の農産物が売れなくなった。このため、柏の生産者が自主的に放射性物質を測定し、基準値を設定する「My農家をつくろう」というプロジェクトを立ち上げた。この取組から、柏産の農産物に対する消費者の信頼を回復することができたという[33]。この事例は、その基準値の意味をあらためて問い直すことから風評を断ち切る可能性があることを説明している。

おわりに

本研究は、江戸時代と現代の風評被害の比較分析から、現代の風評被害の構造を明らかにした。江戸時代の風評被害は、主に悪いうわさが人から人へ伝わり世間の評判に発展した結果生じた経済的な被害であった。これに対

し、現代の風評被害は、マスメディア報道を介した情報に対する人々の疑心暗鬼による多様な行動の連鎖が集積して起こる現象であること、同時に科学的根拠から風評が誤まっていることが判明した場合には、マスメディアを使って連鎖を断ち切り、風評を排除することも容易になっていることが明らかになった。

この差異の背景には、現代が江戸時代に比べて高度な科学技術に支えられた社会であり、高度情報過多社会、客観的科学評価を基盤とした安全志向社会、高度流通社会であることがあげられる。社会学者ベックは、科学技術が進展した社会であるがゆえに、安全性に関する問題が散在するようになることを指摘している[34]。風評被害が現代的特徴とされるのもまた、現代が、高度に科学技術が発達した社会であるためである。

また、科学技術の発達の程度の違いから、科学的根拠にもとづく政治力・行政力は、現代のほうが江戸時代よりもはるかに勝る。江戸時代は科学が未成熟であったために、悪いうわさから発展した世間の評判を科学的根拠にもとづく政治力・行政力から断ち切ることができなかった。科学でも情報でも高度化が遅れていた江戸時代は抑止力に欠け、風評の広域化・広範化・連鎖を抑制できなかった。他方、現代は、江戸時代に比べると、高度な科学技術を基盤とした社会であるために、科学的根拠にもとづく行政や政治レベルでの判断・指導で、風評被害を引き起こす人々の疑心暗鬼の多様な行動の連鎖を断ち切ることができる。それだけに、現代の風評被害の特徴を「連鎖の集積」としてのみ説明することには問題が残る。その連鎖に対しては、高度に発達した科学技術に支えられた社会であることを加えることが重要である。

ただし、現代においても、問題に関する科学的不確実性の幅が大きく、政治的・行政的判断が容易にできない場合にはこの連鎖を断ち切ることができない。したがって、現代の風評被害は、問題の科学的不確実性の程度に左右されるのである。

さらに、風評被害を直接的な被害と区別するものについては、規制科学である安全性基準が指標となっていることが明らかになった。安全性の観点から人々の公益を守ろうとして設定された安全性基準が、人々の経済的損失の

保証の対象となるか否かを左右する指標となっているのである。藤垣は、「数値にした瞬間に一人歩きしてしまうものは世に多くある。・・・巷で流通している数値をそのまま信用するのではなく、1つの数値が定義されるその場面に立ち返って数値を再考することが必要である。[35]」と指摘している。先述の柏の生産者のような安全性基準値をあらためて問いなおす姿勢も必要である。

　加えて、この安全性基準の設定には、設定側の政治的な判断も反映される。安全性基準に対してハザード（危害）がある場合、直接的な被害を受けたものとして保証の対象となることが多く、どこまで保証するかを財政的な観点からも判断しなければならないからである。経済的な被害をこうむる人、組織は、被害を軽減するために、このような風評被害の構造を理解し、問題が発生する以前から日常においてリスク管理に対する意識をもつことが重要である。

　本研究は、以上のとおり現代の風評被害の構造について、江戸時代との比較分析をとおして明らかにした。時代比較をおこなったことで、現代の風評被害の構造を、現代の構造のみに焦点をあてるよりも明確に提示することができた。

　　　　　　　　　　　　　　　　　　　　　　　　（上野　伸子）

注
1）関谷直也『風評被害：そのメカニズムを考える』光文社、2011年。
2）堀洋元「メディアは事故をどのように報道したか：風評被害をキーワードに」、岡本浩一・今野裕之編『リスク・マネジメントの心理学、事故・事件から学ぶ』新曜社、2003年、67-90頁。
　　吉川肇子 & 上野伸子「食の風評被害の定量化に関する調査研究」、『浦上食品・食文化振興財団　平成16年報告書』2004年。
　　上野伸子「食品の風評被害と軽減対策」『技術と経済』457、2005年、70-74頁。
　　――「風評被害のメカニズム〜不測の事態にどう対応するか」『宣伝会議』713号、2007年、20-23頁。
　　関谷直也、前掲書、2011年。
　　鈴木浩三『江戸の風評被害』筑摩選書、2013年。
3）Kasperson, R.E., Renn, O., Slovic, P., Brown, H.S., Emel, J.X. & Ratic, S. "The social amplification of risk: A conceptual framework" *Risk Analysis*, 8. 1988,

pp.177-187.
4) 鈴木浩三、前掲書、2013 年。
5) 関谷直也、前掲書、2011 年。
6) 堀洋元、前掲論文、2003 年。
7) 鈴木浩三、前掲書、2013 年。
8) 関谷直也、前掲書、2011 年。
9) 鈴木浩三、前掲書、2013 年。
10) 堀洋元、前掲論文、2003 年。
　　上野伸子、前掲論文、2005 年。
　　──「欧州の食品リスクコミュニケーションの動向」『技術と経済』473、2006 年、70-72 頁。
　　──「食品の風評被害とマスメディアの役割」『月刊民放』2006 年 7 月号、2006 年。
　　──前掲論文、2007 年。
　　関谷直也、前掲書、2011 年。
　　西澤真理子『リスクコミュニケーション』エネルギーフォーラム新書、2013 年。
11) 関谷直也、前掲書、2011 年。
　　鈴木浩三、前掲書、2013 年。
12) 鈴木浩三、前掲書、2013 年。
13) 鈴木浩三、前掲書、2013 年。
14) 鈴木浩三、前掲書、2013 年。
15) 鈴木浩三、前掲書、2013 年。
16) 鈴木浩三、前掲書、2013 年。
17) 鈴木浩三、前掲書、2013 年。
18) 鈴木浩三、前掲書、2013 年。
19) 関谷直也、前掲書、2011 年。
20) 関谷直也、前掲書、2011 年。
21) 関谷直也、前掲書、2011 年。
22) 堀洋元、前掲論文、2003 年。
23) 西澤真理子、前掲書、2013 年。
24) 堀洋元、前掲論文、2003 年。
　　関谷直也、前掲書、2011 年。
　　西澤真理子、前掲書、2013 年。
25) 堀洋元、前掲論文、2003 年。
　　角田方衛「2011.3.11 東北地方太平洋沖 M9.0 地震・巨大津波による東京電力福島第 1 原子力発電所過酷事故に関する風評被害の実態：主としてマスメディア情報に基づく」『一般財団法人　新技術振興渡辺記念会報告書』2013 年。
26) 関谷直也、前掲書、2011 年。
27) 上野伸子、前掲論文、2005 年。
　　──前掲論文、2007 年。
28) 鈴木浩三、前掲書、2013 年。

29) 鈴木浩三、前掲書、2013 年。
30) 関谷直也、前掲書、2011 年。
31) 西澤真理子、前掲書、2013 年。
32) 鈴木浩三、前掲書、2013 年。
33) 五十嵐泰正『みんなで決めた「安心」のかたち』亜紀書房、2012 年。
34) Beck, U.（東廉・伊藤美登里訳）『危険社会―新しい近代への道』（原著 1986 年）法政大学出版局、1998 年。
35) 藤垣裕子「解題」、セオドア・M・ポーター（藤垣裕子訳）『数値と客観性』みすず書房、2013 年。

古典芸能の補助金

後藤　裕子

　古典芸能（特に、歌舞伎や文楽）に惹かれるようになったのが何故か定かではないが鮮明に覚えていることがある。学生時代、友人と何気なく京都四条の南座に足を踏み入れた。その時の演目は片岡孝雄（当時、現仁左衛門）演ずる鳴神上人。相手役の雲絶間姫は坂東玉三郎。二人とも若手の花形といわれていた頃で、初めて歌舞伎を生で観た私は世の中にこんな綺麗な人がいるのかと思った。

　一方、文楽を初めて観たのは大阪道頓堀の朝日座。演目は覚えていないが、道頓堀の雑多な人混みと相反するような疎らな観客と破れた椅子、熱心な演者。文楽初体験ながらこの世界の厳しさを垣間見た気がした。

　大学を卒業して数十年が経ち、その間時々京都や大阪へ出かけ、歌舞伎や文楽を楽しんできた。今の国立文楽劇場は初めて文楽を観たころに比べると隔世の感がする。今年の一月久しぶりに初春公演を見に行った。楽しみにしていたのは阿古屋の琴責めだ。人形の演奏する琴、三味線、胡弓の音色を大いに堪能した。

　大阪から帰って数日後、何気なく開いた新聞記事に驚いた。文楽の入場者数が規定の人数に達しなかったため大阪市が文楽協会に対する補助金を削減するという内容だった。私が観た時も超満員ではなかったけれど客の入りは良かったと思う。スポーツと同一線上では勿論言えないが、多額の資金を注ぎ込んで選手の養成をした競技はそれなりの良い結果を出している。はたして文楽のどこに公益性を見出すかと言われたら、不特定多数の庶民に対する娯楽の提供であり、その内容は、義理や人情、柵に囚われて、死ぬことでしか意思を貫けないという生き方への共感だろう。行政を運営するのは一市民には解らない難しさがあるとは思うけれど、今日の隆盛や伝統文化の意義に水を差すことのないよう切に願う次第である。

（公益社団法人当道音楽会小勾当
生田流箏曲野川流三絃教授）

第5章

一日一善運動を通して「公益心の芽」を育てる
―沖縄県公立小学校におけるいじめ撲滅の実践報告―

はじめに

　核家族化、少子化、戸外での自由な遊び場の喪失、社会体験の不足、受験競争の激化などにより、子どもたちの社会性が弱体化してきている。学校では、自分の都合を優先して他者や全体の立場に立てない子、他者との関わりに煩わしさを感じて自分の内に閉じこもりがちな子、差別・いじめがあっても傍観・無関心な子などがみられる。

　特にいじめや不登校の問題になると、子どもたちの社会化の遅れなどと評論家的に手をこまねいてばかりもいられない。具体的に対応・挑戦を検討し、いじめの排除や不登校の抑制・回復に動かなくてはならない。

　このような子どもの社会化に関する課題について、小松隆二は次のように述べている。

　「日本では人と人、人と社会のつながりや存り方、それらを支えるヒューマニズムや民主主義、あるいはそれに沿う考え、行動、人間関係について、とくに幼少年期に学ぶ機会が少ないのではないか――。今さらヒューマニズムや民主主義でもあるまいと、言われそうであるが、家庭でも、小学校・中学校でもそういうことが言える。」[1]

　そのような指摘を踏まえると、子どもたちの社会性を育てるには、学校で教師が子どもたちに、人間関係の在り方やそれを支える考え・行動等を意図的に指導・学習しあうことが求められる。

　小松は、社会性を育てる方法として、子どもに対して自分を超えるところ

第5章　一日一善運動を通して「公益心の芽」を育てる　93

に広く眼をむけさせたり、関心をかきたてたりするのを日常化させる訓練・指導の大切さを主張している[2]）。

　その主張を具体化する方法の1つとして、特に不登校やいじめの予防・防止を念頭において、私は沖縄の小学校、そして学級で「一日一善運動」に挑戦してみた。

　一日一善運動は、生徒が主体的に参加し、行動する形をとるが、学校で、特に学級単位で実行した。そのことが生徒たちの協力を得て良好な結果を収めた大きな理由であった。いずれにしろ、自分を超えて他者に眼を向け、思いやりの心を行動に移す公益活動・運動について、方法・工夫によっては、小学生でも関心を持ってくれることが分かった。学校という場であれ、意識・意図して指導・学習しあわなかったら、生徒には自分を超える意識や行動、そして「世のため人のため」に配慮する意識や行動は容易には育たない。

　公益活動の出発点になる自分を超える意識や活動が、クラスの学習・運動として展開できたこと、それに生徒が積極的に参加してくれたこと、またご家族の皆さんにもご理解をいただけたこと、さらには不登校やいじめの予防にも実際につながったことは、予想以上のことであった。

　私は、このような理解・認識から、小学校教諭時代に学級で子どもたちに「公益心の芽」を育てる一日一善運動を提案し、生徒と共に取り組む実験をしてみたのであった。ここでは、そのような生徒による実践と結果を改めて紹介することにしたい。

1.　一日一善運動の実践方法

(1)　「世のため人のため」に生きる意義を捉えさせる

　子どもたちが、一日一善運動を主体的に実践するには、「世のため人のため」に生きる意義を納得して捉えることが必要である。ただ上から教えこみ、仕組みを用意しても、生徒は簡単に乗ってこないし、長続きもしない。そのために、私は、学年初めに子どもたちにまず「生きる目的」について考えてもらうことにした。

といっても、決して容易なことではなかった。まだ自分のこと、日々の生活で精一杯の子どもたちである。自分以外の子どもたちに思いやりやつながりを持つことの意味「世のため人のため」の意味を理解してもらうのは、理念や観念としてではなく、各自の身につく形で受け止めてもらわないと、実践にまで入れない。そこで、いろいろな事例をあげて身近な問題から説明し、考えてもらうことにした。

人は、みんな幸せになるために生きている。しかし、みんなが自己本位であれば、世の中はうまくいかない。自分を大切にしつつも、自分を超えてみんなのことも考えることで、社会に調和や安定が生まれる。自分が困ったとき、一番必要なことは家族や友人など他人の理解や応援・支援である。そんなことからまず考えてもらう。

そのような作業を通して、自分を超え、他者と繋がり、共に助け合う意味を受け止めてもらう。そのような相互につながり、支え合う社会の中でこそ、自分を自由に安心して生かせ、幸せも築いていけることを考えてもらう。

自分を超える生き方、「世のため人のため」の生き方が、決して自分の立場を不利にしたり、損をさせたりするのではない。ボランティアなど、自分を超える活動、「世のため人のため」の活動は、いずれ自分にも返ってくること、そして自他共みんなの幸せを築くためにも必要な活動であることを、子どもたちにわかってもらうのである。

(2) **偉人の名言・ことわざなどを通して公益心の芽を育む**

一日一善運動が子どもの生き方に反映されるようになるには、日常的・継続的に公益心の芽を育むことが必要である。その手立てとして、私は、朝の会で、「世のため人のため」に活動をしてきた偉人の生き方や足跡、また名言・ことわざなどを紹介した。

偉人の言葉を取り上げる時には、ただ言葉を取り上げるだけではなく、また偉人の生涯、業績についても、成功談ばかりでなく失敗談を含めて、簡潔にわかりやすく話すことも必要であった。

朝の会は短時間なので、1校時の授業に支障が出ないように5分程度で済ませることが、継続の秘訣である。工夫して短く簡潔に話すことが、子どもたちに受け入れてもらえるコツでもあった。短い時間で簡潔に話すと、生徒たちはその言葉を勝手に暗唱するくらい受け止めてくれる場合もある。そんな話し方をすると、無理に押しつけるのではなく、生徒たちが自然に話に乗ってくれるのである。

(3)　善行を賞賛し合って、善行の喜びを実感させる

　「帰りの会」で、子どもたちは、自分が実践した一日一善、友達から受けた一日一善などを発表し、みんなで賞賛し合った。とくに生徒同士が感心しあう、褒めあうことは意味がある。生徒は意外に自分が褒められる体験も、また褒める体験も積んでいない。だから、褒められても、逆に褒める立場にたっても、新鮮に感じるのである。

　善行を実行した生徒に対しては、私も時には大げさに驚き、感心してあげる。どんな子でも、褒められた時は、にこにこ顔になるものである。子どもながら、褒められると、褒める喜びも分かってくるものである。

　一日一善運動は、ボランティア活動なので、当然強制・押し付けは避ける。教師や級友からの賞賛が、子どもたちの自己有用感・自己存在感、そして自己満足感を高め、その喜びが一日一善運動の明日への原動力となっていく。

(4)　一日一善日記を通して個々人の生き方を豊かにさせる

　一日一善日記も実行した。それは、その日実践した一日一善をつづったり、教師から聞いた偉人の名言や、自分で調べた名言・ことわざなどについて、自分の考えを記録するものである。

　こんないいことが実行されるのに、その成果・結果が日々消えていくのはもったいないといった気持ちがきっかけであったが、日々の成果を記録することにした。記録として残されれば、もっと書き残せるようなことを実行してみたいと考えたり、また蓄積・積み重ねがよく分かり、いつのまにかこん

なに沢山になった、という充足感を実感してもらうことも狙いであった。

2段組みの日記帳の上段に一日一善の実践と感想を、下段には名言・ことわざなどについて自分の考えを記入させた。生き方を豊かにする一日一善日記を目指した。実際に、その日記がどんどん書き込まれ、記録のページが増えていくことには、生徒たちも喜び・楽しみを感じているようであった。

一日一善運動の方法を図表 I-5-1 に示した。

図表 I-5-1　一日一善運動の実践方法

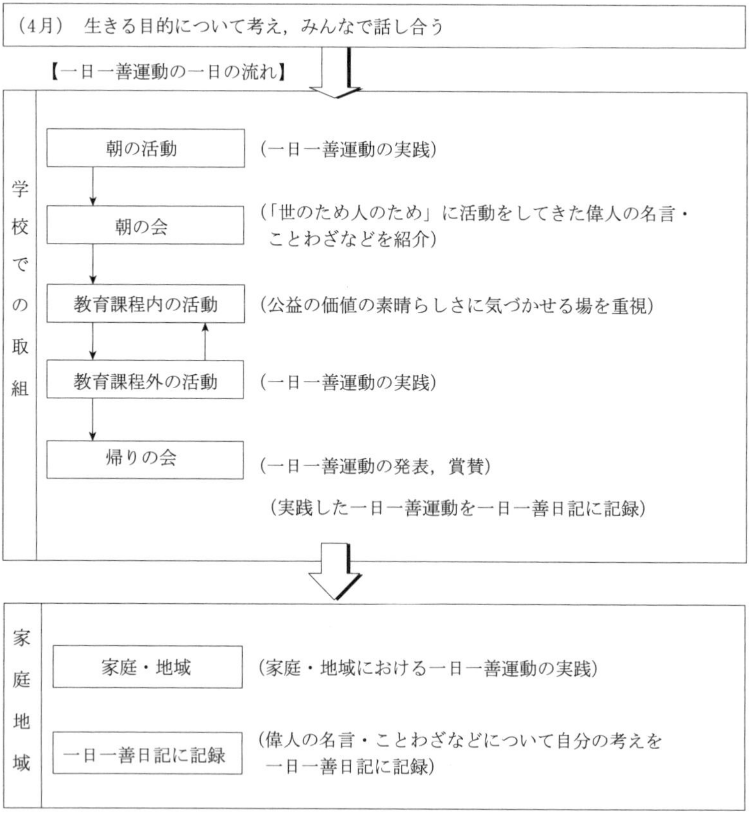

(4月)　生きる目的について考え，みんなで話し合う

【一日一善運動の一日の流れ】

学校での取組
- 朝の活動　（一日一善運動の実践）
- 朝の会　（「世のため人のため」に活動をしてきた偉人の名言・ことわざなどを紹介）
- 教育課程内の活動　（公益の価値の素晴らしさに気づかせる場を重視）
- 教育課程外の活動　（一日一善運動の実践）
- 帰りの会　（一日一善運動の発表，賞賛）
　　（実践した一日一善運動を一日一善日記に記録）

家庭地域
- 家庭・地域　（家庭・地域における一日一善運動の実践）
- 一日一善日記に記録　（偉人の名言・ことわざなどについて自分の考えを一日一善日記に記録）

出所：筆者作成。

2. 事例1 ―「生きる目的」について考える（Y小学校）

「生きる目的」について話し合った小学校4年生の事例を紹介する。

先生：皆さんに質問します。自分は何のために生きているのでしょうか。
　　　自分の考えをワークシートに書きましょう。
子どもたち：（書く活動）
先生：では、自分の考えを発表してください。
Y.O.：人間はいつか必ず死ぬから、生きている間に良い思い出を作るためです。
S.A.：私は、自分のために生きています。自分が平和になるためです。
Y.D.：ぼくは、自分が幸せになるために生きています。
T.E.：質問があります。じゃ、自分だけ幸せになればいいのですか。ほかの人はどうでもいいのですか？
M.S.：T.E.君に付け足します。もし、自分だけ幸せになって、ほかの人が不幸だったら、幸せの人は不幸の人から、うらやましがられるよ。そして、良く思われません。そうしたら、その人は幸せになれません。不幸な人は、かわいそうだから、幸せを分けてあげないといけません。
先生：Y.D.君やS.A.さんが言うように、自分が幸せになるために生きるということは、とても大事だと思います。将来、不幸になりたい人は手を挙げてください。だれもいませんね。では、将来、幸せになりたい人は手を挙げて。全員手を挙げていますね。2人の考えは間違っていませんね。
Y.D.：ぼくは、答えが必ず1つだけ書くと思ったので、1つだけ発表しました。本当は、M.S.さん達が言ったことも考えていました。
H.U.：私は、自分の将来が、世界の人に役立つためです。
M.A.：ぼくは、助け合うためだと思います。
先生：なるほど、Y.D.君の考え「自分が幸せになるために生きる」や、S.A.さんの考え「自分のために生きる」は、自分を大切にするということになりますね。
　　　そして、M.S.さんが言うように「幸せはみんなに分けてあげないといけない」という考えは、相手のことを大切にするということになりますね。
　　　でも自分と同じくらい、相手を大切にするということは、難しい時があります。だけど、H.U.さんや、M.A.君の言うように、「世界の人の役に立ちたい」「助け合う」という思いやりの気持ちがあれば、きっと相手を大切にするという考えを、実行することができるでしょうね。

生きる目的についてみんなで話し合う過程で、子どもたちは、自分も他者も幸せになるには、助け合うことや「世のため人のため」に役立つ生き方が大切であることに気づくことができた。この点は、子どもたちは意外に素直であった。

話し合い後、U.D.さんは、次のような感想を述べていた。

<感想>
　自分が幸福で、ほかの人が不幸だったら、ほかの人がかわいそう。だから、人を大切にすることは、とても大事だと思う。人も幸せであれば、自分も本当の幸せだと思う。(U.D.　4年)

公益の原点である思いやりの心を基盤にして、他者の幸せの中に自分の幸せを求めるU.D.さんの生き方が見られた。子どもの他者を思う純真な気持ちに、担任として心を打たれた。

3. 事例2—「一日一善日記」

M.S.さん（4年生）の一日一善日記を紹介する。

十一月六日　月曜日	（今日の一日一善）（偉人の名言・ことわざなどについて）
	今日、私は学級の辞典を並べました。 　最初は、「やろうかな、やらないでおこうかな」と思ったけれど、やりました。 　毎日一善行動をすると、今までやってきた一善も増えるし、うれしさもどんどん増えていくなと思いました。 　ピアノもなまけたらだめになるほど、指使いがだめになっていきます。 　心も一善行動をしないと心がだめになっていくんだなあと思いました。	私は、「喜んで行い、そして行ったことを喜べる人は幸福である。ゲーテ」を、ことわざ辞典から見つけました。 　最初は、「何のことだろう」と思いました。 　よく考えてみると、それは一日一善行動のことじゃないかなと思いました。 　わけは、一日一善行動をすると、みんなの喜びが自分に返ってくるからです。 　私はこのことから、幸福がこんなに簡単に来るのなら、喜んで一日一善を行いたいと思います。

M.S.さんは、自ら「ベートベン」「儀間真常」「卑弥呼」「聖徳太子」など「世のため人のため」に生きた偉人について調べた。そして、「人のために役立つ子、世界のために役立つ子になりたいです。」と、一日一善日記につづってあった。善行を記録し、また、偉人の生き方から学ぶことによって、公益の生き方を確かなものにしていった。

4. 事例3—朝の会で紹介した偉人の名言・ことわざなど

(1) 年間を通して紹介した偉人の名言・ことわざなど

　私が6年生を担当した時、朝の会で子どもたちに紹介した名言などについて紹介する。

月日	偉人の名言・ことわざなど
4/9	「他人のために働けることが私の最大の幸福」ベートベン
4/11	「国ざかいのうり畑」――智慧の大切さ
4/12	「人に仕えてもらうためではなく、人に仕えるためにある」エイルウイン大統領
4/15	「地球は周り続けている」ゲーテ
4/16	民話「弥太郎」――努力して働くことの大切さ
4/18	「苦労は最高の財産」
4/19	「喜とは自他ともに喜ぶことなり」
4/20	「正しいことをしないのは悪」
4/22	基本的人権について
4/23	「人生の唯一の疑いのない幸福は他人のために生きること」トルストイ
4/24	原因・結果の法則
4/26	太田道灌
4/30	「人間の目的は、自分の完成と他人の幸福である」
5/1	「喜んで行い、行ったことを喜べる人は幸福である」ゲーテ
5/7	「言葉遣いは、その人の心を表す」
5/8	「だれが見てなくても自分の心が見ている」
5/10	「自分の幸せを人の幸せによってつくれ」ボルデール
5/17	「自分の才能を人のために役立てる」五嶋みどり
5/○	言葉の暴力について
5/30	日本女性、エベレスト山登頂

6/3	生存権について
6/4	読書の大切さについて
6/5	人間と自然の共生について
6/6	物語「五色のしか」
6/12	宮城幸江さんの戦争体験
6/13	１フィートビデオ――戦争の恐ろしさと平和の尊さ
6/14	ビデオ「レーナさん」（不とう不屈）
6/20	平和学習について
7/2	命の尊さについて
7/3	障害を持ちながらも努力する福島さん
9/3	優しさが人の心を変える
9/9	ネパールのあいさつ「ナマステ」
9/○	勉強の目的について
9/25	ホセ大統領について
10/○	一善行動体験発表会
10/16	「利他主義的利己主義」について
10/22	ガンジーについて
10/29	学校に通う目的について
11/15	「一人が変わればみんなが変わる」
11/18	リンカーンについて
12/5	人間の素晴らしさについて
12/19	主体性について
1/10	「忠言耳に逆えど、行いに利あり」
1/16	「学ばざればすなわち老いて衰え」
1/20	有森選手――不とう不くつ
2/5	「１％の才能と99％の努力」エジソン

(2) 名言・ことわざなどに対する子どもの感想

　上記の名言などについての感想を、G.H.さんの日記から一部紹介する。

> 4/9　今日、先生からベートベンの言葉を聞いた時、ベートベンは偉いと思いました。自分のためではなく、人のために尽くすことが幸福だなんて偉い人だなあと思いました。自分のためだけ思って、他人のことはどうでもいいと思う人もいるのに、こんなことを考えているとはすごい！

(4/20) 私は、今日、先生から「正しい事をしないのは悪」という話を聞きました。その話を聞いて「そのとおりだなあ。」と思いました。例えば、ほかの人がいじめられていても注意するのがこわいからなどで、無視したりすることです。注意する事は、正しいことです。無視するのは悪い事です。私は、勇気をもって人に注意したりしようと思います。

↓

(5/1) 私は、今朝習った言葉「喜んで行い、行ったことを喜べる人は幸福である」のとおりだと思います。友達が、誰かに何かを頼まれて「いいよ」と喜んで引き受け、行い、頼まれたことを終えて「ありがとう」の一言で良い気持ちになり、幸せそうに喜んでいるのを見たことがあります。私はその人を見て「幸福そうだ」と思い、自分もやってみたくなりました。ぜひ、このようなことがあれば、喜んで引き受けようと思います。

↓

(10/16) 私は「利他主義的利己主義（他人に尽くす生き方が最高に自分のためになる）」という、外国の大学の先生が言っていた言葉は正しいと思います。人に尽くすことにより、思いやり、考える力、優しい心が生まれてくるのです。それによって、自分は幸せに一生を過ごせるのです。私も人に尽くそうと思います。

↓

(10/29) 私は、学校へ通う意味をこう思っています。家庭では学べない家族以外の人々との付き合いで、心を成長させる。なによりもこの世で暮らしていくためのいろいろな知識、人との付き合い方が学べるすばらしい所です。学校では、人に尽くすことなどすばらしい心をつくるところが学校なのです。

　偉人の名言というと、生徒たちはほぼストレートに受け入れてくれた。G.H.さんの例でも、心に「人に尽くしたい」という公益心の芽が育まれていたことがうかがえる。

5. 一日一善運動の「公益心の芽生え」に関する効果について

(1) 目的と方法

　一日一善運動が公益の理解や受容にどのように影響しているかを質問紙を用いて調査した。一日一善のような運動に参加する生徒とそうでない生徒との間に、「公益心の芽ばえ」や公益を自然に受け入れるようになる公益の日常化に向かう効果で、相違があるかどうかを確認することにもつながるものである。

　調査対象は、一日一善運動に取り組んだ本校5年A組、児童数37人と、同校の5年B組、児童数37人。5年B組は、学年朝会等で教師から一日一善運動の意義について聞いていたが、学級としては日常的に取り組んでいなかった。

　事前調査は1学期の6月、事後調査は3学期の3月に実施した。

(2) 調査に用いた質問紙

　次の質問紙を用いて調査した。

　　一日一善運動（学級や学校での人のために役立つ行動）の実践について、当てはまる番号に1つだけ○をつけてください。また、その理由についても書いてください。
　　1　友達や学級や学校のためになることをしている。
　　　（1－1　進んでしている　　1－2　いやいやながらしている）
　　2　友達と学級だけに、ためになるいいことをしている。
　　3　好きな友達のためならしている。でも、好きでない友達のためになることは、あまりしていない
　　4　友達や学級や学校のためになることはあまりしていない。

(3) 結果

① 一日一善運動の実践状況

　5年A組とB組の一日一善運動の実践状況を図表Ⅰ-5-2にまとめた。

第5章 一日一善運動を通して「公益心の芽」を育てる　*103*

図表 I-5-2　一日一善運動の実践状況　　　　　　　　　　　　（単位：％）

調査項目	組　調査時期	一日一善運動を実践 5年A組（33人） 事前	事後	一日一善運動無し 5年B組（34人） 事前	事後
1　友達や学級や学校のためになることをしている。		63.7	78.8	29.5	26.5
（1－1　進んでしている）		(63.7)	(78.8)	(26.5)	(20.6)
（1－2　いやいやながらしている）		(0)	(0)	(3.0)	(5.9)
2　友達と学級だけに、ためになるいいことをしている。		12.1	3	0	8.9
3　好きな友達のためならしている。でも、好きでない友達のためになることは、あまりしていない。		12.1	3	44.0	26.5
4　友達や学級や学校のためになることはあまりしていない。		12.1	15.2	26.5	38.1

注：5年A組とB組とも事前・事後の調査時における欠席者は削除した。
出所：筆者作成。

図表 I-5-3　一日一善運動の実践状況（事後調査）

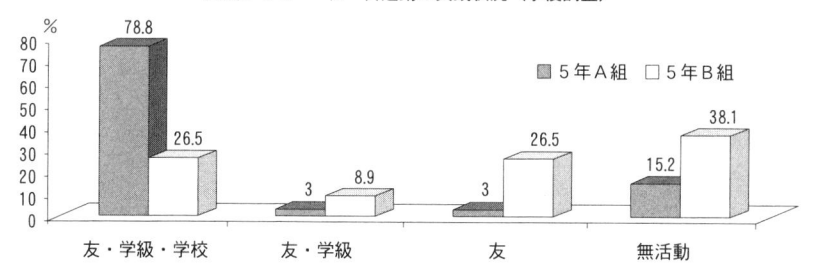

■5年A組　□5年B組

- 友・学級・学校：78.8／26.5
- 友・学級：3／8.9
- 友：3／26.5
- 無活動：15.2／38.1

出所：筆者作成。

　一日一善運動の実践状況を事後調査の結果から見ると、本学級A組は、「友達や学級や学校のためになることを、進んでしている」と回答した子が78.8％、一方B組は20.6％であった。

　A組においては、「友達や学級や学校のためになることを、進んでしている」と回答した子は、事前調査では63.7％であったが、事後調査では78.8％へと増えていた。

　一方B組においては、「友達や学級や学校のためになることを、進んでしている」と回答した子は、事前調査では26.5％であったが、事後調査では

20.6％へと減少していた。そして同組は、「友達や学級や学校のためになることは、あまりしていない」と回答した子は、事前調査では 26.5％であったが、事後調査では 38.1％へと増えていた。

A組の「友達や学級や学校のためになることは、あまりしていない」と回答した子どもたち（事前調査 12.1％、事後調査 15.2％）は、4月・5月は一日一善運動に懸命に取り組んでいたが、途中から興味関心が一日一善運動からバスケットボールの練習へと移ってしまった。

② 一日一善運動に関わる理由

A組・B組の一日一善運動に関わる主な理由を、事後調査から次のようにまとめてみた。

［一日一善運動に取り組んだ A 組の理由］

「友・学級・学校のために進んでしている」（78.8％）	「友・学級」「友のみ」「していない」（21.2％）
・人のためにすることは、自分のためにもなるから。マザーテレサみたいに人を助けて、とにかく人の役に立ちたい。もっともっと役に立ちたい。 ・一日一善をすると心が大きく豊かになるから。 ・人のためにすることは、自分のためになり本当の幸福だから。お父さんに「買ってでもなんぎはしなさい」と言われた。本当の意味がやっと分かった。それが自分にとっていいことだと、言いたかったと思いました。 ・困っている人を助けたりするのが偉い人間だと思うから。 ・一善をすれば自分もよくなるし、人のためにしたいから。 ・自分が成長するから。 ・みんなが喜ぶから、それと自分が良い人になれそうだから。	・クラスだったら恥ずかしくないから（クラスだけでしている）。 ・1学期はみんなのために進んでやっていたが、今は少しいやいやながらやっている。なんぎ。 ・なんぎだからあまりしたくない。 ・嫌いな人は、見て見ぬふりをした。 ・面倒。

・学校もきれいになるし、自分の心もきれいになるから。一善は楽しい。 ・どんなに小さな一善行動でもほかの人達に役立てば、私の小さな一善もどんどん広まって、世界中の人々が自分から進んでやってくれると思うから。	

[一日一善運動に取り組まなかったB組の理由]

「友・学級・学校のために進んでしている」(26.5%)	「友・学級」「友のみ」「していない」(73.5%)
・はじめ言われたときは、いやだなあと思いながら、いやいやながらしていることは事実です。しかし、いろんな人のためにやっていると、自分が少しでもみんなの役に立っていることを実感し、その仕事をすることをいやとは思わなくなるどころか、楽しくなります。 ・進んで良いことをすると気持ちがいい。 ・先生や友達から頼まれると自分もやりたくなる。 ・級長に推薦され信頼されているから。 ・人のためになっていることをすると気持ちがいいから。楽しいから。いいことをしていると自分も助けられたりするから、自分だって人に助けられているから人を助けたり、助けられたりするのは当たり前だと思う。しかも下級生にはいいお手本として頑張っていたいし、分からない人には教えてあげたい。	・自分のためにならない、疲れる。 ・あまり好きでない友達を助けても、「ありがとう」と言う人がいない。 ・いやだから。相手が自分のことしかやらないから。 ・やりたくない、楽しくない、なんぎ。 ・いつもいじめられているから。好きな人はいじめないから。 ・あまり関心がない。 ・やる気がしない、仲良しの友達ならする、一人ではやらない。 ・好きな友達なら楽しみながらできるけど、いやな友達にやってもあまりいい気分にならない。 ・友達やクラスや学校のためにやると疲れるし、大変だから。 ・嫌いな友達と話したくない。 ・先生が言うのはする。 ・友達に良いことをしたら良いことがあるから。

(4) 考察

　一日一善運動に取り組んだA組においては、一日一善運動の良さを「自分が成長するから」「自分が良い人になれそうだから」「自分の心もきれいになるから」などと、自分の成長の視点から捉えて記述していた子が36％いた。「世のため人のため」の精神は、自身の成長を成し遂げる基軸であることを、子どもたちは一日一善運動を通して感じ取っていた。

　先に引用した小松は、現代の公益における奉仕のあり方は、自分を超えて参加、協力することが相互貢献となり、やがて自分や身内にもプラスに返ってくる「連帯型」であると述べている[3]。子どもたちは、人のための行動が「心の豊かさ・成長」として自分に返ってくることを実感していたのである。

　また、本学級の子どもたちの中には「マザーテレサみたいに人を助けて、とにかく人の役に立ちたい。もっともっと役に立ちたい。」「学校のみんなに広めたい。みんなに一善を広めたい。」「いいことを学校中に伝染させて、みんながやってくれるといいなあ。」などの記述が見られた。実践を通して「世のため人のため」の精神の良さを感じ取り、その精神をみんなに広めたいと願う子どもたちも育っていた。

　一方、B組においては一日一善運動の良さを捉えている子は20.6％であった。また、その良さを捉えていても「楽しい」「気持ちがいい」と感情レベルでの捉えが主であった。

　さらに、「友・学級、友のみ、していない」と回答した73.5％の理由は、「自分のためにならない」「あまり関心がない」「友達やクラスや学校のためにやると疲れるし大変だから」「なんぎ」などであった。

　このような結果から、一日一善運動に日常的に取り組んだA組はB組と比較して、公益活動について理解が深く、またより素直に受け入れており、一日一善運動が公益心の芽を育むのに効果的であったことがうかがえよう。

6. 一日一善運動の子どもの幸福感への効果について

(1) 目的と方法

　私は、一日一善運動を通して、子どもたちに公益心の芽を育て、それが、子どもたちの幸せにつながることを目指していた。そのため、一日一善運動が子どもたちの幸福感に与える影響を捉えるために、質問紙を用いて調査した。

　調査対象は、一日一善運動に取り組んできた本校5年生と、同村のM小学校5年生、隣り町のH小学校5年生。3クラスとも、学級担任は女性教諭で、学校環境も似ている。

(2) 調査に用いた質問紙

　子どもたちの幸福感を調査するために、次のような質問紙調査を10月に実施した。

> 「あなたは最近、どのくらい幸せ（うれしい・よかった・楽しい・満足など）を感じていますか」「①大変不幸」から「⑤大変幸せ」のうち、自分にあてはまると思われる数字に○をつけましょう。
>
> | ① | ② | ③ | ④ | ⑤ |
> |---|---|---|---|---|
> | 大変不幸 | どちらかというと不幸 | どちらとも言えない | どちらかと言うと幸せ | 大変幸せ |

(3) 結果

　「大変不幸」を幸福感1とし、「大変幸せ」を幸福感5として、調査の結果を図表I-5-4、図表I-5-5のように示した。

　図表I-5-4が示すように、本校においては、幸福感5に属する子が最も多く42.3％であった。M校5年生においては幸福感4に属する子が最も多く48.8％、そしてH校5年生においては幸福感3に属する子が最も多く45.5％であった。

第Ⅰ部　東日本大震災後の公益法人および公益研究

図表Ⅰ-5-4　本校・M校・H校5年生の幸福感　　　　　　（%）

幸福感＼群	本校5年生（26人）	M校5年生（39人）	H校5年生（33人）
幸福感1	0	2.6	15.2
幸福感2	3.8	5.1	0
幸福感3	15.4	17.9	45.5
幸福感4	38.5	48.8	27.3
幸福感5	42.3	25.6	12.0

出所：筆者作成。

図表Ⅰ-5-5　本校・M校・H校5年生の幸福感

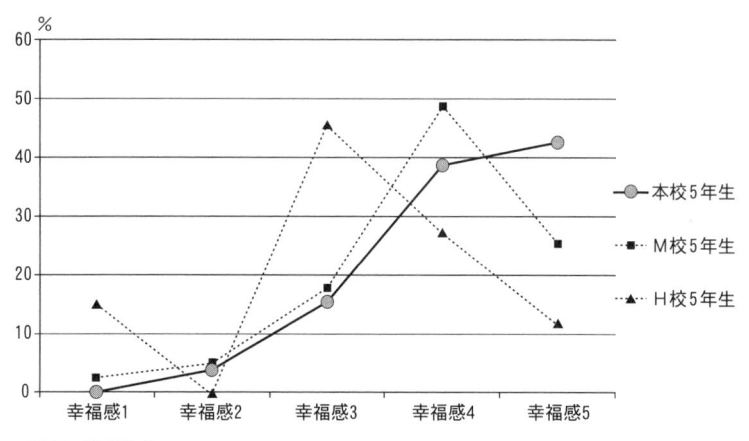

出所：筆者作成。

　また、図表Ⅰ-5-6が示すように、「大変幸せ」と回答した子の割合は、本校は42.3%であったが、M校5年生は25.6%、H校5年生は12%であった。
　「大変不幸」と回答した子の割合は、本校においてはゼロであった。一方、M校5年生は2.6%、H校5年生は15.2%であった（図表Ⅰ-5-7参照）。

図表Ⅰ-5-6　「大変幸せ」と回答した子の割合　　図表Ⅰ-5-7　「大変不幸」と回答した子の割合

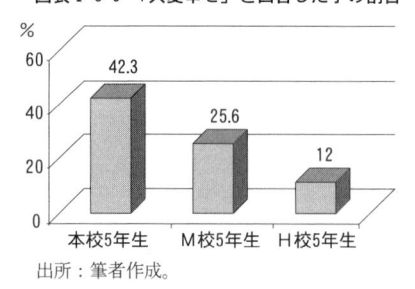

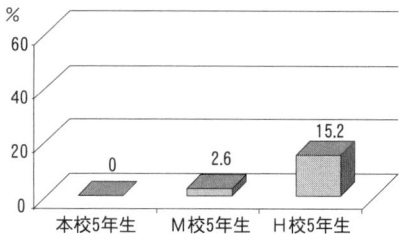

出所：筆者作成。

(4) 考察

　子どもたちの幸福感が高いことは大切なことであるが、もっと重要なことは、子どもたちがどんなことに幸せを感じているかである。そのことを捉えるために、次の質問紙を用いた。

> 　学校でうれしかったこと、楽しかったこと、よかったことなど、心が満足する時はどんな時ですか、思いつくだけ書きましょう。

　この質問に対して、本校の36％は、一日一善運動のように人のために活動している時に幸せ・喜びを感じていた。これらの子どもたちは、「世のため人のため」の生き方が、生活に根付き始めていた。

　一方、M校・H校の5年生は、自分自身の望みが満たされた時、例えば成績が上がった、好きな物を買ってもらった、好きな遊びをしている時などに幸せを感じていた。「世のため人のため」の行動に思いを向けたり、幸せを感じる子は皆無であった。

　本校の子どもたちが、一日一善運動をする中で感じ取った幸せな気持ちを紹介する。

> 　ぼくは、一日一善とはどういうことかまったく知りませんでした。しかも一日一善はめんどうくさくて、「なにが、一日一善だ！！ぜんぜん楽しくないじゃないか。」と心の中でつぶやいていました。
> 　だけど、毎日こんな一善をしていると、いろんな人たちから「ありがとう。」と言われるようになりました。
> 　僕は、初めて、一日一善がこんなに楽しいものだと分かりました。
> 　それから、ぼくは、校門の所で、あいさつをするようになりました。あいさつでも初めは、ぼくが「おはようございます。」と言ってもだれも「おはよう。」と言ってくれなくて、つまらなかったけど、何度もあいさつをしていくと、「おはよう。」「おはようございます。」など言ってくれる人がだんだん増えてきました。
> 　ぼくは、このことから一日一善というのは、人にいいことをするだけじゃなくて、自分を幸せにしてくれるということが分かりました。（A.S.6年）

> 　私がこの1年で成長したことは、下級生や同級生にいいことができるようになったことです。あれから何善したかわからないけれど、一善をして私はとっても幸せになったような気がしました。6年生になっても一善を続けたいと思います。（M.S. 5年）

> 　最初は、「はあ～、つかれるな。」とか言ってた人も、最近では楽しそうに一善行動をしています。僕も、今まで一日一善をやってきて本当によかったと思います。よいことをすると、相手も喜ぶし、自分も成長していくのでこれからもずっと続けたいと思います。（H.H. 6年）

　「人間最上の楽しみは善」（相馬御風）[4]という言葉があるように、本校には、利他的行動に喜びや幸せを感じている子が多くいた。

　以上のことから、一日一善運動に取り組んだ本校の子どもたちはM校・H校の子どもたちと比較して幸福感が高い傾向にあり、またその理由においても、後者の子どもたちに見られなかった「世のため人のための」の行動に幸せを感じている子が多くいた。このように、一日一善運動が子どもの幸福感に与える効果が見られた。

　ただし、このような協力や効果が、中学校や高校で実践した場合でも、同様に得られるかどうかは、判断がむずかしい。むしろ、中学生や高校生になると、これほど素直に協力、参加してくれることはないのではないかという不安も強く出てくる。それだけになおのこと、小学生時代に公益のことを考えたり、その運動に参加したりする体験をもつ意味があるのではないだろうか。

おわりに

　資本主義経済の発展にともない、ココロよりモノ・オカネ、公益より私益が優先される傾向が強まることがあった。競争社会なので、油断をすると、モノ・オカネ、私益が優位に立ちかねない社会状況なのである。

　そのような社会の影響を受けて育っている子どもたちも、純粋な一面、優しい側面を有しながら、自己保身、自己利益優先の傾向に染まり兼ねない。

いったんその方向に流れると、公益心の芽は育ちにくくなり、争いや競争の芽が育つ可能性が増えてくる。

ところが、最近続いた2つの大震災は、自発的にボランティア活動などに参加・協力する若者を全国的に増やした。阪神・淡路に、ついで東北に多くの若者が進んで参加し、被災者・被災地の支援活動を実践・体験した。

そのような状況をみて、特に被災地・被災者の実態についてテレビ等で自らの体験のように実感できていたので、生徒たちは、自分を超える必要、みんなのために活動する意味を自分のことのように分かってくれた。

ボランティア活動が歓迎、評価される社会は、公益と私益のバランスのとれた豊かな社会といえる。その中でこそ、人は安心して幸せに生きていける。子どもたちの未来を考えると、教師は学習と共に意図的・計画的に子どもたちに相互協力・相互貢献の意味を教えつつ、公益心の芽を育む必要がある。それができれば、対立や争い、またいじめも不登校もめったに発生しなくなるのではないか。

私は、管理職になってからも、公益活動の出発点となる一日一善運動を学校で奨励した。

校長自ら「善いこと通帳」を発行して、子どもたちに善行の記録を奨励した。学年によっては、善いことをしたら学級の掲示物「花咲き山」に花を増やしていく取組もしていた。善いことをしたら貯金箱にビー玉を貯めていく「徳積み」活動を実践している学年もあった。

そのような活動を通して、善行、良いことをすることが、照れくさいこと、カッコ悪いことではなく、自然に受け止められるようになったのである。教師が意図的に子どもたちの「自分を超える心」を観念や理念として上から教え込むのではなく、自分で自ら取り組むことによって目に見える形にしてあげた結果なのである。

6年生は、上級生として学校や下級生に奉仕・サービスするために、一日一善運動に取り組んでいた。上級生として下級生に手本を示すために、6年生のトイレのスリッパは、年間通していつもきれいに並んでいた。また、休憩時間に、下級生と一緒に校庭の草取りをする6年生、校舎内の落書き消し

をする「学校をきれいにし隊」のグループもあった。子どもたちの自主的な活動で、気持ちのいい校舎・校庭を維持できた。その気持ち良さ・心地良さを、生徒たちは実感することで、活動を継続できたのである。

（校長室で「良いこと通帳」を更新する子どもたち） 　（廊下の落書き消しをする「学校をきれいにし隊」） 　（休憩時間に校庭の草取りをする低学年生と高学年生）

〔写真は筆者撮影〕

　公益心の芽を育てる活動を5か年間継続して取り組んだ結果、思いやりが生徒の心に、また学校全体に培われ、広がったように思う。そして、念願のいじめゼロ、不登校ゼロを達成することができたのである。担任がクラスに全面的に責任をもつ小学校だからこそ可能であった実験・実践であったが、それも生徒と生徒の御家族、地域の皆さん、そして先生方のご協力があったので遂行できたものであった。今も皆さんに心から感謝している。

（新垣　千鶴子）

注
1）　小松隆二『公益の時代―市場原理を超えて』論創社、2002年、129頁。
2）　小松隆二・中野晃男・冨田來『共創カウンセリングの理論と実践―ひきこもり・不登校の人々と明るい未来のために』論創社、2011年、66頁。
3）　小松隆二『公益とは何か』論創社、2004年、42頁。
4）　前掲、小松『公益の時代』191頁。

篠笛ノススメ

鈴木　祐二

　私達が小学校以来教えられて来た古典的西洋音楽が、或る意味では特殊な音楽だと気が付いたのは、邦楽（篠笛・能管）に手を染めてからでした。アジアでもアフリカでも、音は無限にアナログで存在して居ます。江差追分のコブシは到底ドレミファソラシドの枠には納まりません。

　一方、洋楽はハーモニーが前提でしたから、約束事としてドの次はドの♯、次はレと云う風に音がデジタルに並びます。間の半端な音は「間違い」と指摘されます。つまり、音が規格化、標準化されているのです。柔道のポイント制のように標準化は拡がりを呼びます。そうして洋楽はいつしか「グローバルスタンダード」の地位を得、日本の音楽教育をも席捲して来たのです。

　しかし、文化は「違い」の中にこそ存在します。各地、各民族の音楽には「奥行き」が有り、心に響くサムシングが有ります。世界中の音楽に触れられていたら、音楽の授業もどんなにか楽しかったことでしょう。

　篠笛は篠竹に7つの穴を開け、中に漆を塗っただけのとても素朴な楽器ですが、機能の高度化したフルートとは異なった味わいが有ります。稽古に行くと師匠は「そこは賑わいですから」と風景を語るのです。そう、風景や風情が大切にされていて、むしろジャズみたいだとさえ思います。グローバルスタンダードも大切だし、9時から5時の世界では益々効率化・標準化・合理化も進みます。でも、一個の人間としての毎日は「白か黒か」とか「ドの次はレ」と云うものでは無く、その間の所に面白味が有るようにも思います。ビジネスでは一寸困る「曖昧さ」も視点を替えれば「間違い」では無く「お洒落」になります。

　この叢書をお読みになっている論理的思考の皆さんには、是非一度、篠笛を手にされることをお薦め致します。宮澤賢治が求め続けた「多面体としての人間」に近づく、ささやかな一歩が、そこには在るかも知れません。また公益学を含む全ゆる学問の創造的・先端的研究に資することになるかもしれません。

（三菱UFJ信託銀行顧問・前副社長）

第Ⅱ部
東日本大震災後の労働組合

第1章

労働組合と市民社会
―共益と公益をつなぐもの―

はじめに

　本稿では、近年の市民社会再生をめぐる議論のなかで、あまりとりあげられることがなかった労働組合と市民社会の関係について、労働組合が本務とする共益的活動と公益をつなぐものは何かという視点から考察する。

　まず第1節では、個人と個人をつなぐ紐帯としての自発的結社とそれらが形成する社会的ネットワークとして市民社会をとらえる視点から、労働組合と市民社会の関係を考えてみる。第2節では、労働組合員の他の市民団体への参加というルートを通じて労働組合と市民団体が潜在的につながっている可能性を国際比較調査のデータによって検証する。第3節は、日本の労働組合の地域レベルでの組織改革の実践を取り上げ、それが公益的活動への関与を通じた内部組織の活性化につながっていることを紹介する。第4節は、労働組合の共益的機能の公益的側面に着目し、労働組合がその本務である共益的活動に徹することは、実は結果として公益的帰結をもたらす可能性があることについて検討する。最後に、以上の考察を踏まえた展望を簡単に述べて「むすび」とする。

1. 労働組合と市民社会

　1989年東欧革命、ベルリンの壁崩壊以降の数年間、「市民社会の再生」「市民社会の再発見」の議論が世界中で巻き起こり、市民社会概念の転換が

起きた。すなわち、「国家にも市場にも属さない自発的結社が形成するネットワーク」として市民社会を理解することが一般化した。

たとえば、ハーバーマスは、『公共性の構造転換』「1990年新版への序言」で、一連の東欧革命の展開を「市民社会の再発見」と呼び、次のように述べている。「『市民社会』の制度的核心をなすのは、自由な意思に基づく非国家的・非経済的な結合関係である。もっぱら順不同にいくつかの例をあげれば、教会、文化的なサークル、学術団体をはじめとして、独立したメディア、スポーツ団体、レクリエーション団体、弁論クラブ、市民フォーラム、市民運動があり、さらに同業組合、政党、労働組合、オールタナティブな施設にまで及ぶ」(ハーバーマス 1990＝1994 ; p. xxxviii)。

日本においても1990年代初頭にはこうした世界の潮流を受けて、ポスト社会主義の時代における市民社会論が論壇を賑わせた。そして、1995年の阪神・淡路大震災を契機とするボランティア活動への関心の高まりは、そうした活動を組織する自発的結社としての市民団体の興隆をもたらした。1998年特定非営利活動促進法（いわゆるNPO法）制定以降、市民団体の社会的認知は格段に進み、いまでは、「市民社会」という言葉が「市民諸団体」を意味するような国際的用語法も定着しつつある。

けれども、こうした近年の「市民社会」をめぐる議論のなかで、労働組合が明示的に登場することは少ない。市民的公共圏を形成する主体は、いわゆるNPO法人あるいは公益目的の法人・諸団体であると考えられることが多いからである。少なくとも、ハーバーマスのように市民社会の核心にある非国家的・非経済的な結合関係の中に、労働組合を明示的に含める議論は、日本においてはあまり一般的ではない[1]。

たとえば、『平成12年国民生活白書』は、公益団体の範囲についてのもっとも一般的な説明として、図表Ⅱ-1-1のような整理を行っている。この白書の主たる分析対象は、①1998年に施行された「特定非営利活動促進法」により認証を受けたNPO法人、②任意団体（権利能力なき社団）として活動しているボランティア団体、市民活動団体のふたつである。これに、③の各種法人団体を加えたものが「公益団体」の範囲とされている。労働団

図表Ⅱ-1-1 民間非営利団体（NPO）に含まれる団体の種類

①	②	③					④		
特定非営利活動法人（NPO法人）	ボランティア団体	市民活動団体	社団法人	財団法人	社会福祉法人	学校法人	宗教法人	医療法人	町内会・自治会	労働団体	経済団体	協同組合等

最広義 → 全体
アメリカで一般に使われている範囲 → ②〜④の町内会・自治会まで
『平成12年国民生活白書』の対象範囲 → ①〜③
最狭義 → ①

公益団体：①②③＋町内会・自治会
共益団体：労働団体、経済団体、協同組合等

注：2008年の公益法人制度改革により③の「社団法人」、「財団法人」は、「公益社団法人」「公益財団法人」「非営利一般法人」「その他の一般法人」に移行した。
出所：経済企画庁（2000）『平成12年度国民生活白書—ボランティアが深める好縁』。

体、経済団体、協同組合等は共益団体に分類され、最広義のNPOには含まれるけれども、「不特定多数の者の利益」（公益）ではなく、組織構成員など「特定の者の利益」（共益）に活動や事業の対象を限定している点で、原則として市民的公共圏における「民間による公益」の担い手とはみなされない。

たしかに、「公益」を本務とする市民団体を、市民による下からの公益の主たる担い手とすることはごく自然である。なおかつ、国際比較的にみれば、「公益」を本務とする市民団体がいまだ発展途上にある日本の状況を考えると、こうした考え方には政策的な意義も存在するといえる。

けれども、個々の市民団体をその目的と性格に基づいて分類整理する実体論的な見方とならんで、市民社会を構成する市民団体を関係概念としてとらえる視点もある。すなわち、諸々の市民団体が人々をつなぎ、さらにはそこに参加する人々のつながりを通して団体間のネットワークが形成されること

を、市民的公共圏における公益的活動の基盤として重視する考え方である。前述したハーバーマスの議論は関係概念的市民団体観に立脚している。「結社の理論家」トクヴィルの注目したところもまた、個人と個人をつなぐ紐帯としての自発的結社とそれらが形成する社会的ネットワークであった。

　市民団体についての実体論的な見方と関係概念的な視点は、いずれかが正しいというわけではない。現代市民社会の複雑な実態を理解する上では、この2つの視点に限らず、さまざまな角度からの複眼的考察が必要とされよう。とりわけ、共益団体としての労働組合が公益にどのように関わっていくかを考える時には、市民団体の関係概念的把握が有益である。そこで、次に、労働組合は他の市民団体とどのように結びついているのかを、諸団体に参加している個人に着目して考えてみることとしよう。

2. 労働組合員の他の市民団体への参加

　労働組合とは、ウェッブ夫妻の古典的な定義によれば、「賃金労働者が労働生活の諸条件の維持・向上を目的として結成する持続的結社」である。それは、まずは生産者の領域における民主制、すなわち産業民主制の担い手である。けれども、その構成員としての組合員は、実は社会に生きる人間として、当然ながら多面的な行動主体であり、かつそうした多面性を究極的に統合する主体でもある。彼あるいは彼女は、自然人として生態系に属し、生産者として財・サービスの生産に携わり、消費者として国内需要の一翼を担い、市民として地域社会・全体社会を構成し、個人として自己を表現し、大衆として標準的な生活を志向する。あるいは、朝に狩をし、夕べに哲学をするかもしれない。労働組合は、企業に対して、要求し、交渉し、協議する団体であると同時に、さまざまな政治活動、社会運動、地域活動、あるいは文化運動にも携わってきた[2]。それは、ある意味で当然の成り行きといってもよいだろう。

　労働組合に限らず、あらゆる市民団体は、当該団体構成員の他の団体との関係を通して、他団体と潜在的なつながりを持っていると考えられる。たと

えば、ある組合員は、教会の熱心な信者であると同時に、環境保護団体に所属し、またその友人を通してスポーツ同好会ともつながっている、等々のようなことが考えられる。このような個人を媒介にする団体間の潜在的つながりは、ある社会における市民団体の密度（団体加入人員の人口比）が高ければ高いほど、広く、深くなることだろう。

この問題にアプローチするひとつの試みとして、市民団体の密度、団体間の構成員の重複度、そして労働組合の他の市民団体への参加状況について、世界価値観調査[3]（World Value Survey）の個票データの集計を行った。

世界価値観調査は、第1回（1981－84）、第3回（1994－99）、第5回（2005－07）の調査で、① 宗教団体、② スポーツ・レクリエーション団体、③ 文化芸術団体、④ 労働組合、⑤ 政治団体、⑥ 環境保護団体、⑦ 専門職団体、⑧ 慈善団体、⑨ その他のいずれかのグループの市民団体のメンバーであるか否かを問うている。この設問を利用して、調査対象となっている「18歳以上成人人口」の市民団体への参加状況を知ることができる。ここでは、OECDあるいはEU加盟国の第3回（1994－99）と第5回（2005－07）調査を分析対象とし、データの得られる26ヶ国のサンプルをプールして集計を行った[4]。

まず、市民団体密度についてみてみよう。図表Ⅱ-1-2は、市民団体加入率（① 宗教団体、② スポーツ・レクリエーション団体、③ 文化芸術団体、④ 労働組合、⑤ 政治団体、⑥ 環境保護団体、⑦ 専門職団体、⑧ 慈善団体、⑨ その他のいずれかのグループの市民団体のメンバーであると回答した者の割合）と、平均加入団体数（1人の人が加入している市民団体グループ数の平均値）というふたつの市民団体密度指標について、各国の数値をプロットしたものである。市民団体加入率の高い国ほど平均加入団体数も大きくなる傾向がはっきりとうかがえる。これは一見当たり前のことのようではあるが、重要な含意がある。市民団体に加入する割合が高い国では、加入率がどれかひとつのグループの団体に集中しているのではなく、いくつもの団体に重複加入している人が多い。つまり、市民団体密度が高くなるほど、団体構成員を媒介にした団体間の潜在的つながりが拡大し、団体間ネットワーク形

図表Ⅱ-1-2　市民団体密度の国際比較―市民団体加入率と平均加入団体数（1994－2007）

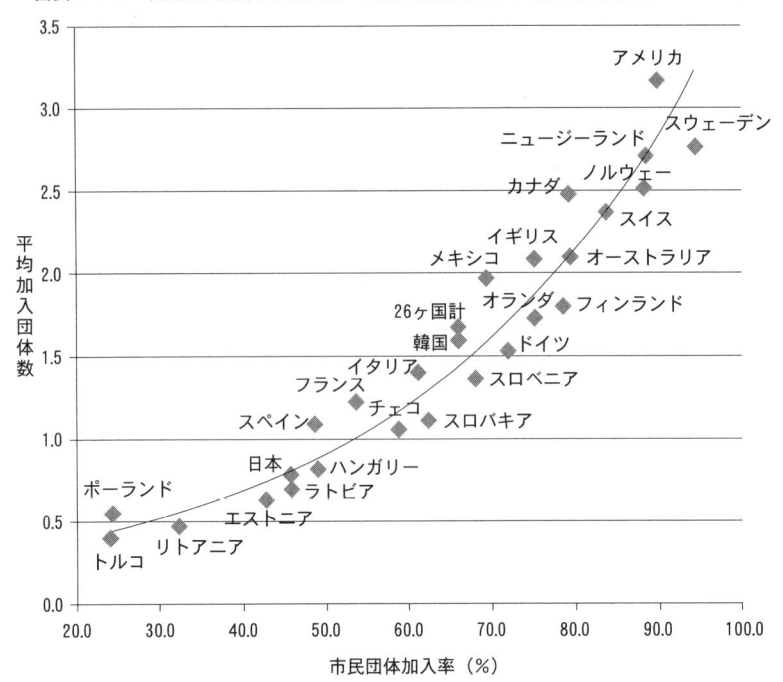

注：1．市民団体加入率：①宗教団体、②スポーツ・レクリエーション団体、③文化芸術団体、④労働組合、⑤政治団体、⑥環境保護団体、⑦専門職団体、⑧慈善団体、⑨その他のいずれかのグループの市民団体のメンバーであると回答した者の割合。
　　2．平均加入団体数：1人の人が加入している市民団体グループ数の平均値。
資料出所：「世界価値観調査」第3回調査（1994－99年）および第5回調査（2005－07年）。

成の可能性が強まると考えられるのである。

　それでは、市民団体間のメンバー重複関係はどのようになっているのだろうか。労働組合の加入者のうち他の団体グループに加入している者の割合を主要国と26ヶ国計について示すと、図表Ⅱ-1-3のようになる。労働組合加入率は雇用労働者以外の者も含む全サンプル（18歳以上の成人）を分母として算出しているので、通常の労働組合組織率（雇用労働者に対する労働組合員の比率）と概念的に一致するものではないが、おおむね各国の労働組合組織率に近い数値となっている。ただし、日本については低めに、アメリカ

第1章　労働組合と市民社会

図表Ⅱ-1-3　労働組合加入者の他の市民団体への参加度

	労働組合加入率	宗教団体	スポーツ	文化芸術	政治団体	環境団体	専門職団体	慈善団体	その他	平均加入団体数
イギリス	18.4	49.0	57.3	48.4	34.4	31.8	50.0	48.4	1.0	3.2
フランス	10.8	20.4	61.1	43.5	30.6	36.1	37.0	44.4	5.6	2.8
ドイツ	16.0	38.7	48.8	20.9	14.7	13.2	20.6	22.7	15.5	2.0
スウェーデン	60.9	43.7	49.9	24.7	14.1	13.4	21.7	28.5	34.9	2.3
日本	11.2	9.7	20.9	12.6	9.4	2.9	23.6	5.9	7.0	0.9
韓国	8.7	51.5	56.2	55.6	37.0	46.1	34.3	46.1	30.6	3.6
アメリカ	19.9	77.8	56.3	52.5	72.2	45.5	53.6	54.9	33.0	4.5
26ヶ国計	19.3	46.8	45.8	34.0	26.2	22.4	32.7	30.6	20.4	2.6

資料出所：「世界価値観調査」第3回調査（1994-99年）および第5回調査（2005-07年）。

については高めに出ていることに留意が必要である。ここでは、労働組合員が他の市民団体にどの程度加入しているかに注目してみていくこととしよう。

まず、26ヶ国計の数値によって全体の傾向をみると、労働組合員の多くは他の団体にも重複して参加している。加入率の多い団体グループは、第1位が宗教団体（46.8％）、次いでスポーツ・レクリエーション団体（45.8％）、文化芸術団体（34.0％）と続いている。平均加入団体数は2.6であった。

平均加入団体数は労働組合員が他の団体に重複加入している度合いを集約的に示す指標であることから、これによってみていくと、平均加入団体数がもっとも多いのはアメリカ（4.5）で、次いで韓国（3.6）、イギリス（3.2）となっていた。アメリカの組合員の他団体への加入率の高さはきわだっており、第1位宗教団体（77.8％）、第2位政治団体（72.2％）は7割を超え、これに次ぐ4つのグループも50％を超える加入率となっている。これらの国に比べると、日本の組合員の他団体への加入率はおしなべて低い。加入率第1位は専門職団体（23.6％）、次いでスポーツ・レクリエーション団体（20.9％）、文化芸術団体（12.6％）となっており、これ以外はすべて10％未満の加入率である。平均加入団体数は0.9で、26ヶ国計の3分の1程度の水準に

とどまっていた。これは、市民団体密度の低さの当然の帰結であるともいえる。

　アメリカや韓国は労働組合組織率の水準は相対的に低いけれども、組合員の他団体への重複参加の度合いの高さという貴重な運動資源を持っている。1990年代半ば以降、アメリカの労働組合運動では、「社会運動的労働組合運動」（social movement unionism）と呼ばれる運動路線への転換が顕著になってきた。その特徴は「労働組合の共益の範囲を越えて、より広く地域社会や全体社会レベルでの公益に関心を持ち、そうしたレベルでの社会変革を志向する」（福井 2005）ことである。地域レベルではさまざまな市民団体の公益的活動との有機的連携のもとに労働組合の組織化や労働条件向上の取り組みが進められている[5]。2013年9月のAFL-CIO大会では、労働組合の定義を大胆に見直し、「永続的な労働組合とコミュニティの連携協力関係の構築」をめざして、環境保護団体「シェラクラブ」、「全米黒人地位向上協会（NAACP）」などの市民団体をパートナー構成組織としてAFL-CIOの意思決定に正式に参加させるという画期的な戦略転換を行った。アメリカにおける市民団体密度の高さと、組合員レベルでの市民団体とのつながりの深さは、こうした「社会運動的労働組合運動」展開の重要な基盤になっていると考えられる。

　市民団体の密度に関する以上の観察結果からすると、日本の労働組合運動が市民団体との有機的連携のもとに公益につながる運動を進めていくためには、市民団体とのつながりを深めると同時に、みずからも市民社会の一員として公益的市民活動促進への積極的参加を進めて行く必要があると考えられる。そこで、次の節では、地域レベルでの取り組みを中心に、労働組合の公益的活動への関与の最近の動向をみていくこととしたい。

3. 地域レベルでの労働組合の公益的活動への関与

　1995年はボランティア元年と呼ばれる。この年1月17日に発生した阪神・淡路大震災を契機に、それまでのボランティア活動従事者の範囲をはる

かに超えた広範な市民が、日本列島の隅々から災害ボランティアとして現地の救援および復興支援活動に参加した。連合もまた、現地にボランティアを派遣するとともに、大規模なカンパ活動など、これまでにない取り組みを展開した。そして、4月18日には「市民・連合ボランティアネットワーク」が発足する。それは、地域のボランティアグループと全国的な市民活動団体（NPO）が連携して、阪神・淡路大震災被災地の復興と新しい地域づくりを目指して活動するネットワークであり、東京の連合本部に中央事務局を置き、3箇所の現地事務所を設置して、全国レベルでの運動を展開する画期的なプロジェクトであった。1995年は連合にとってもボランティア元年であり、市民団体との本格的パートナーシップ形成の元年でもあった。この時の経験は2011年の東日本大震災発生後の被災地支援、復旧・復興活動にも継承されていく[6]）。

　ボランティア元年以降、一般組合員の中でも様々な公益的市民活動に従事する人々が増えてくる。労働組合はこうした組合員のニーズに対応して、ボランティア休暇の実現などの環境条件整備、市民団体との連携の強化、組合自身が取り組む公益的市民活動の企画・実施など、さまざまな活動を展開していくこととなる。

　そうした経緯を経て、2000年代初頭に、連合の公益的活動への関与をめぐって、もうひとつの画期が訪れる。それは、2003年9月の『連合評価委員会最終報告書』の発刊と、その提言を受けた「地域で顔が見える運動」の実践である。

　連合評価委員会は、2001年10月の第7回定期大会で確認された『21世紀連合ビジョン』総論の中の「連合運動は、組織内部だけでなく、外部の評価にも耐えるものでなければならない」という問題提起を受けて、2002年3月に発足した有識者委員会（座長：中坊公平氏）である。1年半の討議を経て発表された最終報告書は、労働組合運動を取り巻く「危機の現状」の分析をふまえて、危機を克服するための「改革の課題・目標」を5つの柱に整理して提言している。その要諦は、企業別組合主義の閉鎖性を打破し、すべての働く者が結集できる開かれた運動体に向けての連合運動の再組織化であ

る。それは、特定の限られた集団利害のための組織から、「すべての働く者」（＝不特定多数）の利益を守るための組織への方針転換であり、本稿の文脈でいえば、公益的役割の重点化と読み替えることができるだろう。

　市民団体との連携強化による公益的活動への接近という視点からは、提言5「新しい協力と連帯の中心に連合が立つ」の冒頭にある「ネットワーク共同体としての労働運動」という問題提起がとりわけ注目される。そこでは「市民的参画と社会変革のためのネットワークを連合が中心となり作り上げることが必要である。労働組合は「民力」の結節点であるべきである。社会正義の実現、時代の不条理に取り組む民主勢力の基点となることが労働組合には求められている」として、連合運動が時代の要請に応えることの重要性を指摘するとともに、「組合員1人1人がNPOに参画すること」を通じた組織活性化を具体的に提言している。この提言は、前節で述べた、労働組合自身が日本における市民団体の密度を高めていくという課題に密接に関連するといえるだろう。

　「地域で顔が見える運動」の実践は、すべての働く者に開かれた運動を地域で具体的に展開するための組織改革である。連合評価委員会の提言を受けて、2003年10月第8回定期大会では、連合の財政と組織のあり方を検討する「組織・財政委員会」が発足した。その主要課題のひとつとして、当時全国483箇所に置かれていた地域協議会の構造と機能の見直しが取り上げられたのが事の発端であった。

　地域組織強化のスローガンは、これまでにもいくたびか繰り返されてきている。労働組合組織のもっとも基礎的な単位である職場や事業所の組織は、具体的な地域に根を張って存在している。そうした草の根の組織が活性化しない限り、運動の活力は生まれない。したがって、地域労働運動の強化は、理念的には永遠の課題といえる。今回の地域組織改革が画期的な点は、抽象的な運動スローガンにとどまることなく、ヒト・モノ・カネの組織資源の再配置という具体的な措置をともなって改革が進められたことである。

　「組織・財政委員会」での検討に基づく答申を受けて、2005年10月第9回定期大会では「地方連合会・地域協議会改革の具体的実施計画」提案され

た。地域協議会に期待される機能は図表Ⅱ-1-4 に示す 10 項目が提起されている。

「① 交渉機能」は既存の組合員の共益を守るための交渉ではなく、未組織労働者を対象に「地域ユニオン」（地域協議会直属の個人加盟組合）への組織化も展望した「労働相談や労使紛争解決機能」のことである。不特定多数の労働者に開かれた公益的機能とみなすことも可能であろう。「② 中小労組支援機能」は労働組合に組織化されているものの共益に属する側面もあるが、「雇用労働者以外の労働者（＝雇用と自営の境界にある従属労働者）に対する支援も行う」とされている点では、労働組合の外に向かって開かれた公益的側面もある。「③ 共済機能」から「⑩ ネットワーク機能」までは、すべて不特定多数の利益に向かって開かれた役割が想定されているといえるだろう。

図表Ⅱ-1-4 に示す様々な新しい機能を果たすためには、専従者（ヒト）、専用事務所（モノ）、財政基盤（カネ）の組織資源が必要となる。「地方連合会・地域協議会改革の具体的実施計画」の立案にあたった高橋均氏（当時、連合本部総合組織局長）は、次のように述べている。「しかし、問題は財源であった。・・・立案者としては 20 円の（連合）会費値上げを提案したものの、構成組織の合意を取り付けることができなかった。そのため、地方連合会の協力を得て、地域協議会を全国 300 箇所程度に再編しつつ、本部財政 40 億円のうち新たに 3 億円を地域協議会の交付金に上乗せすることで、ようやく計画の第 1 段階として 2005 年 10 月から全国 106 箇所の地域協議会に専従者を配置することができたのである」（高橋 2013）。

その後、2009 年 10 月第 11 回定期大会では懸案となっていた連合会費値上げについては、2011 年 1 月 5 円値上げ、2012 年 1 月に 5 円値上げという案が承認された。連合月額会費の総額はそれまでの 85 円が 95 円となり、値上げ分 10 円（11.8％）は主に地域協議会の財政基盤強化にあてられることとなった。紆余曲折を経ながらも、組織の外に開かれた運動のために組合費の配分構造が主体的に変更されたことは画期的なことといえるだろう[7]。

こうして、ヒト・モノ・カネの組織資源の裏付けを得て、2013 年末現在

では「連合の地域協議会の拠点は 260 箇所に広がり、同様の意図から出発した労働者福祉協議会（労働組合、労働者福祉事業団体、生活協同組合等で構成する勤労者福祉活動組織）のライフサポートセンター 219 箇所の拠点を合わせると、全国に 500 箇所近い地域拠点が活動するようになった」（高橋 2013）。

中村（2010）は、現在進行中の「地域で顔の見える運動」は、連合組織の外側と同時に内側に向けても「顔が見える」というふたつの意味があること

図表Ⅱ-1-4　連合地域協議会に期待される機能

機　能	具体的内容
①交渉機能	地協での地域ユニオン結成も展望し、労働相談や労使紛争解決機能を高める。
②中小労組支援機能	中小・地場・パート労働者などから日常的に頼りにされる拠り所にしていく。同時加盟・複数帰属も検討。雇用労働者以外の労働者に対する支援も行う。
③共済機能	労福協や労働金庫・全労済、生活協同組合などとの連携で、共助の機能を重視する。
④生活相談機能	法律相談（交通事故示談・相続・離婚など）、多重債務問題、税務相談、介護や育児・女性の相談、市政全般にわたる相談、定年前のライフサポート相談、自宅のリフォームやパソコン教室に至るまで、勤労者の多岐にわたる生活上の相談に対応していく。
⑤政策提言機能	さまざまな生活相談の個別解決の積み重ねを政策としてまとめ、行政に対して政策提言していく。
⑥働く人の街づくり機能	住みやすい環境、街づくりに組合員の知恵やノウハウを持ち寄り、地域おこしをプランする。
⑦中小企業支援機能	中小企業勤労者福祉サービスセンターの活用、各種助成金相談を行う。金融支援の可能性も追求する。
⑧退職者の拠り所機能	雇用されなくなったときに労働運動へ参加できる場となる。生涯組合員構想を実現させる。いつでも退職者が集まれる場所となる。
⑨職業紹介機能	離職者・失業者の就職支援を行う。行政との連携、労使就職支援機構を活用する。スキルアップのための職業能力開発を支援する。
⑩ネットワーク機能	NPO、ボランティア団体との間にネットワークをはり、多様な知恵を活用し、市民運動のパワーと連携する。

注：語句を修正、追加した箇所もある。
原出所：「第二次組織財政確立検討委員会・答申」（2004 年 10 月 6 日、第 43 回中央委員会答申）、日本労働組合総連合会『第 9 回定期大会一般活動報告』（2005.10）所収。
出所：中村（2010）50 頁。

に着目する。「内側に顔が見える」とは、「連合運動の内部にいる人々、地域に暮らし働く組合役員や組合員に連合の顔が見えてくる。地協が活性化する」。組織の活性化は眠っていた組織資源の活用を促進し、「外側に顔の見える運動」の展開につながっていく（中村 2013 ; pp.186-187）。

地域労働運動の再活性化をめぐる近年の運動の実践は、共益的活動の充実に向けての内包的深化が、公益的活動に向けての運動の外延的拡大と深くつながっていることを示唆する。次節では、労働組合運動がその本務とする共益的活動を通じて公益につながっていく道筋について考えてみたい。

4. 労働組合の共益的機能の公益的側面

労働組合がその目的とする「労働生活の諸条件の維持向上」の実現は、労働組合員のための共益的機能に属し、不特定多数のみんなの利益である公益からは遠いように思われる。けれども、労働組合員という限定された集団の共益は、実は、雇用労働者全体の利益を考慮に入れない限り、十分に達成できない。第一に、できるだけ多くの労働者を組合員の仲間に加えて影響力の強化をはかる必要がある。目標は雇用労働者全員の組織化であり、もしそれが実現すれば共益は限りなく公益に近づく。第二に、労働組合が獲得した労働条件や権利を社会的に定着させるためには、法的制度として確立し、普遍化する必要がある。歴史的にみれば、そのような共益的成果の普遍化によって最低労働条件や社会保障制度の枠組みが形成されてきた経緯がある。第三に、労働組合運動を突き動かしてきたものは、「労働生活の諸条件の維持向上」という共益的利害と同時に、公正な社会という共通善を追求する理念であった。両者のバランスは常に均等に保たれるとは限らなかったけれども、どちらか一方に純化することはなかった。だから、労働組合の活動には「運動」的側面が常に随伴するのであり、社会労働運動として実践されてきたのである。

このように考えると、労働組合の世界では共益と公益が二律背反ではなく、深くつながっていることがわかる。けれども、共益的活動の成果が、結

果として公益的側面を持つことにも注目する必要がある。

　たとえば、ウェッブ夫妻は『産業民主制論』(1897年)の中で、労働条件の「共通規則（Common Rule）」の確立が、結果として国民的効率の改善をもたらすという議論を展開した。夫妻によれば、労働者の集合的意思を代表して、使用者あるいはその団体と雇用・労働条件について取り引きを行う団体交渉の特質と意義を読み解くキー・ワードは、労働条件決定における「個別的特殊事情」の排除にあるという。例えば、一方に、明日食う米にも事欠き、仕事さえあればいくらでも働きたいという労働者がいて、他方に人並み外れた体力にものをいわせて、低い賃金率のもとでも、目いっぱい働くことで暮らしを賄える収入を稼ぎ出せる労働者がいたとしよう。もし、労働者が個人別交渉で使用者と取り引きを行ったとすれば、このような両極端の労働者の「個別的特殊事情」の作用によって、労働条件は低いレベルに引き寄せられてしまうだろう。

　団体交渉は、このような個人別交渉とは異なり、平均的労働者に着目して、労働条件の「共通規則」を確立し、一律に適用することを通して、労働条件決定における「個別的特殊事情」の影響を排除する。そして、この「個別的特殊事情」排除の論理は、単に個人レベルだけではなく、事業所間、地域間のそれをも排除する方向に向かわなければ完結しない。かくて、イギリスの労働組合は、職種別あるいは産業別の全国的団体交渉制度の確立を志向するに至ったという。

　「共通規則」の全国的・一律的適用による労働条件の平準化は、労働の質を引き上げることに寄与した。のみならず、低賃金・劣悪労働条件に収益の源泉を求められなくなった使用者は、貴重な労働を「うまく使いこなす工夫」（工程改善や機械化など）に力を注ぐようになり、こうした合理化努力もまた生産効率を改善した。かくして、「共通規則」の強制は、結果として国民経済の効率性を高めた、とウェッブ夫妻は論じた。

　20世紀後半における内部労働市場の発達をふまえながら、労働組合が経済効率の改善に果たす役割に新たな照明を当てた研究として、アメリカの労働経済学者フリーマンとメドフによる、「退出・発言」仮説に基づく集団的

発言機構としての労働組合に関する一連の研究がある。

　フリーマン・メドフ（1984）は、労働組合には2つの顔があり、各々が異なった労働組合観に結びつくという。

　第一の顔は、「独占の顔」である。これは、労働組合は、労働力の供給独占による賃金・労働条件の引き上げをめざす団体であるという、アメリカの伝統的な組合観の根底にある見方で、産業の非効率と不平等をもたらすとする組合排斥論にもしばしば結びつくことがある。

　これに対して、これまであまり注目されてこなかった第二の顔は、「発言の顔」であり、雇用労働者の利害を代表して、集団的に企業や社会に対して「発言」し、その声を制度的に反映するという労働組合の働きを指す。労働組合のこの側面に着目すると、それは、産業内における民主主義を促進し、不平等を縮小する存在である。そして、結果として、労働組合は経済効率の改善に貢献する可能性を持つ。

　フリーマン・メドフ仮説の日本への適用を試みた優れた実証研究として、中村圭介・佐藤博樹・神谷拓平（1988）がある。その結論を要約すれば、日本においても、労働組合は次のような役割を果たしていることが明らかにされた。

(1) 労働条件を向上させる
(2) 労務管理制度を整備させる
(3) 労使間のコミュニケーションを改善する
(4) 集団的発言機構として従業員の不満をすくいあげることにより離職率を低下させる
(5) 以上の結果として企業の生産性にプラスの影響を与える

　労働組合の経済的効果については、その後いくつかの実証研究が行われている。日本の労働組合が果たして「本当に役に立っているのか」はきわめて論争的なテーマであり、いまのところ、必ずしも決着がついているわけではない。けれども、大切なことは、労働組合の効果を、雇用と生活条件の維持向上という視点だけではなく、国民経済や産業、企業の効率性との関連も含めて、複眼的視点から、多面的考察を行うことである。

労働組合の本務とする共益的活動が結果として公益に結びついていく道筋は、この他にもさまざまに考えられよう。企業内意思決定への参加を通して、技能向上や人材活用を促進すること、あるいは企業の社会的責任（CSR）の制度化と運用に発言することによって「社会の公器」としての側面の充実をはかっていくことなどは、すでに多くの組合が何らかの形で取り組んでいる課題であり、企業の中に身を置く日本の労働組合の特徴を活かした活動領域といえるだろう。

おわりに

「十人十色の幸せさがし[8]」という名コピーとともに連合の運動はスタートした。誰しもが幸せを願う。当然だ。けれども、簡単に「幸せ」がみつかるほど世の中は甘くない。だからこそ人は努力する。それを支える仲間の輪が必要になる。このコピーは人々の共感を呼ぶツボを見事におさえている。

「一人はみんなのために、みんなは一人のために」も、古くから使われている労働組合の標語であるが、「みんなのために」尽くす道は一様でもなく、一律に強制すべきものでもないことを、労働組合運動の経験は教えている。まさに「十人十色」の「みんなのために」の道がある。多様な利害関心と価値志向を持つ諸個人が、なんらかの共通性を求めて多様な団体に関わっていくことは、ごく自然の成り行きといえるだろう。

ボランティア元年以来の日本の労働組合の最大の発見は、市民団体に参加し、さまざまな公益的活動に従事している組合員が数多く存在し、またそうしたいと考えている者もそれ以上に多いという事実であったかもしれない。それは、地域において、外に向けて「顔が見える運動」を展開することが、内部における組織活性化につながっていったことの重要な基礎的条件のひとつであったと考えられる。

けれども、残念ながら、日本における市民的諸活動の密度は、国際比較的にみて相対的にあまり高いものとはいえない。涙もろい隣人に囲まれた社会的孤立という寂しい現象があちこちでみられる。困窮する仲間をみたとき、

その窮状に涙し、救いの手をさしのべようとする共感の感情が日本列島の随所に存在し、その潜在力が大きな力となることは、今回の東日本大震災に際しても経験したことである。こうした他者への共感を社会的連帯として組織化し、持続的結社の形で社会に埋め込んでいくことが、これからの日本社会の大きな課題となるだろう。日本の労働組合は、保有する運動資源を外に向かって開いていくことによって、その課題に応えていかなければならない。そして、そのことは、社会運動体としての労働組合の再生の途に間違いなくつながっていくことだろう。

（鈴木　不二一）

注
1）　日本の労働組合の組織形態の基本は、企業を単位として、主に正規従業員を組織する企業別組合であり、しかも組合員の分布は大企業と官公部門に大きく偏っている。近年の「市民社会」をめぐる議論の中で労働組合があまり登場しない背景には、日本の労働組合が抱える宿痾の業病とも呼ぶべき企業内閉鎖性、特定集団の利害団体性という特質が大きく関係していると思われる。この点は、日本の労働組合が深く反省しなければならないところだろう。
2）　渡部徹編著（1959）『京都地方労働運動史』（京都地方労働運動史編纂会）は、戦前の京都地方の労働組合運動が、政治運動、社会運動、消費組合運動、あるいは文化運動など、広範な運動団体との連携のもとに社会労働運動として展開されてきた史実を詳細に明らかにしている。また、このような運動史編纂の伝統を継承して現在も編纂が進められている『大阪社会労働運動史』（公益財団法人大阪社会運動協会）は、世紀の大事業と呼ぶにふさわしい画期的な運動史であり、現在までに刊行されている全9巻は、総計8,741頁を費やして明治の草創期から今日までにいたる日本の社会運動を労働運動との関わりという視点から網羅的かつ詳細に記述し、分析している。
3）　世界価値観調査は、人びとの価値観や意識を比較・分析することを目的とする、世界97カ国・地域の研究組織による国際共同研究プロジェクト。「18歳以上成人人口」を調査対象に、1981年から合計6回の調査が実施されている。
4）　対象国はアメリカ, カナダ, メキシコ, オーストラリア, ニュージーランド, イギリス, ドイツ, フランス, イタリア, スペイン, スイス, オランダ, フィンランド, ノルウェー, スウェーデン, ポーランド, チェコ, ハンガリー, エストニア, ラトビア, リトアニア, スロバキア, スロベニア, トルコ, 日本, 韓国の26カ国、総サンプル数は5万7,968件であった。
5）　アメリカにおける社会的労働組合運動の展開過程は、同時に従来型の労働組合とは異なる新しい労働組織とそのネットワークが生まれてくる過程でもあったといわれる。その最新の動向は、遠藤・筒井・山崎（2012）に詳しい。労働組合と公益の問題を考えるにあたっても、日本における新しい労働組織、すなわち労働運動組織のニュー・

モデルの考察が不可欠の課題ではあるが、今回はそこまで立ち入ることはできなかった。残された検討課題としたい。
6) その詳細については後藤（2013）を参照。
7) 連合加盟組合の単組（企業別組合）レベルの平均月額組合費は、2008 年時点で 4,917 円であった（連合『第 16 回労働組合費に関する調査報告』）。この数字をもとに計算すると、連合会費の 85 円から 95 円への引き上げは、平均月額組合費に対する連合会費の割合を 1.7％から 1.9％に高める方向で、組合費の配分構造を変えたことになる。
8) 連合初代事務局長山田精吾氏の発案による標語

参考文献

ウェッブ, S.&B.（高野岩三郎監訳）『産業民主制論』法政大学出版会、1897 年（1969 年復刻版）。
遠藤公嗣・筒井美紀・山崎憲『仕事と暮らしを取りもどす―社会正義のアメリカ』岩波書店、2012 年。
経済企画庁『平成 12 年度国民生活白書―ボランティアが深める好縁』経済企画庁、2000 年。
佐藤慶幸「ボランタリー・セクターと社会システムの変革」佐々木毅・金泰昌編者『公共哲学 7　中間集団が開く公共性』東京大学出版会、2002 年、193-224 頁。
鈴木玲「社会運動的の労働運動とは何か―先行研究に基づいた概念と形成条件の検討」『大原社会問題研究所雑誌』No.562・563、2005 年、1-16 頁。
高橋均「連合評価委員会 10 年を振り返る」『生活経済政策』No.203、2013 年、17-21 頁。
中村圭介・佐藤博樹・神谷拓平『労働組合は本当に役に立っているのか』総合労働研究所、1988 年。
中村圭介『地域を繋ぐ』教育文化協会、2010 年。
福井祐介「日本における社会運動的労働運動としてのコミュニティ・ユニオン―共益と公益のあいだ」『大原社会問題研究所雑誌』No.562・563、2005 年、17-28 頁。
フリーマン, R・B、メドフ, J・L（島田晴雄・岸智子訳）『労働組合の活路』日本生産性本部、1984 年（邦訳 1987 年刊）。
ユルゲン・ハーバーマス（細谷貞雄・山田正行訳）『公共性の構造転換―市民社会の一カテゴリーについての探求（第 2 版）』未來社、1990 年（邦訳 1994 年刊）。
連合総研編『労働組合とボランティア活動―阪神・淡路大震災とボランティア』第一書林、1997 年。

ニュージーランドと公益

和田　明子

　日本初の公益学部を擁する東北公益文科大学（山形県酒田市・鶴岡市）には、ニュージーランド研究所が設置されている。公益の先駆国で、公益の宝庫であるニュージーランドからより良い社会を築いていくための実績や事例を学ぶこと、同時にその研究の最先端を進むことを目ざして、大学創立 2 年目の 2002 年にニュージーランド研究所は設立された。世界初の 8 時間労働制・全国的最低賃金制・児童手当制度などの社会政策・福祉分野のほか、非核政策などの環境分野、世界初の女性参政権を実現した政治分野などでも、先駆的施策が数多く見られる。

　私の専門である行政分野では、1984 年のロンギ労働党政権誕生に始まる行政改革が世界的にも先進的な改革として注目されてきた。日本で行政改革というと小泉元首相の改革が連想され、「民営化」あるいは「リストラ」のイメージで語られることも多く、必ずしも公益的視点とは結びつかないように思われるかもしれない。

　しかしながら、ニュージーランドの行政改革は無駄を省き効率化を図るだけではなく、主権者である市民が政策過程に参加する機会をも増加させるもの、すなわち「国民主権」の理念を具現化するものであったというのが私の見方である。

　日本で東日本大震災が起きたのと同時期に、ニュージーランドではカンタベリー大地震が発生した。大震災に対する両国政府の対応を比較しても、ニュージーランドでは「政府の役割は国民の生活を守ること」という基本理念が確立されているように感じる。

　要するに「政府・行政は何をなすべきか」ということに対する考え方が、日本とニュージーランドとでは根本的に異なるのではないかと感じるのである。

　以上が、私が 1988 年に初めてニュージーランドを訪れて以来感じ続けていることであるが、四半世紀を経た今でもそれを明確に論証できているとは言いがたい部分がある。今後もニュージーランド研究を続け、ニュージーランドの行政における公益的視点の存在を実証していくことが私の目標である。

（東北公益文科大学教授）

第 2 章
公益的労働運動とは
―総評労働運動という経験―

はじめに―公益的労働運動という視点

　公益という観点から労働運動について考える。これが本稿の主題である。まず公益とは何であるか。ここでは公益研究センターが編んだ『公益叢書第一輯』の序章「東日本大震災後の公益と公共、そして公益学」における小松隆二氏の言及に基づきたい。それによれば公益とは、「自分や身内を超えて、みんなの益、地域や社会全体の益のために、考えたり、活動したりすること」[1]である。この言及は労働運動にとってどのような意味をもつのか。
　ここではひとまず労働運動を、労働組合を中心とする運動としよう。この労働運動について多少とも考えたり、経験した人々は、これは正に労働運動の理念そのものではないかと思うかもしれない。だが同時にこれらの人々は、こうした理念を実現することが、労働運動にとって簡単なことではない現実も思い出すだろう。
　確かに労働運動の理念的スローガンとして、「ひとりはみんなのために、みんなはひとりのために」という言葉がよく聞かれる。また経営者との力関係を考えれば、労働者にとって一対一での対抗は難しく、だからこそ労働者はできるだけ沢山の仲間とともに経営者に相対する必要があるというのも、労働組合の世界では常識である。
　けれども、「みんな」あるいは「仲間」とは誰のことかと問われると、なかなかすぐに返事ができない。それでも労働運動の場合、労働者ととりあえず答えることはできるかもしれない。だがそのように頭ではわかっていて

も、見知らぬ人を自分の「仲間」と思うことはやはり容易ではないし、自分をその中の1人だと思う「みんな」とは、やはり慣れ親しんだ世界の人に限られるのは仕方がないことだろう。つまり「仲間」や「みんな」とは、常にそこから外れる人たちがいることを、暗黙の前提にしているのである。

それに加えて、そもそも労働組合は、基本的には自発的な結社による組織であって、その動機は相対的少数者の既得権益や特権の保護の場合も少なくない。にもかかわらず労働組合は、しばしば社会からそれこそ公益的なありようを求められる。昨今非正規労働者の問題が取り上げられる度に、彼らに背を向ける正社員の既得権益集団といった組合批判は、非正規労働者を中小企業労働者、非日本人労働者、非男性中高年労働者にいいかえれば、以前からあった労働組合批判の今日版ということにもなる。

こうしてみると労働運動とは、「自分や身内を超えて、みんなの益、地域や社会全体の益のために、考えたり、活動したりすること」が難しい現実を前に、それでもそうしたありようを規範的に求められる労働組合が、そのジレンマの中で、立場の共有が簡単ではない組合内外の人々をなんとか繋ごうとする架橋作業だともいえる。その意味で労働運動史は、言ってみれば私益組織が公益的たろうする場合の事例の宝庫でもある。

そこで以下では、この事例の1つとして、戦後日本の労働運動を1950年代から70年代まで実質的にリードした総評労働運動について考えてみたい。なぜ総評労働運動なのか。それはこの労働運動が、産業別組合という組織の括りが大きい欧米労組と異なり、利益の範囲がずっと狭い日本の企業別組合体制を前提とし、しかも、一貫して野党を応援したために、国家や政策を通じて勤労国民全体の利益に資する機会が限られた自民党一党優位体制の中で活動したからである。つまり本稿の問題関心である私益的労働組合の公益化を考えるのに、それは格好の事例なのである。

本稿のこの課題設定に対して、何もそのような歴史をひもとかなくても、私益的労働組合の公益化の格好の事例として、現代の労働組合の社会貢献活動があるではないかという主張もあろう。確かに今や企業別組合といえども社会貢献に無関心である組織は多くない。だがそこでは企業の社会的責任論

(CSR) に準じた労働組合の社会的責任としての意味合いが強く、必ずしも企業別組合の殻を破り、そこに集う組合員の意識を社会化しようという問題意識が鮮明ではない。総評労働運動は相当期間そうした意図を強く持って組合内外に働きかけ、公益が日常化した社会とそこに適した心構えと作法を身に付けた人間を作ろうとした。言い換えれば、総評労働運動は、利己組織である労働組合が利他心や利他行為を社会的に喚起する運動を展開した。ではそれはいかなる形で行われたのか。

1. 公益的労働運動としての総評労働運動

　総評労働運動の歴史的検証は初めてではない。1989年に総評という組織が解散する前後はもちろん、その発足当初から最近に至るまで、この組織とそこが展開した運動については、多くの検討が重ねられてきた。無論本稿もその蓄積の恩恵に与る訳だが、議論を整理するために、ここでは総評労働運動の議論のどこに関心を持つかを改めて示しておこう。
　前節で述べた様に、本稿は、総評労働運動が利己組織である労働組合が利他心や利他行為を社会的に喚起する運動をいかなる形で展開したかに関心があるのだが、中でも注目したいのはその仕掛けあるいは仕組みである。
　総評労働運動で意図された中心的組織は労働組合でありその組合員だが、総評自体は労働組合の全国組織であり、そこに企業別組合を産業別、業種別、地域別に束ねる連合体組織が加盟する仕組みになっている。もちろんそもそもこれらの連合体を作ったのは企業別組合であるが、その後これらの連合体は日本の労働運動を大きくリードすることになる。
　総評を含めこれらの連合体は、労働組合の主要任務である組合員の賃金労働条件を決定する経営者との交渉に直接関与しない。だが総評労働運動は組合員のみならず、広く言えば日本経済に大きな影響を与える仕組みを作り、そこに深く関わった。
　さらに総評労働運動は政治運動や社会運動にも大いに関係した。それも時には政党や他の社会運動組織との連携を超え、組合や組合員自身がさまざ

な政治的、社会的、文化的争点に意思表示する機会をもったし、そのための組織も作った。

　こうした総評労働運動のありようは、欧米を範とする労働運動の経験とは相当異なったものであり、それゆえにまた多くの議論を呼んだ。またその目指すところとその影響力の大きさのために、運動の内外で、労働組合の「本分」を逸脱したものと批判された。だがその批判の当否は本稿の課題ではない。かといって、そもそもこうした批判の吟味を含めて、夥しい活動と果てしない影響、膨大な資料と無数と言っていいほどの議論を（それ自体総評労働運動の公益性を反映していると思うが）、この限られた論考で丸ごと自己流に扱うことは無謀であろう。そこで以下では、本稿の関心にとって極めて重要な数人の議論に従って、公益的労働運動としての総評労働運動という議論の出発点を定め、己が考究の更なる展開とそこへ未来の仲間を誘う糧としたい。

2. 総評労働運動がしたこと

　総評（日本労働組合総評議会）は正式には 1950 年に結成され、1989 年に解散した。その解散時に機関誌である『月刊総評』最終号は、「総評労働運動総括の視点」という特集を組むが、その中に清水慎三「総評遺産とは—その歴史性と一般性」がある。清水慎三は前半は内部で後半は外部から総評の参謀（しばしば批判的）であると同時に、言葉遣いは違えどこの論考に非常に近い問題関心を持ち発言し続けた人である。

　清水氏はこの特集論文で、総評が本稿で言う「公益的労働運動」を主体的に担ったのは、発足してから 70 年代後半頃までと述べている[2]。それはまた日本の独立前から高度成長を経、石油危機までのいわゆる「戦後民主主義」という 1 つの特徴的な時代と重なる。これまでこの時代を表現する時、「高度成長」と「平和と民主主義」という経済と政治の 2 つの面での特徴が常に強調されてきた。ここで注目すべきはこれが表裏一体であったという点である。つまりこの時代、平和で民主主義を大事にする成長と、成長してこ

そ平和と民主主義が実感できるということが大事だったのであり、そこに未来に希望がもてた社会があり、生きる喜びを見いだした文化が起こり、人々はこうした時代の空気を吸いながらそれぞれの生の意味を感じ取った。清水の時期区分は、総評労働運動とはこうした時代の最大の公共財である「戦後民主主義の空気」を作り出すことにあったことを示唆している。

この「戦後民主主義の空気」に関して興味深い記述がある。それは戦後長く西日本新聞の政治畑を歩んできた坂本守が 1981 年に著した『社会党・総評ブロック―その形成・発展と崩壊過程―』[3]という本の中にある。これは当時既に黄昏の時期に入った総評を批判的に回顧する内容で、清水同様総評は何をしたのかという疑問を広く深く考察したものだが、その最初の方にこういう下りがある。

「自由主義者のジャーナリスト清沢洌は、当時の世相を『世の中は星に錨に闇に顔、馬鹿者のみが行列に立つ』と皮肉った。星は陸軍、錨は海軍であり、顔は役人、軍需工場・統制機関の幹部、市町村長、町内会長、隣保長などである。かれらのうちの少なからざる者が、地位や力を利用して物資の上前をはね、横流しをしてふところを肥やした。配給の行列に並んだ大衆は権力につらなる者の悪業を目の前に見て、よく知っていたのである……こういう体験を経てきたばかりの大衆は、理想をかかげつつ弱い者の後ろ盾になってくれる支援者が現れることを渇望しだしていたのだ。しかし『わが党こそ大衆の支援者だ』と名乗りをあげさえすればそれに応ずるわけではない。大衆は自ら資格審査をする。基準の第一は『ふたたび戦争の被害を受けることがない』ことと、『特権者に支配され、抑圧されない』社会を目指し、そのために献身する人たちであることだった。そして第二には、人はだれも自ら特権者の仲間いりすることを願うものであるから、『特権者の仲間入りしないことを担保する道学的純粋性を備えた人たち』であることを求めた。」[4]

「道学的純粋性」というのは非常にモラルの高いという意味だと思うが、

これが「戦後民主主義の空気」の1つの特徴だったとした場合、次の清水氏の総評労働運動についての言及は俄然注目すべき内容となる。

すなわち清水氏は、「総評を総評たらしめるものは、総評労働運動を推進してきた中央・地方の幹部・活動家の信条、情念、行動に体現される」とする。これを清水氏は「総評エートス」と表現するが[5]、このエートスを内に秘め、先に述べた「戦後民主主義の空気」という公共財作りに邁進した特権なき社会を目指して周囲に働きかけ、自身も特権を拒否した無数の人々、つまり本稿でいう公益的人間とそのために彼ら彼女らが周囲の人々と紡いだソーシャル・キャピタルこそが、公益的労働運動たる総評の資産だったことになる。

ではこの総評エートスは具体的に如何なる文脈で形作られたのだろうか。清水氏はそれをまず企業別組合を前提としつつその活動を階級的観点から見直し変えていく、すなわちより公益的観点に立った企業別組合に変えていく職場活動とする。もう一つの文脈は、「平和と民主主義」のための様々な催しで、総評とそこに集う組合員が主力を担い、さらにそれらの行動に労働運動以外の社会運動やその組織の参加を募る組織者や調整者として総評の活動家が貢献する大衆行動である。そして前者の企業別組合の公益化にとって、後者の大衆運動は重要な気づきと学びと実践の場になっていた[6]。

さらに清水氏は、筆者の言葉で表現すれば、こうした総評エートスを発揮する人材育成やそれらの人々の活動への共鳴を促す勤労国民向けのリテラシー教育やモラル教育を担うインフラ機構として、① 日本の勤労国民を網羅的に代表するための地域組織とそこを拠点とした様々な地域連帯活動、② 企業別組合をその中心的活動である労働条件決定において共闘させ、そこに日経連を通じて無組合の会社を含め経営側を集結させ、何層にも亘る経済調整機構を通じて賃金交渉を、国民生活の基準を民主的に更新する国民的年中行事にした春闘、③ すべての労働者がそれぞれの職場で問題に主体的に取り組もうとした時、それに正義を与え、時には全国からの心的人的物的な支援をも促す、そういう草の根労働運動の規範の浸透に努めた運動方針と、教育宣伝等も含めたその実践促進の継続的活動を挙げる[7]。

清水氏のこうした総評批評は、実は総評論のみならず日本の労組／労働運動論において秀逸かつ異彩を放っているが、これまで決して多く顧みられ或いは関心共有されてきたものではない。それは既成の議論の視野の限界にも関係するだろう。先にも述べたように、本稿にそうした過去の議論を回顧する余地も用意もないが、清水氏にとって恐らく、自ら深く関わった労働運動も社会主義運動もそれは人が人として互いを認め、共に働き支え合い、皆のために生み出した価値を共有する協同社会或いは連帯経済の時代に至る1つの道程であると同時に、その理想を部分的に先取りする、すなわち協同社会や連帯経済の日常的実践の積み重ねがそうした原理が横溢する未来への信念を強めるという壮大な思いに支えられていたのではなかったか。ここでは触れないが、彼の総評前、総評後の経歴と論考はこの筆者の想像を逞しくする。と同時に公益的労働運動とそれが目指すものの具体像とその裾野の広さに気づかされる。

3. 労働文化という公共財

実は清水氏はこうした総評による公益的労働運動の裾野を、「戦後革新勢力」という言葉で表現し、その中心的な組織基盤として「社会党・総評ブロック」という現実描写を広く流布させた。それらは当該運動の担い手達に戦略的な視座を与える自己表現であったと同時に、戦後政治の状況を活写する用語として、運動外の人々も含め広く受容された。この総評労働運動の外延にまで視野を広げた戦後日本の公益的労働運動の全体像を、戦後日本、とりわけ1950年代から70年代までを全盛期とする特徴的な政治体制、いわゆる「五五年体制」と呼ばれる広範な文脈の中に位置付けて、そのメカニズムを論じた秀作に、高畠通敏「大衆運動の多様化と変質」[8]がある。

確かにこの論考は政治学会の代表的論文であるが、それが内包する領域は政治経済、社会文化のこの時代に特徴的なありようを窺い知ることができる幅広さと奥行きを備えている。

高畠氏の問題関心は、少なくとも1950年代から70年代まで概ね自民党と

社会党を中心とする政党対立に収斂された戦後の保守と革新の政治対立を革新陣営の側で支えた革新国民運動（これも清水慎三氏が 1966 年に発刊した著書『戦後革新勢力』[9]）が社会的認識として定着させた）、すなわち労働運動を中心に農民運動、学生運動、女性運動、消費者運動、市民運動、平和運動、文化運動など多様で広範に及んだ戦後日本の大衆運動連合の盛衰とその仕組みやダイナミズムのありように向けられる[10]）。

　まず高畠氏は、「革新国民運動」の成立の特徴として、① 政治的条件、② 組織とリーダーシップ、③ 裾野の 3 点を挙げる。政治的条件とは 50 年代に保守政権が強行しようとしたいわゆる「逆コース」と呼ばれる一連の政策攻勢であり、これを戦前への復帰とみなした野党と諸団体は互いの諸々の対立を乗り越え、平和と民主主義を旗印に護憲という目標で一致団結、これが革新国民運動形成の組織的発端となった。そして独立による占領軍の報道規制解除が原爆を含む戦争惨禍の実情を国民に知らせることで、この運動への国民的共感が急増したのも更なる政治的条件に数えられる[11]）。

　そしてこの平和と民主主義のシンボルを国民に浸透させ、護憲を国民的運動目標にして諸政党・団体が結集する過程において非常に大きな役割を果たしたのが、無党派の知識人グループであった。「進歩的文化人」と呼ばれ、多様な思想的背景を持ちながら、戦後の新しい日本を作ることに共通の使命を見出した各分野の代表的知識人が運動の前面に出たことは、運動の統一を維持し広範な国民の支持を集めるのに極めて有効であると共に、この文化人達が、平和と民主主義、護憲といった革新国民運動のシンボル形成に非常に重要な役割を果たした[12]）。

　そして「裾野」である。高畠氏はこれに、「映画・演劇・舞踏・美術・文学・学術など各分野にわたる広汎な文化団体の活動」と、それらの団体と直接間接の結びつきを持ちながら、基本的には同好の人々が自主的に集まりながら、「職場や組合組織を網の目のように埋めていた活発なサークル活動」を当てる。これまで総評労働運動の裾野といっても職場や地域での草の根の政治的、経済的、社会的活動を念頭に置くことが多く、清水氏も含めてこうしたいわゆる文化活動とその意義に言及することは少なかった。だが高畠氏

は、先に2条件である政治的条件とそれをめぐるシンボル形成、すなわち二度と戦争をしない或いはそういう社会に生きたいという国民感情を実体化させる（高畠氏はこれを社会学者のスメルサーの言葉を引いて「一般化された信念」と呼ぶ）上で、これらの文化活動が果たした役割に注目するのである。それは「戦後民主主義の空気」という公共財の形成に果たした総評労働運動の役割という、本稿の問題意識と重なるところである。

　この革新国民運動の裾野としての文化活動だが、そもそも文化活動とは何か。文化を、ある時代と場所に存在した人々特有の働き方生き方暮らし方、或いは心に映る時代や世界のことも含め、働き方生き方暮らし方についての見方考え方だとするならば、文化活動とは、そういう生き方暮らし方或いは見方考え方を持つことの喜びや時には悲しみを他者に伝え、共有することだといえよう。革新国民運動の時代である1950年代から70年代前半には、この総評労働運動がいわば事実上のスポンサーとなったこの文化活動、もし労働という行為や労働者という主体、そしてそれらが未来のより良い社会づくりにとって決定的な役割をもつという信念で行動した労働運動が強い影響力をもった文化を労働文化運動というならば、この間の時代はその前の1945年8月15日までの文化形成に国家が強い影響力を持った時代と、その後のマスコミが矢張り強く影響する時代の間に挟まれて、「戦後民主主義の空気」づくりに絶大な影響力を及ぼした。

　この時代の労働文化運動は、改めて何十冊の本を要しても足りないほどの内容とボリュームを持った戦後日本人の貴重な生活体験なのだが、それをまとめる作業は驚いたことにこれまでほとんど手つかずのままである。筆者も長年是非やってみたいと思い続け、漸く本腰を入れ始めたところだが、ここではその決意表明にとどまらざるをえない。

　もっとも同時代人はその意義を良く理解しており、例えばフランス文学者であると共に大衆文化についての独自の視点から日本の文化批評に長く関わってきた多田道太郎は、1960年に当時の大衆文化を牽引したこの労働文化運動について以下の様な見立てを行っている。多少長いが本稿にとって重要な言及であると同時に、その運動批評言語が大事なのでそのまま引く。

「戦後日本において前衛政党、労働組合、消費協同組合などの組織が被支配者の共同の利益を守るために、さまざまの動きをしめした。文化の面では、それらの運動に微妙に見合うかたちで、またそれらに刺激されながら、戦前にはなかった規模で、大衆文化運動が行われた。昭和二十一年ごろから労働組合が中心になって推進した文化運動、昭和二十五、六年から各地の職場で群生したサークル運動（綴り方、コーラス、映画、読書などのサークル）、この二つをまとめて大衆文化運動と呼ぼう……映画、音楽などの芸術についていえば、芸術に対する個人の反応、情緒は、ひとによってさまざまであり、また非合理的であり……それら情緒をまとめる一定の組織をもちにくい。寄席のお客のように『気合が通じ合』っても、その気合によって成立したコミュニオンは不定形で一時的なものだ。非合理的であり不定形かつ一時的な個人の情緒を、どのようにして合理的、定形かつ永続的な組織にすることができるか。これが大衆文化運動の組織づくりの基本である。いやしかし、それより前にどうして個人の情緒を組織化する必要があるのか、これは失われ分解しつつあるコミュニオンを新しい原則によって再編するための運動であり、その底には、みんなでいっしょに芸術文化を受けとめ、受けてのつながりから発する息吹を芸術の送り手、創造者に伝えようという願望がある。その願望が人びとを情緒の組織化の方向におし進めているのである。戦後日本の大衆文化運動は、まったく新しいいくつかの面をもつ。しかし運動の底にあって、運動をつき上げているものは、むかしながらのコミュニオンの願望であった。むかしながらの願望がむかしながらのかたちでは実現できなくなったとき、願望は戦後十五年間、新らしい（ママ）自分のかたちを模索しつづけたといえる」[13]。

ここで特に注目すべきなのは、「情緒の組織化」と「コミュニオン」の「再編」という点であろう。コミュニオンとは一般には仲間という意味になるが、原義は聖餐式や聖餐拝領というキリスト教でいう霊的交わりで、その意味では同じ思いで心が通い合った仲間ということになる。これは生き方暮

らし方或いは見方考え方を持つことの喜びや時には悲しみを他者に伝え、共有することという先の文化活動の定義と正しく重なるものである。

　そしてこの文化運動の最も大事なところは、こうして革新国民運動において「平和と民主主義」や「護憲」という名の下で共有された生き方暮し方或いは物の考え方や見方が、日常生活の最も楽しい時間において体現されたことであろう。つまり、時に「平和と民主主義」や「護憲」という言葉で表現された「戦後民主主義の空気」が、ここでは個人個人の楽しい時間として可視化され、或いは五感で体験され、思い出として内面化され、それがそこに一緒にいた他者と共有され続ける。そしてここが一番重要な点だが、これが運動として組織されていたことによって、じぶん達と同じ様な経験をしている人々が沢山いることを知らされ、また想像されることによって、つまり文化活動の参加者達が、自らを1つの時代をつくる主人公として集合的に自覚することで、その一見私的な時間は同時に、多くの人達と繋がっているという感覚で公的な性格を帯びてくる。

　ここで高畠氏が、知識人達による革新国民運動の組織形成への貢献とそこでのリーダーシップに言及した後に、この文化運動を革新国民運動の裾野として考えている点は重要である。つまりそこにはこうした広大な文化運動を組織した草の根における無数のリーダーたちがおり、彼ら彼女らは知識人や文化人と呼ばれる職業についてはおらず、他の様々な仕事や生業を持ち、それらが終わった夜や休日を使って集まり、そのリーダーとしての役割も仲間と共におそらく代わる代わる果たしていたと思われる。だがそこには、それに相応しい教育を受けた者が教室やスタジオで作られるそれまでの或いはその後の文化と違い、労働文化とは、日常生活の中であらゆる人々によって、主体的に日夜形成されるものだという強いメッセージが込められている。

　同時にここには、私益が公益になる過程とそこにおけるリーダー或いは組織する者の多様なあり様とその生成過程が示唆されている。そこには公益の化学或いは生態学とでも呼べる様な考察課題が横たわっていると思われる。今そこで1つ考えられるのは、こうした公益的労働運動としての総評労働運動において、総評或いはそこに数多く存在した労働組合の役割とは、私益が

公益化する際の触媒ではなかったかと思う。触媒とはそれ自体は変わらないがそれに触れた物は変える性質のものである。つまり労働者やその家族、そして彼ら彼女らが住む地域の人々は、労組の多様な活動のどこかに関わることによって、或いはそれらの活動が社会に醸し出した当時の空気に触れることで互いに結び付き、それによってそうした結び付きを大切にする考え方や見方、生き方や暮し方をしようとする存在に変わっていった。そしてその結び付きの範囲は、さらに彼ら彼女らが様々な形でじぶん達の仲間として遭遇し或いは想像しえた国内外の色々な人々にまで広がっていったのではなかったか。総評とそこに参集した労組、或いはその時代に日本にあったあらゆる労組は概ね、こうした変化の過程で常にそこにあって心の化学反応を促す存在だったのだろう。

おわりに

本稿は公益的労働運動を考えるため、総評労働運動をその事例と考え、その仕掛けや仕組みに焦点を当て、具体的にはそうした問題意識に有益な過去の論稿を読み直してきた。そこで分かったことは、そうした仕掛けや仕組みとは、まずは制度や組織といった静態的なものとして捉えられがちだが、より重要なことはそれらの制度や組織或いはそれらが実際に展開した活動が直接もたらしたことを越えて、その結果活動の対象の間で何が起こったか、つまり本稿の文脈でいえば働く人々のアイデンティティや互いの関係性にどんな変化が起こったのか、それはなぜ起こったのかということにまで考察が及ぶべき、動態的なものとして捉えるべきということである。そうであるとするならば、こうしたアイデンティティや関係性というものは、それが存在する時間と場所が変われば異なる筈のもので、時間軸と空間軸が掛け合わされた社会的、歴史的空間の中で多様に再生産されることになる。つまり総評労働運動はユニークであるけれども、それが展開した公益的労働運動という性格は比較を通じて一般化が可能だということになる。こうした個別的であると同時に普遍的である公益的労働運動としての総評労働運動の可能性と限界

を考える作業は、今始まったばかりである。なお本稿に関連した議論をもう少し具体的な話で展開した論稿に、筆者が書いた「心をつくる労働運動―次世代日本を見晴かし―」[14)]がある。

（篠田　徹）

注

1) 小松隆二「東日本大震災後の公益と公共、そして公益学」『公益叢書 第一輯』2013年、12頁。
2) 清水慎三「総評遺産とは―その歴史性と一般性」『月刊総評』最終号、1989年8・9月号、15頁。
3) 坂本守『社会党・総評ブロック―その形成・発展と崩壊過程―』日本評論社、1981年。
4) 坂本、前掲書、28頁。
5) 清水、前掲論文、17頁。
6) 清水、前掲論文、16頁。
7) 清水、前掲論文、17-19頁。
8) 高畠通敏「大衆運動の多様化と変質」日本政治学会編『五五年体制の形成と崩壊―続・現代日本の政治過程―』岩波書店、1979年。
9) 清水慎三『戦後革新勢力』青木書店、1966年。
10) 高畠、前掲論文、323頁。
11) 高畠、前掲論文、324-5頁。
12) 高畠、前掲論文、325頁。
13) 多田道太郎「大衆文化運動」『近代日本思想史講座・5』筑摩書房、1960年、366-70頁。
14) 篠田徹「心をつくる労働運動―次世代日本を見晴かし」（公益財団法人連合総合生活開発研究所）『DIO』第280号（2013年3月号）。

公共サービス労働組合にとっての公益性

徳茂　万知子

　自治労という組織をご存知でしょうか？全国の市町村や都道府県の行政業務、自治体が設置する公営企業、財団法人・社会福祉法人・公益法人の職員、自治体の指定を受けて自治体の業務を行う指定管理者の職員等、非営利の法人や営利法人も含めて、公共サービスに従事する、職員と非正規労働者が加入している労働組合の連合体です。

　公共サービスは、戦後、長らく自治体が独占的に供給していましたが、小泉内閣の時代に劇的に変化しました。市場化テストという価格競争にさらされることになったためです。経済のグローバル競争の下、製造業が海外に拠点を移し、国内産業構造がサービス業にシフトし、政府と経済界が自治体業務の民間開放を強く迫った（いわゆる規制緩和）こと、また、国・自治体の財政悪化を背景に、超少子高齢社会への対応として介護・保育サービスを民間営利法人に開放したことが大きな要因でした。

　公共サービスは、俗に「ゆりかごから墓場まで」と言われますが、「市民が生活していく上で、欠くことのできないインフラ」と定義してみます。例えば、保健・医療・福祉・保育・介護・上下水道・交通・教育・・・等々。すでに、多様な主体が供給を担っています。ポイントは供給主体が営利法人か否かではなく、いかに市民に質の高いサービスを供給するか、また、市民にとっての公平・公正性が確保されているかにあると考えています。サービスの質の高さと公平・公正性の確保は、公共サービスにとって公益そのものであり、公益性を自治体と民間事業者が競うのは大歓迎です。しかし、実際には競争は価格競争でしかなく、人件費圧縮競争に陥っています。かくして世の中に非正規労働者が蔓延し、今日も増え続けています。自治体も例外ではありません。

　競い合うなら、価格だけではなく「公益性」そのものを比較し評価する指標が必要であり、総合評価で競わないと、公共サービスの受け手である市民にとって有益な競争にはなりえません。労働者に雇用不安や低賃金を強いておきながら、高い質のサービス提供を要求するのは虫が良すぎる話であり、しわ寄せは市民に回ります。

　自治労は、公共サービスの担い手である市民と受け手の市民が、市町村

長に対し公共サービスの質を問い、市民自治の深化を図るために、地方自治研究活動を通じて模索を続けていますが、この取り組み自体が自治労の公益性と言えるのではないでしょうか。

　また、公共サービスの民間開放が進行した結果、拡大してしまった、自治体非常勤職員の皆さんに、労使交渉の枠組みを使って自ら就労条件の改善にチャレンジできるよう、サポートすることも、労働組合活動の公益性にカウントできるでしょう。労働組合、まだまだ使える組織です。

〔元自治労副委員長〕

第 3 章

連合の非正規労働者等に関わる取り組み
―地方連合会の運動を中心に―

はじめに

　連合（日本労働組合総連合会）は、1989 年に結成された、日本最大のナショナルセンターである。52 の構成組織（産業別労働組合など）で構成し、組合員数は 675 万人である。47 都道府県には、それぞれに地方連合会という組織がある。
　このような組織である連合に対して、「組合員は正社員だけである」と誤解されている向きもある。しかし、組合員の 1 割以上はパートタイム労働者や契約社員など非正規労働で働く労働者である[1]。連合の構成組織で組合員数が最も多い UA ゼンセンは、組合員の過半数が有期雇用で働く労働者であるなど、非正規労働者を数多く組織している組合もある。
　また、連合は結成以来、「すべての働く者のため」の視点で、政策・制度の提言を行い、審議会への参加、政府・政党への要請、大衆行動などを通じて、その実現を目指してきている。とくに、雇用・労働政策の分野では、労働組合のない職場で働く労働者の保護の施策を重点に取り組んできている。連合が取り組み、実現した制度改正の 1 例を挙げれば、古くは 1993 年のパートタイム労働法の制定およびその後の改正がある。また、近年では、雇用保険の適用範囲を拡大する雇用保険法改正（2009 年）、社会保険の適用範囲を拡大する健康保険法等の改正（2012 年）等がある。
　非正規労働者の賃金については、中央最低賃金審議会および地方最低賃金審議会に参加し、最低賃金の引き上げの交渉を行っている。この点は、地方

の中小企業の経営者がパート従業員に対して「今年は時給を10円引き上げてやるぞ」とあたかも会社としての判断であるかのように語ったが、実は、地域別最低賃金が10円引き上げられたことに事後的に対応しただけだった、という話はよく耳にする話である。このような経営者の発言がもっともらしく聞こえるほど、地域別最低賃金の存在や役割、その決定方法などが一般の労働者に認識されていないのは残念なことである。

もちろん、「春闘」(春季生活闘争) をはじめとしたその他の活動分野においても、非正規労働者に関係する取り組みを充実させてきている。

本稿を執筆している2014年は、連合を結成して25年目の年である。1989年から2014年のこの四半世紀に、日本経済はバブル経済とその崩壊を経験し、グローバル化やIT化などを背景に、企業間競争が激化した。このような中で、完全失業率の上昇や非正規労働者の比率の高まりなど、労働者も労働組合も大きな変化の波を受けてきた25年間である。

本稿では、このような変化の中で、連合が非正規労働者の課題にどのような取り組みを行ってきているのかについて、上記の、政策・制度の取組(法改正など)や産業別組織の取組(組合への組織化など)は除いて、労働相談活動や地域ユニオン、若者の雇用問題への対応など、地方連合会における運動に焦点を当てて紹介したい。

1. 非正規労働者をめぐる現状

(1) 非正規労働者の増加

連合としての非正規労働者に関わる運動について述べる前に、まず、非正規労働者の状況について、簡単に振り返っておきたい。

総務省「労働力調査」によれば、連合結成翌年の1990年において、雇用労働者の中で、パート、アルバイト、契約社員、派遣社員等の非正規労働者が占める割合は、20.2%であった。これら非正規労働者の中心は、主婦パートや学生アルバイトである。その後、非正規労働者の比率は上昇し、2000年には26.0%と「4人に1人」となり、2007年には33.5%と「3人に1人」

が非正規労働者となった。

さらに、総務省「平成24年就業構造基本調査結果」によれば、役員を除く雇用労働者5,353万人のうち、非正規の職員・従業員は2,042万人であり、雇用労働者に占める比率は38.2%である。雇用されて働く労働者の4割近くが非正規労働者という状況になっている。性別では、女性の57.5%、男性の22.1%が非正規の職員・従業員である。

これらの非正規労働者は、雇用の不安定さと処遇格差、さらに能力形成の機会に恵まれないという課題を抱えている。前記の調査では、パートタイム労働者のうち、年間所得が「200万円未満」の者は、女性では93.0%、男性では79.2%である。これに加えて、労働者としての権利が十分に守られていないという実態がある。後述するが、連合に寄せられる労働相談では、有給休暇を取りたいと申し出たところ「パートには有給休暇はない」「アルバイトには労働基準法は適用されない」などと上司から言われたという相談が、未だに寄せられる。

(2) パートタイム労働者の組織率

このように大きく増加している非正規労働者は、まだまだ労働組合への加入率が低い現状にある[2]。厚生労働省「労働組合基礎調査」結果によれば、2013年のパートタイム労働者の推定組織率（組合加入率）は、6.5%である。労働者全体の組織率が17.7%であり、それに比べても低いと言わざるを得ないが、組合員数は91.4万人であり、5年前から30万人増加している。このうち76.8万人が、連合のパートタイム労働者の組合員である。多くの構成組織の組織化の努力により、パートタイム労働者を初めとした非正規労働者の組織化は進展し、取り組む業種も増えてきている。今後、さらにその取り組みを広げていく必要がある。

2. 労働相談活動と地域ユニオン

(1) 連合「なんでも労働相談ダイヤル」の活動

　非正規労働者に向けた対応として、連合全体として組織化（組合加入）に取り組んでいるが、より広範に行っているのが、電話による労働相談活動である。

　連合では、発足翌年の1990年1月より、電話による労働相談活動を開始した。これは、主に組合のない職場で働く労働者を広く対象としたものであり、非正規労働者に特化した取り組みではない。しかし、圧倒的多数の9割以上の非正規労働者が集団的労使関係の枠組みの外にいるという現状から、非正規雇用で働く労働者に向けた取り組みの柱の1つと位置づけている。

　「なんでも労働相談ダイヤル」は、東京・御茶ノ水の総評会館（現在は「連合会館」）内にある連合本部の事務所で受け付けるところからスタートした。当初は、フリーダイヤルではなく、「中小企業・パート労働者のためのなんでも相談ダイヤル」との名称であった。そのせいか、当時担当していた先輩諸氏によれば、孫娘の結婚相手を探す電話や「手形が落ちない」等々の文字通りの「なんでも」相談が寄せられたという。

　その後、1998年5月からは、「0120-154-052」（行こうよ、連合に）という全国共通番号のフリーダイヤルでの「なんでも労働相談ダイヤル」として展開している。これは、労働組合のない職場で働く労働者からの、職場でのトラブルや解雇や賃金不払いなどの相談に対応して問題解決をはかるとともに、労働組合づくりにつなげていこうというものである。

　連合「なんでも労働相談ダイヤル」は、相談者が電話をかけた地域の都道府県に所在する地方連合会（または、その下部組織の地域協議会）に電話がつながるようになっている。相談の電話に対応しているのは、全国に約100名配置している「連合アドバイザー」（多くは、労働組合の役職員のOB・OG）や地方連合会の役職員等である。地方連合会によっては、労働相談に限らず生活相談にも応じているところ（連合大阪「なんでも相談ダイヤル」）、

連合の地域ユニオンが相談に対応しているところ（連合福岡）、労働相談センターとして独自の組織を設置・運営しているところ（連合愛知）など、地域ごとの特色もある。

　また、相談体制だけでなく、広報・PR 活動にも地域の独自性が見られる。地域の組合役員も参加した中での街頭でのチラシ配布、新聞への折り込みチラシ、新聞広告、ラジオ・テレビコマーシャル、ラジオ番組の提供・出演、バス・路面電車の車体広告、連合キャラクター（「ユニオニオン」）を使ったグッズの作成・配布、ホームページでの PR 等を日常的に行っている。

　このフリーダイヤルのほか、連合本部に直接つながるフリーダイヤル回線がある。また、連合のホームページからはメールでの労働相談受け付けのシステムもあり、近年は、メールでの労働相談が増加傾向にある。

(2) 全国統一の集中労働相談キャンペーン

　連合「なんでも労働相談ダイヤル」は年間を通じた活動であるが、年に3回程度、時期とテーマを統一した集中労働相談を実施している。労働組合のない職場で働く労働者に、身近な拠り所としての連合の存在を知ってもらうとともに、労働組合のない職場でどのようなことが起きているのかを適確に把握し、問題提起や政策提言をしていくことも、この活動の役割の1つである。

　2013 年は、①2月7日～9日「非正規労働ホットライン―パート・契約・派遣・請負で働く人の集中労働相談―」（相談件数 1,109 件）、②5月27日～28日「働く女性の労働相談」（相談件数 677 件）、③12月10日～11日「就職後に泣かないための、就活応援ホットライン―その求人広告・求人票　大丈夫？―」（相談件数 430 件)を行った。

　①は、春季生活闘争の取り組みの一環であり、この数年は非正規労働をテーマに掲げている[3]。

　②は、連合として初めて「女性」を対象にした労働相談である。このキャンペーンをきっかけに、妊娠・出産したことを理由に解雇等をされた

り、嫌がらせをされるマタニティハラスメント（マタハラ）も話題となった。また、地方連合会の女性役職員が相談電話の対応をするということも、女性の組合参画の 1 つとしても意味があることから、2014 年も継続することとした[4]。

③は、ハローワークの求人票問題に取り組んだ連合山口からの提起を受けて、求人票の問題を取り上げるとともに、就職活動における注意事項を呼びかけようと実施した。12 月 1 日の採用活動解禁から間もない時期でもあり、学生からの相談は多くはなかった。しかし、学生が利用するインターネットサイトで取り上げられるなど、労働組合の連合を認知してもらうきっかけの 1 つとなった。

また、全国一斉の集中相談だけではなく、地方連合会も独自にテーマを設けた労働相談活動を展開している。2013 年は、「12 地協での予約による面談会」（連合群馬）、「秋の労働相談ダイヤル」（連合静岡）、「求人票トラブル 110 番」（連合山口）、「非正規労働者のための出前労働相談」（連合福井／連合岡山）、「出前労働相談」（連合三重）、「民間保育所相談ダイヤル」（連合広島）、「外国人労働者なんでも相談」（連合大阪）など、地域の特性や創意工夫を生かした取り組みを行っている。

(3) 連合「なんでも労働相談ダイヤル」の相談内容と対応

では、どのくらいの規模で、どのような相談が寄せられているのか。大まかなイメージとして、2013 年 1 年間の「なんでも労働相談ダイヤル」の集計結果をみてみたい。全国 47 地方連合会と連合本部で受け付けた「なんでも労働相談ダイヤル」の相談件数は、1 万 6,073 件であり、この数年間、毎年 1 万 6,000 件を超える相談が寄せられている。なお、これらの集計は、特徴的な事例も含めて連合のウェブサイトに随時掲載しているので、ぜひご参照いただきたい。

相談者の属性は、性別では男性が 55.8％、女性が 44.2％である。年代別では、40 代が 34.1％と全体の 3 分の 1 強を占め、30 代が 23.0％、50 代が 20.1％、20 代が 12.3％、60 代が 8.8％と続く。雇用形態別では、正社員 48.0％、

パート 15.4％、契約社員 10.8％、アルバイト 6.0％、派遣社員 5.2％、嘱託社員 1.1％である。非正規労働者からの相談比率が上昇し 38.5％となっている。

相談内容では、これまでは、解雇・雇止め等の「雇用関係」が最も多かったが、2013 年は、賃金未払いや残業代、最低賃金等の「賃金関係」が 18.5％でトップとなった。次いで、「雇用関係」17.0％、「労働契約関係」(就業規則、契約内容等) 13.2％、「差別等」(セクハラ・パワハラ、嫌がらせ等) 11.5％、「労働時間関係」(労働時間、休日等) 9.0％、「退職関係」(退職金、再雇用等) 6.9％、「保険・税関係」(社会保険、税金等) 5.3％、「労働組合関係」(組合結成、不当労働行為等) 4.1％、「安全衛生関係」(労働災害、安全衛生等) 2.9％、「その他」10.0％である(図表Ⅱ-3-1)。

これらの相談を受けたのちの対応は、相談の内容や相談者の意向、職場の状況等に応じて異なる。電話でのやりとりで終わるケースもあれば、より詳しい状況を聞いて適切な対応をするために地方連合会の事務所等で面談を行い、組合づくりにつなげていくケースもある。この中で、大きな役割を果た

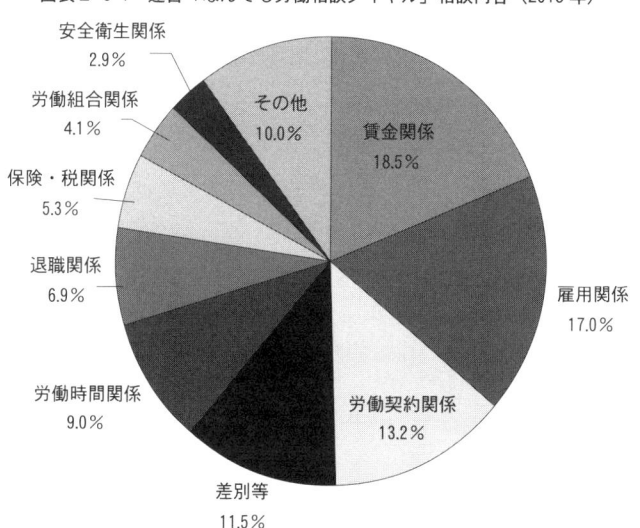

図表Ⅱ-3-1 連合「なんでも労働相談ダイヤル」相談内容(2013年)

- 安全衛生関係 2.9％
- 労働組合関係 4.1％
- 保険・税関係 5.3％
- 退職関係 6.9％
- 労働時間関係 9.0％
- 差別等 11.5％
- 労働契約関係 13.2％
- 雇用関係 17.0％
- 賃金関係 18.5％
- その他 10.0％

出所:連合「なんでも労働相談ダイヤル」2013年の集計結果(連合・非正規労働センター作成)。

すのが、連合の「地域ユニオン」である。

(4) 連合「地域ユニオン」による支援

　日本では、同じ企業・事業所で働く労働者だけでつくっている企業別労働組合が多く、一般的にも労働組合といえばそのようにイメージされることが多い。しかし、労働組合の形態は企業別組合だけではなく、同じ専門職種で結成している職業別組合（クラフトユニオン）、同じ産業に従事する労働者が直接加入する産業別組合、企業や産業にかかわりなく地域の労働者を組織する合同労組やコミュニティユニオンなどがある。「地域ユニオン」は、一定範囲の地域社会を組織単位としている労働組合であり、コミュニティユニオンと意味は同じである。

　1989年の連合結成時、連合の組合員は800万人を数えた。その当時、「1,000万人を目指そう」ということが、連合としての目標であった。しかし、労働組合に加入している組合員数のピークは、1994年の1,270万人をピークに減少し、労働者の中で組合に加入している人の比率を示す、労働組合組織率も低下した。このような中で、連合は、新たに組合をつくる組織化を進めなければならないとの認識に立ち、「当面の組織拡大方針」（1996年6月、第22回中央委員会確認）を策定した。この方針の中で、単位労働組合・企業別労働組合が産業別組織に結集し、産別が連合に加盟するという連合への加盟形態の基本は維持しつつも、「短時間労働者・派遣労働者など多様な雇用・就労形態の労働者、零細企業で就労している労働者の組織化・組織拡大の受け皿」として、地方連合会のもとに「地域ユニオン」を結成することとした。連合本部の組織局長、副事務局長を務めた高橋均氏によれば、地域ユニオン結成のきっかけとなったのは、コミュニティユニオン全国ネットワークの集会に参加した当時の鷲尾事務局長が、1人でも加盟できる組合を作れと事務局に指示したことによる、とされている[5]。

　そして、1998年2月には「当面の組織拡大方針・実行計画の補強」を策定し、常設の全国共通番号でのフリーダイヤルによる労働相談活動の展開と全国への地方アドバイザーの配置を打ち出し、地域における組織化・組織拡

大を進めていくこととした[6]。これ以降も、連合は、組織拡大に向けた各種のプランを策定している。

現在、47の地方連合会のほぼすべてに地域ユニオンがある。地方連合会の下部組織である、地域協議会を単位としたユニオンもあり、また、名称は「〇〇地域ユニオン」とは限らず、多様である。地域ユニオンでは、労働相談を寄せた労働者の問題解決にあたっている。地域ユニオンにおける紛争解決事例を紹介した文献・資料は多数あるため、詳しくはドラマチックに描かれたそれらの文献をぜひご参照いただきたい。

紛争解決の方法を大きく分けると、当該職場に労働組合をつくり集団的労使関係を形成するケースもあれば（その過程では、労働組合に理解がない会社側から団体交渉を拒否されるなどして労働委員会に救済申し立てをするケースもある）、不当な解雇やハラスメント等の場合に、相談者が地域ユニオンに加入した上で、地域ユニオンが会社と交渉して解決するケース、団体交渉だけでは早期の解決が難しい場合には、労働委員会での個別労使紛争のあっせんや労働審判の申立、通常訴訟の提起を地域ユニオンが支援するケースもある。地方連合会によっては、資力の乏しい労働者に対して労働審判等の申立費用の貸付基金を備えているところも複数存在している。

近年、フリーダイヤルで労働相談を行う行政機関や顧客開拓のために無料相談を受け付ける弁護士や社会保険労務士のウェブサイトも多く見られる。しかし、これらの相談機関と連合が決定的に異なるのは、労働組合が行う相談活動であり、労働組合の力・機能を活用した解決をはかることが可能であるという点である。

もちろん、相談者と面談して詳しく話を聞けるケースばかりではない。しかし、連合が行う労働相談活動の基本にあるのは、問題が生じた職場に労働組合をつくって問題解決をはかり、働き甲斐のある良い職場をつくっていくということである。相談者からは「親身になって相談に乗ってもらってよかった」などの声が相次いでいる。「なんでも労働相談ダイヤル」は「地域ユニオン」とセットで、拠り所のない非正規労働者にとっての身近なセーフティネットとして機能していると言えるだろう。

3. 非正規労働センターの設置

(1) 非正規労働者の処遇改善に向けた春季生活闘争の取り組み

連合は、毎年の春闘（連合では、「春季生活闘争」が正式名称）に際して、経済情勢などを分析した上で、どのような考え方で何を求めていくのかという全体としての方針を策定している。2001年の春季生活闘争方針において、初めて「パートの時給10円引き上げ」を掲げた。前記1.(1)で見たとおり、2000年は雇用労働者の4人に1人が非正規労働者となった時期である。補助的業務にとどまらず、パートタイム労働者など非正規労働者が基幹業務を担う職場もある中で、処遇改善の取り組みの必要性を訴える意味でもインパクトのある要求であったと言えよう。

また、パートタイム労働者の処遇改善に向けては、合理的な理由なく、パートタイム労働者であることを理由として処遇について差別的取り扱いをしてはならないことなどを明文化する「パート・有期労働契約法」の法案要綱骨子を2001年10月の連合の第7回定期大会で確認した。その具体化に向けて、「合理的な理由とは何か」「均等とすべき処遇は何か」についてまとめた「『均等待遇』の判断基準と実践方法」を2003年2月に中央執行委員会で確認した。

さらに、春季生活闘争においては、2006春季生活闘争でエントリー方式での「パート共闘会議」が発足し、その後、「パート・有期契約共闘」となり、2013春季生活闘争からはすべて構成組織が参加する「非正規共闘」と形を変えている[7]。

(2)「連合評価委員会」報告

このような非正規労働者に関する取り組みを進めていく中で、連合の背中を後押しし転機となったのは、外部有識者で構成する「連合評価委員会」の最終報告である[8]。連合評価委員会は、連合結成後10年が経過した2002年、連合運動について、弁護士、研究者、ジャーナリストなど外部の有識者

から忌憚ない提言をいただき、21世紀にふさわしい労働運動をつくることを目的に連合が設置した。弁護士の中坊公平氏に委員長を務めていただき、2003年9月に「連合評価委員会　最終報告」を提言いただいた。

　この最終報告では、「労働組合が、雇用の安定している労働者や大企業で働く男性正社員の利益のみを代弁しているようにも思えるし、労使協調路線の中にどっぷりと浸かっていて、緊張感が足りないとも感じられる」「連帯や協力の意義が見失われるなかで、働く者は弱い者であるという本質を忘れてしまっている。しかし、本来は弱い者であるという事実が、働く者を連帯させる結節点であり、その結節点が強い労働組合の原点である」などと述べ、大企業・正社員・男性中心の運動になっていないか、弱い存在である者として、働く者が連帯することが労働組合の原点ではないのかと問いかけた。「最終報告」は、労働組合が「正社員中心主義から脱却し、すべての働く者のための組織に転換すること」を強く求め、非正規労働者の組織化や処遇改善に取り組む必要性を、連合の中で、広く共通の認識とした。

　この報告も受ける中で、2007年10月、連合は「非正規労働センター」を設置した。これは、連合が「すべての働く者のための組織」になることを推進していく主体として設置され、以降、全国の地方連合会においても非正規労働センターを設置してきている。

(3)　「職場から始めよう運動」の取り組み

　パートタイムや契約社員、派遣社員など非正規労働者の多くは、期間の定めのある労働契約で働いており、毎回、次の契約が更新されるかどうかという不安を抱えている。また、賃金だけでなく休暇や福利厚生など処遇の格差がある。これらの問題の改善をはかるためには、労働法の改正や社会保険・労働保険の適用拡大など、政策・制度の取り組みも必要である。しかし、労働組合としてそれぞれの職場・地域で取り組めることもたくさんある。このような観点から、非正規労働センターでは、2010年から「職場から始めよう運動」を提起し、構成組織・地方連合会に取り組みを呼びかけている。

　「職場から始めよう運動」は、同じ職場や地域で働く非正規労働者の労

実態をきちんと把握し、当該労働者の声を聞きながら、問題解決に向けて行動するというものである。構成組織や単位労働組合はもちろん、地域においても取り組んでいる。ここでは、地方連合会での特徴的な取り組みを以下に挙げてみたい。

2012 年〜2013 年の取り組みを見てみると、地域の非正規労働者の賃金等の労働条件や働き方についての実態調査（連合福井）、労働契約法の改正内容がきちんと職場で反映されているかどうかを点検する独自のチェックシートの作成・配布（連合石川）、「本音で語ろう！パート・派遣・有期雇用労働者のつどい」の開催（連合群馬）、ウェブサイトに「非正規社員のひろば」を開設（連合千葉）、メーデー前日に「非正規労働者メーデー」を開催（連合大阪）、産業別組織（構成組織）が開催する有期雇用労働者を対象にした学習会に参加（連合三重）などがある。

とくに、非正規労働者との対話・交流集会は、ほかにも複数の地方連合会で開催されてきている。そこで、2014 年は非正規労働者の処遇改善も正規労働者と同時に取り組んでいくことを広くアピールするために、春季生活闘争の交渉の前段に、パート・非正規で働く組合員・組合リーダーと古賀連合会長との直接対話の機会を複数の地域で開催した。このような連続した形で、連合会長が地域に赴き、非正規で働く組合員と意見交換するのは初めての試みである。具体的には、連合千葉「非正規労働者集会」、連合長野「古賀会長とパート・派遣・有期雇用労働者との対話集会（カフェトーク）」、連合北海道「パート・非正規組合員・組合リーダーと古賀連合会長との交流・対話集会－思いを伝える 2.14 甘くはないがみんなで一歩」、連合東京「すべての労働者に賃上げと権利拡充が必要だ―！パート、契約・派遣社員、請負労働者の処遇改善を求める集会―」、連合大阪「すべての働く者のメーデー前夜祭」として、各地方連合会の地域特性などを生かした形で開催した。これを機会に、より多くの地方連合会で同様の交流・意見交換会が開催されていくことを期待している[9]。

4. 大学生等を対象にした活動

　1990年代後半から2000年代にかけての就職氷河期や2000年代半ばからのニート等の若者の雇用問題、さらに近年の就職活動の厳しさやいわゆる「ブラック企業」問題等を背景に、連合は、政府への政策要求に加えて、社会に出る前の若者を支援する活動を行っている。若者の就労支援団体やNPOでも大学生などの若者を対象にした類似の活動を行っているが、連合本部や地方連合会が主催しているものは、さまざまな職場の働く人たちの生の声を伝えられるという点に特徴がある。

(1) 大学の寄附講座

　大学への寄附講座は、連合の関連団体（社団法人教育文化協会）が2005年に日本女子大学でスタートした。現在は、埼玉大学、同志社大学、一橋大学、法政大学で開講している。前期または後期に、現役の労働組合役員が順番に、労働組合の役割、ワークルール、労働現場の実態と課題、非正規労働者の組織化、女性労働者を取り巻く課題と労働組合の取り組み、若者の雇用問題などについて講義し、意見交換を行っている。2005年以来、受講した大学生は延べ4,000人を超える。

　また、近年は、地方連合会が地元の大学と連携して寄附講座を開講している。2013年度は、山形大学（連合山形）、佐賀大学（連合佐賀）、福井大学（連合福井）、三重大学（連合三重）で実施し、2014年度は新たに、滋賀大学（連合滋賀）、長崎大学（連合長崎）、大分大学（連合大分）で開講予定である。

(2) 各種セミナー・出前講座

　近年、早い段階でのキャリア教育・ワークルール教育の重要性が指摘されていることを踏まえて、地域のネットワークを生かして、さまざまな試みがなされている。以下に掲げる取り組みは、その一例である[10]。

① 連合京都「『京都ジョブパーク』への参画」
　求職者の就労支援・生活支援のワンストップサービス、地元企業の人材確保・定着支援を実施する「京都ジョブパーク」に積極的に参画している。
② 連合東京「就活のための自分さがしセミナー」
　新卒者・第2新卒者を含む34歳以下の若者を対象として、分析シートやグループトークでの自己分析から自分の適性を発見して、適職を見つけるセミナーを無料で実施している。
③ 連合愛知「高校生のための愛知労使出前講座」
　高校生に対し、今後の勉学や進路について考える機会を提供し、職業や社会について認識の幅を広げることを目的に、社会経験豊かな講師を、愛知経協（愛知県経営者協会）と連合愛知から派遣している。
④ 連合愛媛「労働ハンドブック＆セミナー」
　愛媛県労働者福祉協議会（連合愛媛の関連団体）と協力して「若者のための労働ハンドブック」を作成し、「労働セミナー」を県内の高校で開催している。
⑤ 連合大分「職業講話」
　県内の公立高校を対象に、労使の実務者が講師として出向き、高校生に働くことの意味を問いかける取り組みを実施している。
⑥ 連合北海道「就活応援セミナー」「就活応援カフェ」
　就活生の関心が高い業種の労組役員を招き、「辞めない会社選びと会社の人事担当者には聞けない、働く側からの本音トーク」やカフェを会場に、就活生と若手組合員との自由な意見交換が行える「就活応援カフェ」を年に数回開催している。
⑦ 連合静岡「静ジョブ」
　静岡大学の労働法のゼミと連携し、ゼミの学生と「連合静岡未来塾」（連合静岡の若手組合員教育プログラム）に参加している組合員とがグループトークを行う「静ジョブ」を開催した。

(3) 連合本部の取り組み

　連合本部においても、より取り組みを広げていく観点から、地方連合会や構成組織の事例を参考に、学生と若手組合員の意見交換の場を設けてきた。

　2012年4月のメーデー中央大会では「学生×労働組合　本音で話します！INメーデー2012」、2013年4月のメーデー中央大会では「就活応援カフェ」として、学生と若手組合員が、働くことの実際や就職活動などについて意見交換する場を設けた。また、2012年10月には「女子学生のための就活応援セミナーin2012連合中央女性集会」を開催し、女性の就職事情に関する講演、専門講師を招いた「ビューティー講座」、女性組合員の体験報告、女性組合員と女子学生の女子会などのセミナーを行った。参加した学生や組合員からはいずれも好評であった。規模は小さくても、このような取り組みを、さらに多くの地域で積み重ねて行ければと考えている。

おわりに

　労働組合の機能・役割には、団体交渉と労働協約締結による労働条件基準の設定だけでなく、労働者福祉も古くから存在している。連合では、地方連合会や地域協議会において地域で労働者福祉事業を推進する取り組みも行っている。もちろん、このような機能を充実させていくことは重要である。

　しかし、権利保障が不十分なまま、低い処遇に置かれた非正規労働者が増加している現状において、非正規労働に関する問題への対応は、労働組合としての団結の力を重視したアプローチが優先されるべきではないか。非正規労働者も正規労働者も、同じ職場・地域で働く労働者であり、だからこそ雇用形態の違いにとらわれることなく、団結・連帯することができる労働組合にしかできない、労働組合だからこそできるのが、同じ働く仲間としての連帯である。その原点を見失うことなく、非正規労働に関わる取り組みを今後も広げていきたい。

（村上　陽子）

注
1) 厚生労働省「労働組合基礎調査」結果参照。
2) ここでは統計のあるパートタイム労働者の組合員数を取り上げるが、契約社員や派遣労働者等は含んでいないため、非正規労働者全体ではこれよりも多い数の組合員がいると推測される。
3) 2014年は、2月5-7日、非正規労働者を対象に「年度末直前 解雇・雇止めトラブル連合なんでも労働相談」を全国展開した。自治労と連携し、公務の臨時・非常勤職員の相談にも積極的に対応することを広く呼びかけた。
4) 2014年は、6月10-11日、「女性のための全国一斉労働相談」を実施した。
5) 髙橋均「連合評価委員会10年を振り返る」『生活経済政策』No.203、2013年。
6) 連合「当面の組織拡大方針・実行計画の補強について」(1998年2月12日、第6回中央執行委員会確認)。
7) 連合・パート共闘会議の立ち上げについては、田村雅信「連合『パート共闘会議』の立ち上げ経過と課題」『労働調査』2006年7月号。
8) 「連合評価委員会最終報告」の全文は、連合のウェブサイトに掲載している。
9) これらの交流対話集会を踏まえた総括として、「2014春季生活闘争『古賀会長とパート・非正規組合員・組合リーダーとの交流・対話集会』のまとめと今後の取り組み」を確認した(2014年6月19日、第9回中央執行委員会)。
10) 連合「連合の若年者雇用対策」(2012年10月18日、第13回中央執行委員会確認)。

参考文献

呉学殊『労使関係のフロンティア―労働組合の羅針盤―』労働政策研究・研修機構、2011年。

中村圭介『地域を繋ぐ』第一書林、2010年。

中村圭介「特別企画 非正規労働者の組織化」『労働法律旬報』1801号、2013年。

連合「連合評価委員会 最終報告」2003年9月。

連合「『職場から始めよう運動』取り組み事例集―単組における―非正規労働者の組織化・処遇改善の取り組みと『地域に根ざした顔の見える』地方連合会の取り組みの具体事例」2013年5月。

労働政策研究・研修機構「労働紛争発生メカニズムと解決プロセス―コミュニティ・ユニオン(九州地方)の事例―」労働政策研究報告書No.111、2009年。

労働政策研究・研修機構「個人加盟ユニオンの紛争解決―セクハラをめぐる3つの紛争解決事例から―」資料シリーズNo.76、2010年。

第 4 章

非正規の声は聞こえるか
―労働組合の社会的役割―

はじめに

「今、われわれ正社員がストライキをやってもあまり効果がないんですよ」
　5 年前の春闘の時期に、ある民間の産業別労働組合（産別）の役員とストライキを巡る議論をしていると、役員は自嘲気味にそう言った。
　1960 年代から 80 年代初め頃まで、ストライキと言えば"春の風物詩"とも言える風景だった。労使が鋭く対立し、春闘時期にはストライキが頻発した。厚生労働省の調査によれば、74 年には半日以上のストライキが年間 5,197 件（参加人員 362 万人）だった。それが、2011 年には 28 件（同 1,674 人）にまで減少している。ストのない春闘の風景もすっかり定着した。古参の労働組合の活動家は「何か"禁じ手"みたいになっちゃった」と嘆く。当たり前だが、ストライキは団体行動権として認められている正当な労働組合の権利だ。
　ストがここまで減少した背景には、組合と経営側の労使協調路線が定着したことが最も大きな理由としてあげられる。だが、それだけではない。冒頭の役員の発言に現れている。この役員の産別では、正社員の非正規社員への置き換えがここ 20 年で進んだ。企画や営業などコアな仕事は正社員が担当しているものの、窓口業務や経理業務は次々と非正規に置き換えられていった。その結果、労組がストを決行しても、会社の窓口は非正規が並んでおりいつも通り仕事は流れて行く。役員は「もうストで仕事が止まるようなことはありませんよ」と言う。"伝家の宝刀"がいつの間にか錆び付いて抜くこ

とができなくなっている。「今、会社に打撃を与える効果的な戦術は残業拒否闘争ですかね」と役員。これも、皮肉な結果だ。労使協調が行き過ぎ、労働時間短縮の取り組みが進まず、「KAROSHI」（過労死）が国際語として通用するほど、日本の長時間労働は異常な事態になっている。長時間労働を前提としているからこそ、「残業拒否」が効果を発揮するのだ。

1. 非正規労働者と労働組合

(1) 4割に迫る非正規労働者

今や、非正規労働者は全労働者の38.2％の2,043万人（12年総務省就業構造基本調査から）に達する。92年には21.7％、1,053万人（同調査）だったことを考えれば、この20余年の間に、いかに非正規労働者が増えてきたかが分かる。しかし、パート労働者の組織率（推定）は6.5％（13年度、厚労省調べ）に過ぎない。労組の組織率自体が17.7％（同）と1975年の34.4％から長期低落傾向に歯止めがかからない状況にある。パートの組織率を6.5％に過ぎないと書いたが、実はパートの組織率はこの間、一貫して上昇してきた。08年には5％だったことをみれば、組織化が進んできていることがわかる。特に、流通や小売りといったパートや契約社員の多い産業での組織拡大はめざましいものがある。流通に関連する産別の役員はその背景をこう語る。「職場の正規、非正規の比率はとっくに逆転して正規3に非正規7ぐらいの割合だ。そんな中で、非正規の組織化に手を付けなければ、私たちは過半数代表たり得ない」。正社員だけの閉じたグループでは、職場の代表としての"正当性"を欠く事態に至り、組合規約を改正して非正規をメンバーとして迎え入れた。同産業では、非正規の賃金制度の構築や正社員登用制度の創設、福利厚生制度の拡充など労働条件の改善も進みつつある。この役員は「私たちは必要に駆られて組織化を進め考え方も変わってきたが、他の産別ではまだ、正規と非正規を同一視していないなど根本のところで組織化への体制が整っていない」と打ち明ける。

(2) 問われる組合の正当性

　戦後の労働運動を支えた大きな塊である団塊の世代の大量退職が始まった07年を契機に、連合、全労連などのナショナルセンターも定期大会などで非正規の組織化の推進を明確に打ち出すようになった。背景は流通・小売りの業界と同様である。加えて、社会の厳しい視線がある。労働組合は正社員の利益だけを擁護する"利益集団"のように見られ、保守系の政治家からは「非正規の人々が苦しい生活を強いられるのは既得権を振り回し、自分たちの利益だけを守る労働組合のせいだ」とまで攻撃され、その言は一定の支持を得ている。もちろん、非正規の拡大は、グローバル競争の名の下に、企業がコスト削減と短期利益を追い求めたことが一番大きな理由だ。しかし、1,100万人に迫る年収200万円以下のワーキングプア（働く貧困層）など貧困と格差の拡大の前に、国への制度的要求だけでは、労働組合はその責任を果たしているとは言えない。現場で働く者の声を反映し、労働条件を決定する労働組合の役割が発揮されなければならない。

　連合の古賀伸明会長は、14年春闘に向けて「正規・非正規、組織・未組織、企業規模を超えて、すべての働く者の処遇改善をはかるための闘争とすることが重要だ」とのメッセージを発した。「すべての働く者」という所に、本来の労働組合の公益性がある。働くことは生きることだ。労働者だけでなく、その家族、社会のありようにまで大きな影響が及ぶ。単に自組織だけの労働条件にとどまることはない。労働組合が「すべての働く者」のための組織であるのか。非正規労働者と労働組合の関わりを中心に、労働組合、労働運動の現状を見てみたい。

2. 派遣村で労働組合と出会った非正規労働者

(1) 労組の本領を発揮した派遣村

　2008年の12月31日から翌年の1月5日まで、リーマンショックを契機に自動車などの製造現場で派遣切り（雇い止め）に遭った派遣労働者を支える「年越し派遣村」（派遣村）が東京・日比谷公園で開かれた。行政機関が

窓口を閉ざす年末年始に、仕事と同時に住居も失った派遣労働者に寝場所と食事を提供し、今後の生活を支援する行動だった。企画し、場を担ったのは、労働組合の活動家たちと弁護士、野宿者支援に取り組む市民団体、それを2,000人を超える無名のボランティアたちが支えた。

　中心となった労働組合が集まったのは、村を開くわずか3週間ほど前。ナショナルセンターの潮流を越えて労働者派遣法の改正を求める運動を展開していた労組役員や労働弁護団の弁護士らが、年末を控え、大量に出てくることが予想された、仕事や住居を失った労働者をどのように支えるかを議論する中で、直接支援の計画が練られた。食事の提供はどうするかや不払い賃金などの相談に応じる体制はどうするか、当面の生活支援をどう考えるか……。時間はないが、村を開設するに当たって問題は山積みだった。しかし、生活保護受給の支援をしている市民団体の協力、医療機関との連携、農民団体への食料提供の呼びかけなど日ごろから労組が培ってきたネットワークを駆使し開設にこぎ着けた。開設してからも、年末年始にもかかわらず、各組織のメンバーの参加（それを上回る市民参加があった）で村を運営した。労働相談や就労相談には全労働省労働組合などがあたり、生活保護相談には市民団体、村を閉める際には、清掃関連の労働組合が車と人を出すなど労働組合の底力を発揮した。

　派遣村は、大きな反響を呼んだ。1つは直接的に命の危機にさらされていた労働者の命を救ったこと。もう1つは、派遣労働が、いったん仕事を失えば命の危機にもさらされる不安定な仕事であることや働くという事がモノのように扱われる酷薄な現実を、多くの国民の前に可視化したことだ。特に派遣労働の負の部分を可視化したことは、政治にも大きなインパクトを与え、後の派遣法改正論議にも大きな影響を与えた。派遣村の一連の行動を見ていたある自民党の長老議員は「労働組合の役割を実感した。われわれの組織ではああはいかない。大したもんだ」とこぼした。彼は、労働組合は「賃金を上げろ」とか「労働時間を短くしろ」とか、自己要求しかしないものだと思っていたという。この議員に限らず、多くの国民もそのようなものと考えていたものと思われる。いや、労働組合員の多くもそれに近い思いだったの

ではないか。しかし、本来、労働組合は自らの問題のみならず、社会運動やボランティアを担う"公共財"的な役割も担っている。東日本大震災の際も、連合や全労連などのナショナルセンターが発災直後から自前で継続的、長期的に被災地にボランティアを出し続け復興支援の大きな力となった。

(2) 派遣労働者と組合の出会い

危機に際し、労働組合の社会的な使命を果たす労働組合だが、日常的な活動においては、組織されていない非正規労働者に対して、その役割を十分に果たしていない側面がある。派遣村開設の日から、連日ボランティアに駆けつけた鈴木重光さんは、派遣労働など非正規の仕事を転々とし、労組と関わることなく働いてきた。そして、リーマンショックで派遣の仕事を雇い止めにされた。

鈴木さんは、4年8カ月派遣などで働いた三菱ふそうトラック・バス（本社・川崎市）の仕事を、08年11月に、契約期間中であるにも関わらず、雇い止めを通告された。住んでいた寮も年末までに出て行くことを求められた。年末を控え、仕事と住居の両方を一度に失うのだ。これまで、仕事で困った時に誰かに助けられたことはない。呆然とした気持ちでテレビを見ていると、自分と同じように雇い止めされた労働者の相談に乗る労働組合の活動が紹介されていた。大柄な男が「（仕事を失ったのは）あなたのせいではないですよ」と語りかけ、親身に話を聞いていた。「俺たちを助けてくれる人なんかいるのか」と驚くと同時に、映し出された組合の電話番号を広告の裏紙に必死にメモした。「首都圏青年ユニオン」。電話番号と共に書き取った組織の名前はそう書いてあった。初めて聞く名前だ。おそるおそる電話してみると電話に出たのは、テレビで聞いた声だった。「よろしくお願いします」と生まれて初めて、労働組合とつながった。

(3) モノのように扱われ

派遣労働者など非正規労働者は「雇用の調整弁」と言われるが、普段はなかなかその実情は見えない。ある派遣の製造現場で派遣切りされても、あま

り間を置かずに別の現場に派遣されるからだ。けれど、この時は違った。自動車や電機など大手の製造現場を皮切りに、多くの製造現場で我先にと派遣切りが行われた。その結果、仕事を失い、住む場所（寮）を追われた派遣労働者が巷にあふれた。08年10月から09年6月まで約19万人（厚労省の09年3月時点での調査）の派遣労働者など非正規労働者が仕事を失っているのだ。鈴木さんもその中の1人だった。

鈴木さんへの派遣会社からの雇い止めの通告。それは本当にもののついでのような言い方だった。08年11月18日、午前の仕事を終えた昼休みに廊下を歩いていると派遣会社の担当者から「ちょっと」と呼び止められた。その場で雇い止めと、住んでいた寮を年内に出て行くように告げられた。契約期間はまだ2カ月以上残っているのに、「申し訳ない」の一言もない。派遣先の工場の都合がまず優先される。

(4) 人とのつながりなき労働

簡単に雇い止めを通告されたが、自動車工場のラインを担うのは過酷な仕事だ。しかも、4年以上続けている者など数えるぐらいしかいない。鈴木さんと同じ時期に、登録していた派遣会社からは3人が派遣された。しかし、鈴木さん以外の2人は、休日に外出したまま戻らなくなるなどして3カ月以内に逃げ出した。また、「仕事ができないから」と雇い止めにされる者も多かった。鈴木さんは「4年以上働くなんて奇跡ですよ」と言う。使う側は長い目では見てくれない。「あいつは使えない」と思われたら、次の更新で雇い止めだ。懸命に、懸命に働いた。

鈴木さんだけではない。鈴木さんたちの世代は"ロスジェネ世代"とも呼ばれる。バブル崩壊後、企業側が正社員の採用の抑制に走り、安定した正規の仕事を見つけるのは大変だった。派遣や契約などの非正規で働く者が多い世代だ。厚生労働省が4年に1度実施している派遣労働者実態調査（2012年）によると、年代別で派遣労働者が最も多いのが、男女とも35～39歳（19.2％）だ。4年前の調査では30～34歳の世代が最多（21.4％）だった。厚労省の担当者は「ロスジェネ世代が新卒の時に就職先が決まらず派遣で働

き、その層がずっと大きな塊として派遣の労働市場に存在している」と分析する。30〜34歳の層が4年経って35〜39歳の層に移行していると仮定すれば、2.2ポイントしか派遣から離れていないことになる。いったん派遣や非正規で働くと、正社員としての雇用に就くのが厳しいという現状が浮かび上がる。そして、これら非正規で働く人のほとんどは労働組合と無縁な職業人生を送っている。

　非正規の中でも特に派遣労働者は組織化が難しい。パートや契約社員と違い、一定の職場で長期間働くことが少ないからだ。事務系の派遣では長期間働くこともままあるが、製造業派遣では、派遣先の生産の都合で働ける期間は極めて不安定であり、日雇い派遣においては日々、働く場が違うケースも少なくない。そうした難しさから、最も組織化が進んでいない人々だ。しかし、雇用の不安定さや雇用者と使用者が分離しているという就労形態から、実は最も労組を必要としている人たちでもある。

(5) 働いた誇りを取り戻す

　鈴木さんもそんな中で働いてきた。自動車会社では、残業もいとわず働いた。正社員と同じラインで同じ仕事をして、若い正社員に仕事を教えるまでになっていた。しかし、努力は報われない。派遣労働者はスキルは上がっても、待遇は上がらないのだ。不満はいつもあった。ボーナスの時期。正社員はいつもうれしそうに使い道の話で盛り上がる。その輪の中には自分が仕事を教えた若い正社員もいる。派遣にボーナスはない。「同じ汗を流して働いて、なんでこんなに違うんだ」。だが、その言葉を飲み込み、自分に言い聞かせた。「派遣だからしょうがない。正社員になれない自分の責任だから」。誰にも心を開かず、他人とも関わりを持たない。関わりを持てば、悔しい思いがわくからだ。ただ、黙々と誠実に働くことが唯一自分のプライドを守る方法だと思った。だが、プライドは、あっという間に奪われた。雇い止めにされ、4年8カ月働いた製造ラインを去る日、終業のブザーが鳴り、最後のボルトを締め終えた。この日で派遣の労働者たちがいなくなることをみんな知っていた。けれど、同じラインで働いた正社員からは「お疲れさま」も

「さようなら」も「元気でね」も、ただの一言もなかった。「最初から最後まで、人ではなく、物として扱われていたんだなあ」。涙をこらえて独りごちた。

　鈴木さんは「まじめに働いてきたという誇りは取り返したい」と思うようになった。モノ扱いが許せなかった。そう思えたのは、ユニオンの仲間に出会えたからだ。初めてのビラまきの時、鈴木さんは待ち合わせの駅前で、不安そうに改札を見つめていた。その顔に生気はなかった。だが、始発の電車に乗ったユニオンには仲間が次々と電車を降り、鈴木さんに手を振った。その数は20人を超えた。「こんなつながりは僕の人生にはなかった」。解雇された時にも我慢していた涙がほほを伝った。ユニオンで闘うことで、寮の追い出しを撤回させ、雇い止めの無効を訴えた裁判でも勝利的な和解を勝ち取った。これらの"勝利"は労組に加入し、仲間と一緒に闘わなければなかった成果だ。もし、労組という絆がなければ、彼はモノ扱いされたことも、年末に寮を追い出されることも黙って受け入れなければならなかった。そして、それらはすべて「なかったこと」にされていた。一部の経済学者や労働学者は「日本に解雇規制は強すぎる」と言うが、余りに現場を知らない者のモノ言いだ。非正規を含め労組もない中小企業で働く労働者たちは、鈴木さんのようにひどい解雇をされても、闘う術もなく唇を噛んで仕事を離れているのだ。

(6) 組合と出会い生き直す

　組合とのつながりは、鈴木さんの人生も大きく変えた。組合は失職した鈴木さんに選択肢を示した。①これまでのように何でも良いから就ける仕事を探す、②職業訓練制度を利用して資格を取って次の仕事を決める、③雇用保険や生活保護を使い納得の行く仕事を探す、の3つだ。鈴木さんはそんな選択があるとは思っていなかった。これまで、仕事を失ったら何でも良いから早く仕事を探すことを繰り返してきた。鈴木さんは「人とのつながりのない中で働くことがいかにリスクが高いことかが分かった」と振り返る。鈴木さんは制度を利用して資格を取り、仕事を決める道を選び、介護施設で正

社員として働いている。生まれて始めて着く正社員の仕事を得た。鈴木さんの支援をした同ユニオンの河添誠書記長は「鈴木さんを含む非正規労働者は、人間らしい働き方と同時に、人と人のつながりまで奪われている。労働組合はそうした人々をつなぐ役割を果たさなければならない」と話している。

3. 契約社員のストライキ

(1) ストに立ち上がる契約社員

　もう１つ、非正規労働者と労組がつながったケースを紹介したい。その組合は、東京の地下鉄駅の売店「メトロズ」で働く契約社員たちで組織する「全国一般東京東部労組メトロコマース支部」だ。売店を運営するメトロコマースは、東京メトロの100％子会社で、組合のメンバー６人は全員女性で、３カ月や半年、１年の有期雇用契約を更新し、長い人では10年近く働いている。その彼女たちが13年３月18日にストライキに立ち上がった。ストライキは、毎日新聞やインターネットの動画サイトで紹介され、大きな反響を呼んだ。

　東京・上野のメトロコマース社前を「差別をヤメロ」「定年制を廃止しろ」などと書かれたプラカードと組合旗が埋め尽くした。６人でストに突入した仲間たちを激励しようと、全国一般東京東部労組や他の労組のメンバーが駆けつけた。委員長の後呂良子さんが、大勢の仲間を前にマイクを握った。緊張のためか、思いが溢れたのか、言葉がなかなか出てこない。口を開けても、声が詰まる。後呂さんは地面を蹴り始めた。何度も何度も地面を蹴り、勢いを付けて言葉を絞り出した。「私たちがなぜストライキに立ち上がったのか。何の力にもならない、仲間を増やしてからやればよいとも言われた。私たちは１年ごとの契約更新があり、不満があってもそれが怖くて声を上げられなかった。でも、声を上げたい。差別してほしくないです。（正社員と）同じ仕事を毎日しているんです。『おかしい』と気付いた人が声を上げなければならないんです」。支援の仲間から「頑張れ」の声と大きな拍手が沸い

た。

　止むに止まれぬとはこういうことを言うのだ。それぐらい彼女たちと正社員の労働条件は違う。後呂さんたちが労組を結成したのは09年の3月、全員パートで組織した。パート労働者が労組に入る場合、すでにある正社員の労組に入るケースが最も多い。近年、正社員だけを対象にしてきた労組が規約を改正し、パート労働者も加入できるようにするケースが増えているからだ。パートだけで労組を結成するケースは少ない。後呂さんたちも、最初、会社の正社員労組に相談した。けれど、「契約社員は入れない」と加入を断られた。しかし、納得できない労働条件を変えたかった彼女らは、地域労組の全国一般東京東部労組に相談、自分たちだけで支部を作り、同労組に加入することにした。

(2) 賃金差別に声挙げる

　同社が直営する売店は計61あり、販売員は118人いる。みんな同じ仕事をしている。だが、雇用形態は正社員（15人）と契約A（13人）、契約B（90人）の3つに分かれている。正社員とAは月給制なのに対し、Bは時給1,000円。昇給もなかった。彼女たちのBのボーナスは10万円で、Aは36万円、正社員はいくらもらっているのかも分からない。後呂さんは「職務内容はまったく一緒です。1日2交代で売り場を担当するのに、私たちBが正社員や契約Aと同じ売店でシフトを回しているのですから」という。仕事の中身に全く差がなければ、どこにこれだけ処遇が違う理由があろうか。彼女たちが「差別」と言うのは決して大げさではない。賃金だけではない。福利厚生を含む労働条件全般で"差別"があった。例えば、正社員と契約Aには忌引き休暇が有給で7日あるが、契約Bにはない。3,700円の昼食補助券も契約Bにだけは支給されていなかった。

　2交代のシフトで早番なら始発で職場に向かい、午前6時前には開店準備を始める。遅番は午後2時から仕事を始めるが、午後10時の閉店後に作業をしていると終電近くになってしまうこともままある。週40時間、フルタイムで働いても税金や社会保険料を差し引くと、手取りは13万円前後だ。

祝日などが多い月は 12 万円程度に落ち込む。家計補助的に働いている仲間はほとんどいない。独身やシングルマザー、母親の介護をしながら働く人など、この仕事の収入が生活を直接支えている。それだけに切実な問題だ。また、仕事が正当に評価されないのも辛い。8,000 個を上回る商品を覚え、効率良くさばく。工夫を重ね、月 700 万〜1,000 万円を売り上げる組合員もいる。しかし、昇給システムがないから、努力も工夫もいっこうに賃金には反映されない。労働環境も良くはない。地下鉄の通過音やアナウンスの大音量、売店は狭く蒸し暑い。仕事中は座ることも許されず、1 日の仕事が終わると顔は粉じんで真っ黒になる。

(3) 労働条件を勝ち取る

やりきれない状況を変えようと作った組合。東部労組の支援も得て行った初めての団交は感動的だった。後呂委員長は「黙って耐えてきたことをすべてぶつけた。対等ではないかも知れないが、堂々とモノが言えることに感動した」という。もちろん、言いっ放しでは済ませない。交渉を重ね、売店に扇風機を付けさせたり、熱くならない蛍光灯に変えさせたり、客がいないときに座る丸イスも設置させた。食事券の支給や忌引きの有給付与、年 10 円の昇給も勝ち取った。けれど、どうしても解決できない問題もあった。

当初から正社員化要求を掲げていたが、それは一歩も前進が見られない。交渉を重ねているうちに、会社が定める定年の 65 歳を迎える仲間が出てきた。定年の問題は、彼女たちにとって切実な問題だった。正社員なら毎年定期昇給があり、定年退職時には退職金も支給される。また、年金も比較的手厚い額が支給される。しかし、契約社員 B の組合員たちは長年働いてもこれまではほとんど賃金が上がらなかった。もちろん退職金も全く出ない。年金も暮らすのに十分な年金をもらえる仲間はほとんどいない。低賃金でカツカツの生活を続ける中では、貯金もままならない。定年で仕事を失うことは、生活ができない状態になることに直結する。後呂委員長は「正社員と同じ仕事をしながら賃金、ボーナス、退職金で差別され、私たちは老後に十分な保障はない状態だ。なのに、会社は『決まっていることですから』と定年

だけは正社員と一緒だと言う」と憤る。後呂さんたちは65歳を超えた契約Bの仲間もいることから、仲間の契約更新を柱に、定年を過ぎても健康で働く意欲のある人には契約の延長を制度化するよう求めた。団交は30回以上行われたが、会社側は「そういう制度だ」「法律に違反していない」と譲らず、議論は平行線をたどった。組合は、65歳を超えた仲間の更新時期が迫っていたことから、ストライキを行うことにした。ストは、メトロコマースや背景資本の東京メトロへも要請を行い、成功裏に終わった。スト後の団交で、65歳を超えた組合員の契約更新を約束させた。ただ、制度としての確立は実現しておらず、今後も交渉を続けるという。

(4) 初めて労働者になれた

彼女たちは、組合を作り声を上げ、自らの労働条件についての自らの発言権を確保し、自らの労働条件の決定に関与している。これは労働組合の本来の役割を果たすという意味で非常に重要なことだ。特に、非正規という不安定、低賃金の労働を強制されている労働者が自ら決定権を持つことは非常に重要だ。後呂委員長はストライキを振り返り次のように述べている。「ストをやるまではもちろん不安だった。けれど、たった6人でも、仲間の支援も得てストはできたのが大きな収穫です。私たちはこれまで団交で労働条件の改善を獲得してきました。それは、人の良い労務担当にやっぱり『お願い』するような部分があったんだと思うんです。それが、定年廃止とかそういう話になんともならない。ストは『おとなしく会社にお願いすれば何とかなる』という幻想を打ち砕いてくれた。労働者にはストが必要なんだと分かりました。団結して団交してストを使って、初めて私たちは労働者になるんです」。彼女たちとは別の労組で、組合に加入して理不尽な解雇を撤回させた非正規の女性は「労働法は労働組合に加入することで初めて"使える"法になる。法に書いてあるからと1人で闘っても、会社に押し潰され、使うことはできない」と話していた。生活と人権を守る組織としての労働組合の社会的役割が浮かび上がる。

4. 非正規労働者の包摂のために

(1) 個人加盟労組の可能性

2つの例を挙げたが、いずれも非正規労働者と労働組合の関わりだ。言葉は乱暴かも知れないが実質的に"無権利状態"を強いられている非正規労働者をどのように労働組合、労働運動に包摂していくかは、労働組合の公益性を重視した場合大きな課題だ。企業別労働組合として、正社員だけを擁護する組合ではもはや社会的な役割を果たし得ない。前述したように、企業別組合では、企業にいながら組合に組織されていない非正規の組織化が不十分ながら始まっている。しかし、正社員の労組もない職場が増えて行く中で、それ以外の組織化のルートも強化しなければ、組織化は一定の人数で進まなくなってしまう。派遣労働者やフリーター、契約労働者など流動性が高い非正規をいかに組織するかが問われることになる。

こうした層の組織化に力を発揮するのは、地域を拠点に1人でも加入することができる合同労組のコミュニティユニオンやクラフトユニオン（職種別組合）などだ。もちろん、職場に非正規の組合を立ち上げるのが最良なのだが、流動的であるが故に、団結にも困難を抱える非正規労働者には、まずは1人でも加入できるユニオンが適している。前述したケースは2つとも個人加盟の労組である。首都圏青年ユニオンは「若年者」をキーワードに、未組織の若年労働者の「駆け込み寺」的存在だ。1人1人の悩みに応える形で、運動を進めている。東部労組は地域を拠点に活動しているが、やはり非正規の受難に向き合っている。東部労組は職場で集団的労使関係を築く志向が強く、メトロ労組のように相談者をまとめて支部を結成するケースも多い。

(2) 非正規の組織化に支援を

両労組に限らず、個人加盟労組全般に言えることだが、悩みは活動資金の脆弱さだ。低賃金の非正規労働者が多いため、組合費が高いと生活に影響を及ぼす。正社員の労組では組合費が3,000〜1万円程度に設定するケースが

多いが、個人加盟労組では 500 円から高くても 5,000 円程度だ。そうなると、組合の専従活動家を配置するのも非常に厳しい。しかし、相談は多様で数も多く専従活動家がいなければ、活動が成り立たない。各ユニオンともに工夫して何とか専従の活動家を配置している。例えば、首都圏青年ユニオンは、組合員からの組合費だけでは、とうてい専従は配置できないため、青年ユニオンを支える会を結成、大学の教授や弁護士、ジャーナリスト、大規模労組の組合員、労組 OB ら 1,000 人を超える会員がバックアップをしている。通常、1,000 人組合員がいれば 1 人の専従を置くことができると言われる中で、組合員の規模が 2〜300 人の同労組は 3 人の専従体制を敷いている。専従役員の賃金は生活するのにギリギリの額だ。その中で、やはりギリギリの生活を強いられる労働者と向かい合っているのだ。

(3) すべての労働者のために

雇用の構造的な問題は、個人の問題としてあぶり出される。過労死や過労鬱、生活の破綻、将来不安、住居喪失……。そして、それらは特に立場の弱い非正規労働者や中小、零細の労働者など弱い立場の労働者に顕著に現れる。労働組合はこれらの問題をすくい上げ、全体の問題として解決に当たることが期待される。そう考えた時に、その最前線に立って、未組織労働者の問題に対応している個人加盟の労働組合にナショナルセンターや産別は、財政的な支援、組織的な支援を行う必要がある。「すべての働く者のため」を単なるスローガンにしないためにもだ。

13 年 12 月、師走の寒風が吹く中、連合は日比谷野外音楽堂で「暮らしの底上げ」を訴える緊急集会を開いた。集会で、24 年間働き、解雇された派遣労働者が訴えた。

「お願いだ。私のことを『自分で派遣を選んだんだろう。正社員と一緒にするな』と考える方もいるかも知れないが、非正規の労働条件を守ってくれ。それが結果的には正社員の立場を守る、家族を守ることになるのだと思う。弱い立場の方から崩されていっているのだ」。

非正規労働者が限りなく 4 割に近づいている。労働組合が求められる社会

的な役割を果たすには、非正規を含むすべての労働者との「団結と連帯」をもう一度考えなければならない。人間らしい労働と労働の尊厳を守りたい、あるいは取り戻したいと思うならば。

（東海林　智）

参考文献
熊沢誠『労働組合運動とは何か』岩波書店、2013 年。
田島恵一・高原壮夫編著『危機に直面する労働運動』労働大学出版センター、2013 年。
東海林智『貧困の現場』毎日新聞社、2008 年。
──『15 歳からの労働組合入門』毎日新聞社、2013 年。
年越し派遣村実行委員会編「派遣村〜国を動かした 6 日間」毎日新聞社、2009 年。

第 5 章

公益の担い手としての労働者自主福祉

はじめに―問題の所在

　小松隆二によれば、「公益」とは「みんなの益、地域や社会全体の益」であり、「公益活動」とは「自分や自分の組織を大切にしつつも、それを超えて住民全体・地域全体のより良い暮らし、より良いまちや環境をめざす活動」であると定義されている[1]。これらの定義には、プラスの価値観および評価が内包されている。
　一方、本稿でとりあげる労働組合や協同組合は、本来、メンバーシップにもとづく共益のための組織である。概念上、社会全体の益を意味する「公益」とメンバーシップに限定された益を意味する「共益」とは相反する場面が存在する可能性がある。たとえば、労働組合が、組合員の利益ということで、雇用の緩衝装置として、あるいは人件費の低減を目的として非正規従業員の存在を積極的に容認するといったケースがそれにあたる。
　しかし、小松の定義からも明らかなように、労働組合や協同組合が「自分の組織を大切にしつつも、それを超えて」地域全体、社会全体の暮らしの改善のために活動するのであれば、それは公益活動と位置づけることができる。すなわち、「共益」を守りつつ、それを超えて「公益」に拡げることは可能であるといえる。
　このような協同組合の活動範囲の拡大という必要性は、2002 年に採択された ILO 協同組合の促進に関する勧告（第 193 号）によりさらに強く認識されるようになっている[2]。「協同組合が、連帯により動かされた企業及び組織として、その構成員の必要及び不利な立場にある集団の社会参加を実現

するためにそれらの集団を含めた社会の必要にこたえることができるように、特別な措置の採用を勧奨すべきである」という勧告の一文にも、協同組合における公益の実現の重要性が示されている。

とはいえ現状では、協同組合が「公益」まで活動範囲を拡大するにあたっての障壁が大きいのも事実である。そこで、本稿では協同組合のなかでも労働者自主福祉活動に着目し、労働者自主福祉はその「公益」の担い手となりうるかという問題を検討することとする。

1. 労働者自主福祉と公益の関係

(1) 労働者自主福祉の位置づけ

本来、「労働者自主福祉」は労働者の共済の仕組みを意味しているが、その用語に明確な定義はない。「労働者福祉」という類似する概念がはじめて明確に位置づけられたのが、1960年に総評、労金協会、日本生協連、全国労済連が共同編集した『労働運動と福祉活動』であるとされている[3]。そこでは「労働者福祉」を「労働者自身が企業の枠をはるかに越え、労働者の組織と資金で管理運用をおこなっている自主的な事業運動」と定義している。この定義は、労働者自主福祉あるいは労働者自主福祉運動といいかえることもできる内容である。

日本における労働者自主福祉は、戦後の歴史的経緯をみても労働組合が主体となって協同組合を設立し、労働運動と一体化しながら運動を進めてきたという特徴がある。協同組合の種類は多数存在するが、そのなかでも労働者あるいは労働組合を主体とした、労働者のための協同組合を労働者自主福祉事業団体とよぶことができる。

現在、活動している労働者自主福祉事業団体のほとんどは、戦後からこれまで労働者自主福祉の推進に寄与してきた労働者福祉協議会（労福協）に加盟している。具体的には、労働金庫、共済生協、消費生協、医療生協、住宅生協、労働者協同組合などがある。金融・信用保証事業、共済・保障事業、消費・くらし事業、住宅供給・リフォーム事業、施設・会館、旅行、仕事お

こし・就業支援など多様な分野の事業を展開しているのもひとつの特徴である。

(2) 労働者自主福祉が担うべき公益の類型

労働者自主福祉はどのような公益を担うべきなのか。まずは、それぞれの労働者自主福祉事業団体の根拠法に示された目的からみていく。

労働金庫の根拠法は1953年制定の労働金庫法であり、第1条において「労働組合、消費生活協同組合その他労働者の団体が協同して組織する労働金庫の制度を確立して、これらの団体の行う福利共済活動のために金融の円滑を図り、もつてその健全な発達を促進するとともに労働者の経済的地位の向上に資すること」を目的としている。労働金庫と同様に労働者自主福祉事業団体の中核を占める全労済（全国労働者共済生活協同組合連合会）および消費生活協同組合の根拠法は、1948年制定の消費生活協同組合法（生協法）である。第1条では「国民の自発的な生活協同組織の発達を図り、もつて国民生活の安定と生活文化の向上を期すること」を目的として定めている。

これらの根拠法自体は事業のあり方を規制するものであるが、それらの事業をつうじて結果的に、国民生活の安定や労働者の経済的地位の向上を求めていることから、社会全体の益を意味する公益にも合致するものといえる。こうした公益目的を現代的課題として整理すると、つぎの3つの類型に分けることができる[4]。

第一に、就業・雇用機会の創出と労働統合である。就業・雇用機会は生活のための所得を保障するだけでなく、社会参加や人とのつながりもつくりだす。労働者自主福祉事業団体自体が就業・雇用機会を創出することこそが公益活動としての最大の課題である。すなわち、労働者自主福祉活動の拡大自体が就業・雇用機会を創出することになる。たとえば、労働者自主福祉事業団体が提供する財・サービスの分野として、介護や保育といった社会サービスの活動を強化することになれば、そこにはかならず就業・雇用機会がうまれるのである。さらに労働者自主福祉活動としてますます重要になってくるのは、就職困難者、社会的に不利な立場にある人びとにたいして、情報提

供、相談サービス、訓練、就業・雇用機会の提供などをワンストップでおこなえるしくみであろう。3つの類型の公益のなかでも、この第一の類型は労働者自主福祉の今後の展開を考えるうえでもっとも重要な要素である。

　第二に、社会サービス・財・信用の提供によるセーフティネットの形成である。人びとが日々の営みを継続するために不可欠な資源は、所得、時間、社会サービス、人とのつながりである。これまで労働者自主福祉事業団体が提供してきたのは、生活のさまざまな場面で遭遇するリスクへの保障、すなわち住宅購入や子どもの教育、病気・けがなどに備えた金銭的給付が中心であった。しかし、公的保障が大きくゆらぎ崩壊しつつある現状をふまえると、これからのリスク保障のあり方として、社会サービスへの比重がますます高まることは必至である。労働者自主福祉事業団体も社会サービス分野の活動を強化し、提供している財・サービス全体によって、誰もが享受できるセーフティネットをつくりあげる必要がある。

　第三に、ソーシャル・キャピタルによる新しいタイプの地域コミュニティの再生である。ソーシャル・キャピタルは、社会関係資本、人間関係資本ともいわれ、人と人とのつながり、関係をあらわしている。かつては企業社会がメンバーシップを保障する一種の共同体としての役割を果たしていたが、今日ではそうした役割はますます縮小され、社会のなかで孤立する労働者も少なくない。こうした状況のもとで重要度を増しているのが相談機能である。労働者自主福祉事業団体の組合員だけではなく、さまざまな悩みをもつ人びとに相談サービスを提供することは、公益の観点からも大きな意義をもつ。それによって人とのつながりを失った人びとにたいして、人間関係を回復し、社会参加を促すことが可能となる。ひいては、人とのつながりが幾重にもできあがり、地域コミュニティの再構築へとつながる。

　これらの3つの公益はいずれも、これまでの職域中心のメンバーシップを対象に展開してきた運動スタイルから、メンバーシップ以外の地域の人びとにも対象範囲を拡大する運動スタイルへの転換を意味するものである。このような内容をもつ労働者自主福祉事業は、地域社会において、貧困や社会的排除の防止、社会的公正の確保、コミュニティの再構築を実現するという社

会運動的性格をもっている。

2. 公益にかかわる労働者自主福祉活動の事例

　上述した公益内容にそくして労働者自主福祉活動の先進的事例を紹介する。ここでは相談サービス、就労・生活支援、地域人材育成、NPO市民活動支援をとりあげる。

(1) ソーシャル・キャピタルとしての相談活動——連合地協・地方労福協・労働金庫・全労済によるライフサポートセンター

　2005年8月、連合、中央労福協、労金協会、全労済の4団体は、以前より検討を進めていた勤労者の暮らし全般にかかわるサポート事業の具体化の必要性について認識を共有化し、合意文書を確認した。そのなかで「連合・中央労福協・労金協会・全労済は、目的を同じくするNPO諸団体等とも連携し、全国の都道府県における地域を拠点としたワンストップサービス（総合生活支援・サービス体制）の実現に向けた共同の体制作りを進める」とされている。これにもとづいて、各都道府県の地方連合会、地方労福協、労働金庫、全労済においても、地域を拠点としたライフサポートセンターづくりを検討し、取り組みが展開されている。

　そのなかでも他県に先駆けてライフサポート事業に着手していた団体のひとつが、山口県労福協である。山口県労福協は、2005年4月に「生活あんしんネット」をたちあげた。「生活あんしんネット」は、労働なんでも相談室、福祉情報電話相談室、無料職業紹介所ジョブやまぐちの3つの事業で構成されている。加盟団体である連合山口、中国労働金庫、全労済山口県本部、山口県生協連との連携はもちろんのこと、弁護士、医師、税理士、社会福祉士などの専門家とのネットワークも形成し、事業の運営に役立てている。

　無料職業紹介所ジョブやまぐちの開設には相談事業がきっかけのひとつになった。失業や転職を余儀なくされた相談者にたいして、新たな雇用やスキ

ルアップのための機会を提供できていない現実に直面し、それまでの反省にたって事業をたちあげたという[5]。

相談活動から出発して事業を拡大していった事例はこれだけではない。徳島県労福協もそのひとつである。徳島県労福協は、現在、県内3カ所にライフサポートセンター（中央・西部・南部）を開設すると同時に、ジョブとくしま無料職業紹介所、労福協なのはな居宅介護支援センター・ヘルパーステーション、仕事なんでも相談室、福祉なんでも相談ダイアルなど多角的に事業を展開している。2003年の労福協なのはな居宅介護支援センターの事業たちあげにあたっては、福祉なんでも相談ダイアルによせられた介護現場の声がきっかけのひとつになっているという。

相談サービスは人びとの安心の拠り所になるだけではなく、地域のニーズを把握し、そこから支援体制の充実につなげることができ、すべての基軸となる活動であるといえる。

(2) 就労・生活支援活動―沖縄県労福協「就職・生活支援パーソナル・サポート・センター」

パーソナル・サポート・サービスは、就労困難者、生活困窮者を対象に、個別的かつ継続的相談による問題の整理・把握と支援、他の行政や各種団体などの支援のコーディネート、新たな支援の開拓などによる寄り添い型、伴走型の総合的就業・生活支援制度として、民主党政権時代に構想されたものである。

沖縄県労福協（公益財団法人沖縄県労働者福祉基金協会）では、2010年11月から内閣府モデルプロジェクトとして「就職・生活支援パーソナル・サポート・センター」を開始し、2013年3月で終了となったが、同年4月からは沖縄県の「パーソナル・サポート事業」および「生活困窮者自立促進支援モデル事業」を受託し、一体的に運営している。2010年11月には那覇市に1センターを開設し17名体制で開始したが、2012年度には中部サテライトを増設し総勢26名体制となった[6]。

沖縄におけるパーソナル・サポート・サービスの支援は、生活特別支援、

生活通常支援、就職準備支援、就職活動支援のプロセスで進められる。支援体制としては2人1組を基本とし、支援が独断に陥らないように配慮がなされている。

1日平均の相談件数は2010年度が15.4件、2011年度が18.5件であり、延べ件数でみると、2010年度が1,327件、2011年度が2,997件であった。無料求人誌等への広報宣伝をしていないにもかかわらず、他の支援機関、知人などを介した来所者が増加しているという。全国的にも失業率の高い沖縄での就労・生活支援のニーズの大きさがうかがえる。

一方、就職率をみると、2010年度には18.1%、2011年度には21.4%であった。就職困難者、生活困窮者が支援対象であるにもかかわらず、少しずつでも就職率が上昇しているのは就職・生活支援の成果のあらわれといえよう。

沖縄のパーソナル・サポート・センターでは、予想以上に心に問題を抱えた相談者が多く、なおかつその内容も深刻であることから、今後の課題としてメンタルヘルス支援の充実をあげている。たとえば、パーソナル・サポート・センター中部では、人とのコミュニケーションが図れないなどの理由で働きたくても就職までたどりつけない就職困難者を対象に、メンタル面の支援も含めた就労準備訓練を6カ月12回コースで実施している[7]。料理教室、花植え作業、農作業といった就労前の心身のストレッチをつうじて、対面式の相談だけではみえなかった本人の強みなどもわかり、相談・支援業務に効果的に働いているという。

(3) 地域人材育成支援活動—東北労働金庫・山形県勤労者育成教育基金協会「ふるさと奨学ローン」

「ふるさと奨学ローン」制度の創設は、1991年に、連合山形総研の前身である(社)山形県経済社会研究所が、首都圏などの大学に進学したのち山形県に帰郷して就職する人材を積極的に優遇する制度をつくるべきと提言したのがきっかけであった。1992年に、連合山形は山形県労働金庫にたいして人材の地元定着を目的とする人材育成奨学制度の創設を要請し、山形県にた

いしてもその協力を要請した。連合山形、山形県労福協、山形県労働金庫の3者で構想をまとめたのち、1993年11月に財団法人山形県勤労者育成教育基金協会を発足させた。出捐団体には連合山形、山形県労福協、山形県労働金庫、全労済山形県本部をはじめ、山形県、市町村も加わった[8]。

こうした経過にたって山形県労働金庫は、地域社会への貢献として教育資金融資制度「ふるさと奨学ローン」を創設した。そのしくみは、高校、短大、大学、専門学校に入学または在学する学生の保護者にたいしてローンを提供し、卒業後、山形県内で就職した場合はそれ以降の利子のうち当初2.5％分を教育基金協会が負担するというものであった。山形県労働金庫が東北労働金庫へ統合されて以降も、この制度は継続されている。

制度設立から2013年度までの利用件数は9,823件、融資総額は222億円以上に達している[9]。ただし利用件数は年々減少している。設立当初、教育基金協会の利子補給利率は2.5％であったが、低金利時代となり1.0％となったことが原因のひとつと考えられる。低金利下での利子補給の意義をどう考えるかという課題は残るとはいえ、労働組合、労働者自主福祉事業団体、行政が連携して地域貢献のための奨学制度を設立し、20年間にわたり継続、運営していることの意義は大きい。

(4) NPOへの資金融資活動—京都労福協・近畿労働金庫「きょうと市民活動応援提携融資制度」

2001年、京都労福協、近畿労働金庫、きょうとNPOセンターの3者で「きょうとNPOフォーラム」を開催したのが契機で連携が深まり、「これからの労福協運動はもっと地域社会に目をむけ、自治体への政策・制度要請や社会福祉協議会、NPO・ボランティア団体と連携し、職域をこえた地域活動、市民活動に取り組む必要がある」という認識を共有化した[10]。

近畿労働金庫が2000年にNPO支援融資制度として設立した「NPO事業サポートローン」、京都労福協が社会貢献活動を目的に積み立てた4,000万円の「社会貢献基金」、くわえて、きょうとNPOセンターでは事業型NPOからの資金相談が相次いだことから、これらの資源を有効活用し、2006年

に「きょうと市民活動応援提携融資制度」を設立した。

この制度は、京都労福協の社会貢献基金の一部を近畿労働金庫にソーシャル・ファンド預金（債務保証資金）として預け入れ、京都府内のNPO、市民活動団体を対象に活動資金を融資したさいの担保としている。そしてNPOが融資を申し込む場合には、かならず、きょうとNPOセンターの「公益性審査委員会」が事前に公益性、社会性の審査をおこなう。近畿労働金庫のNPOへの融資件数は発足から2011年時点までで200件以上になったが、焦げつきは発生していない[11]。

それぞれの団体がもつ資源を地域に循環させながら、NPOや市民活動の育成に貢献するという先駆的な事例である。

(5) 事例の共通点

上述した4事例に共通する特徴をあげると、第一に、労働組合、労働者自主福祉事業団体のメンバーシップだけでなく、それ以外の地域住民、地域の団体にもサービスを提供しているという点である。利用対象という観点からも、共益を超えた公益目的に合致すると考えられる。

第二に、小規模ではあるが就業・雇用機会につながっているという点である。相談事業にしてもパーソナル・サポート・サービスにしても、就職までの時間が長くかかるケースが多いという問題は残っているが、相談者が就労までのステップを着実に進めるように対応している。教育資金融資制度は、結果的に地元での就職者の増加に寄与していることになるし、NPOへの資金融資も、その資金で雇用がうまれる、あるいは市民活動をつうじて就業・雇用機会につながる可能性がある。

第三に、地域において労働組合や他の労働者自主福祉事業団体と連携するだけではなく、自治体、NPO・市民活動団体、専門家などと幅広いネットワークを形成しているという点である。連携のあり方は地域の事情におうじて異なるが、もっとも多いのは、地方労福協が受け皿となり、県や市町村からの委託として事業を展開しているケースである。そのほか、基金の設立や利子補給というかたちで自治体と連携するケースもみられる。この点は「新

しい公共」の具体例としても注目される。

3. 公益をめぐる労働者自主福祉の課題

　労働者自主福祉が公益性を発揮した活動をするうえで、克服しなければならない課題は大きい。ここでは、法制度上の課題と運動上の課題に大別して検討する。

(1) 利用者の範囲
　労働者自主福祉事業団体がメンバーシップの共益の壁を超えて公益活動を展開するためには、「員外利用の制限」という生協法上の課題が残る。
　生協法第12条第3項では「組合は、組合員以外の者にその事業を利用させることができない」と規定したうえで、「ただし、次に掲げる場合に該当する場合は、この限りではない」として員外利用を認めている。自賠責共済、災害時の緊急物資提供、行政から委託をうけておこなう事業、医療・福祉事業、専売品等の提供、体育施設・教養文化施設の利用などがこれにあたり、これらは行政庁の許可が不要である。
　一方、行政庁の許可が必要となるのは、山間僻地・離島等での物資提供、保育園・老人ホーム等の物資提供、生協間の物資提供である。これらは同条第4項で定められており、利用分量総額の20%までという分量制限もある。
　労働金庫法においても会員の範囲が規定されている。第11条では、地区内に事務所がある ① 労働組合、② 生協、同連合会、③ 公務員の団体、共済組合、同連合会、健康保険組合、私立学校振興・共済事業団、④ 労働者のための福利共済活動、労働者の経済的地位の向上を目的とし、構成員の過半数が労働者である団体、同連合団体、⑤ 地区内に住んでいるか、地区内の事業所で働く労働者（個人会員）、とされており、定款で規定しなければならない。労働金庫は基本的に団体主義をとっているため、会員に規定されている団体に雇用されている労働者は間接構成員とよばれる。
　融資利用者は原則として会員、間接構成員とされている。労働金庫法施行

令第3条において員外融資先の制限が定められている。間接構成員の家族、地方公共団体、公益法人、社会福祉法人、NPO法人などは員外融資先として認められている。員外融資額についても融資総額の20%までという制限がある。

こうした制度的な制約によって地域からのニーズはあっても実行不可能となり、労働者自主福祉事業団体にとって公益事業への拡大が困難になっている。近年の改正によって、員外利用、員外融資の制限は一部緩和されつつあるが、地域社会や労働者、住民をとりまく実態にあわせた制度改革を検討する余地はまだまだあると考えられる。

(2) 地域におけるネットワーク形成

労働者自主福祉事業団体は約40年間かけて組織統合を続けている。1976年には、労済生協の中央組織である労済連が全国事業統合し、全労済と名称を変更した。1990年代末から2000年代前半にかけて、各都道府県にあった労働金庫が地域ブロックごとに統合・合併し、東北労金、中央労金、東海労金、北陸労金、近畿労金、中国労金、四国労金、九州労金が誕生した[12]。さらに、当初の計画からは延期になったが、日本労金への全国統合がめざされている。

このような組織の地域統合、全国統合には、経営基盤の安定・強化につながるという利点はあるが、一方でその弊害も看過できない。事業の画一化によって、地域ごとの活動の独自性がなくなるという問題が生じる。組織規模が大きくなると、地域の隅々まで行きとどいたサービスの提供が難しくなるのは必至であり、地域にねざした運動とはいいがたくなる。

こうした問題を補完する意味でも、労働組合、労働者自主福祉事業団体、他の協同組合、NPO・市民活動団体、行政、専門家など、地域の実情にあわせたネットワークづくりがますます重要になる。単独では実行不可能であっても、さまざまな団体と連携することによって実行可能となることもある。たとえば、自治体との連携により融資が可能になったという事例は多い。

ただし、ネットワークづくりにかんしても法制度が障害になる場合もある。生協法第5条では「組合は、都道府県の区域を越えて、これを設立することができない。ただし、職域による消費生活協同組合であってやむを得ない事情のあるもの及び消費生活協同組合連合会は、この限りでない」と区域規制をしているが、例外的に隣接する都府県まで区域を越えられる場合が認められるようになった。とはいえ、区域規制があることには違いがなく、しかもそれぞれの協同組合法ごとに監督省庁が異なるなかで、異業種協同組合との協同や協同組合とNPOとの連携が難しくなるという面もある。地域ネットワークにもとづく共助活動を進める取り組みが不可欠であり、またそのような活動を法的に保障する仕組みの確立も重要である。

おわりに―労働者自主福祉の発展にむけて

最後に、労働者自主福祉が今後さらなる公益活動を展開するために残された課題を考察したい。

ひとつは、個別の協同組合法の改正にくわえ、協同組合総体に法律的承認を与えるための「協同組合基本法(仮称)」の制定である。現行では、個別の協同組合法は監督省庁ごとに分断され、その定義も明確にされていない。公益を含めた協同組合の理念、役割、目的を明記した宣言法的な性格をもつ「基本法」の制定によって、よりいっそう協同組合がその役割を発揮することが期待できる。

もうひとつには、運動と事業の両面からの公益の追求である。労働者自主福祉事業団体の事業活動は市場的な営利企業との違いがなくなっていないかという懸念がある。すなわち、労働者自主福祉活動は本来、運動と事業の2面性によって促進されるものであるが、運動的側面が薄れ、事業的側面が重視されるようになったということである。労働者自主福祉事業団体は、事業の存続のために一定の収益を確保することも大切ではあるが、社会的に不利な立場にある人びととの連帯をいかに広げるかという社会運動的側面を重視しなければ、公益の担い手にはなりえないであろう。

さらにいえば、組織間連携を可能にする人材の育成である。公益の担い手となりうる人材として重要なのは、労働者自主福祉活動の明確な使命や社会的意義の認識をもちつづけられること、コーディネーターとしての機能を発揮できるということである。上述の地域ネットワークを形成するには、協同組合内部、協同組合間、あるいは地域のなかの労働組合やNPOなど、さまざまなレベルで人と人、人と組織、組織と組織をつなげていくという役割が必要である。こうした人材育成のしくみ自体も、組織間連携で実現されることが望ましいと考えられる。

(麻生　裕子)

注
1) 小松隆二「公益とは何か―公益と公共はどう違うか」間瀬啓允編『公益学を学ぶ人のために』世界思想社、2008年、16頁。
2) ILO協同組合の促進に関する勧告（第193号）の「Ⅰ適用範囲、定義及び目的」のなかで、いわば公益の内容を示した箇所がある。
　「4　発展の水準に関係なく、すべての国において、協同組合とその構成員が次のことを実現できるよう援助するために、協同組合の可能性を促進する措置をとるべきである。
(a)所得をもたらす活動及び持続的で相応な雇用を創出し並びに発展させること。
(b)人的資源の能力を開発すること、並びに教育及び訓練を通じての協同組合運動の価値、利益及び便益の知識を増進させること。
(c)企業家及び管理者たる資格を含め、事業の可能性を開発すること。
(d)競争力を強化し、かつ、市場及び制度金融へのアクセスを可能にすること。
(e)貯蓄及び投資を増加すること。
(f)すべての形態の差別待遇を除去する必要性を考慮して、社会的及び経済的福祉を向上すること。
(g)持続的かつ人的な開発に寄与すること。
(h)地域社会の社会的及び経済的ニーズにこたえる存続可能かつ活発であり、容易に認識される経済部門（協同組合を含む。）を確立及び拡大させること。」
3) 西村豁通編『労働者福祉論』有斐閣、1973年、35頁。
4) 高木郁朗「総論―連帯経済の主体としての協同組合」中央労福協・連合総研編『協同組合の新たな展開―連帯経済の担い手として―』2011年、14-18頁。
5) 鈴木雄一「日本と海外における労働者自主福祉の先駆的活動事例」高木郁朗編『共助と連帯―労働者自主福祉の課題と展望―』教育文化協会発行、第一書林発売、2010年、201頁。
6) 沖縄県労福協の事例全般については、濱里正志「パーソナル・サポート・サービス

の運営実状」『連合総研レポート DIO』No.267、2012 年 1 月号、10-12 頁、を参照。
7 ）　沖縄県労福協「ハローろうふく協 vol.14」2013 年 1 月号。
8 ）　東北労働金庫・山形県勤労者育成教育基金協会の事例全般については、高木郁朗「連合山形を中心とする労働運動・社会運動と地域とのかかわり」山形県経済社会研究所編『山形県の社会経済・2013 年　年報第 26 号』2013 年、127 頁、を参照。
9 ）　（公財）山形県勤労者育成教育基金協会「NEWS LETTER No.235」2014 年 2 月 12 日。
10）　京都労福協・近畿労働金庫の事例全般については、鈴木（2010）前掲、2010 年、220-223 頁、を参照。
11）　塩島栄美「近畿労働金庫―ソーシャルファイナンスへの展開」中央労福協・連合総研編『協同組合の新たな展開―連帯経済の担い手として―』2011 年、99 頁。
12）　現在でも単金として残っているのは、北海道、新潟県、長野県、静岡県、沖縄県の 5 労働金庫である。

参考文献
大内力・平和経済計画会議編『地域生活圏と協同組合運動―労働者自主福祉運動の現状と課題』御茶の水書房、1987 年。
大沢真理編著『社会的経済が拓く未来―危機の時代に「包摂する社会」を求めて』ミネルヴァ書房、2011 年。
小松隆二『公益学のすすめ』慶應義塾大学出版会、2000 年。
高木郁朗『労働者福祉論―社会政策の原理と現代的課題―』教育文化協会発行、第一書林発売、2005 年。
高木郁朗編『共助と連帯―労働者自主福祉の課題と展望―』教育文化協会発行、第一書林発売、2010 年。
中央労福協・連合総研編『協同組合の新たな展開―連帯経済の担い手として―』2011 年。
間瀬啓允編『公益学を学ぶ人のために』世界思想社、2008 年。
連合総研『共助・協同・協働が拓く福祉社会―「労働者自主福祉」の新たな挑戦』2006 年。

> column

国際労働財団の公益事業

勝尾　文三

　国際労働財団（JILAF）は、1989年5月、連合によって設立された公益法人である。連合結成に向けた議論の中で、日本の労働組合も先進国にふさわしい国際協力をすべきである。同時に、開発途上国の脆弱な労働組合を支援し、自由にして民主的な労働運動と経済社会の健全な発展に寄与し、組合リーダーが社会的影響力を発揮することにより、日本との相互理解の促進、相互の国益にもつながるとの認識にたち当財団は設立された。

　招聘事業は、開発途上国を中心に若手の労働組合指導者を年間約120名招聘（2週間）し、日本の社会・労働事情や労使関係についてセミナーを実施している。また、連合の平和運動についても理解を深めるため、被爆地である広島や長崎の視察も行っている。これまでに127ヵ国・3地域から2,656人（2013年3月末現在）が参加した。これまでの参加者の中から、労働組合のトップリーダーはもとより、大統領、大臣、国会議員として多数が活躍している。

　現地支援事業は、アジアの国々を対象に当該国のニーズに合わせながら、日本の労働事情等に関するセミナーを開催し、これまでに89,040人（2,894回）が参加した。また、労働法や公的サポートが受けられないインフォーマルセクターの人々を支援するため、政労使が協力して縫製や溶接等の職業訓練や生活支援セミナーを開催し、社会的セーフティネットの構築をめざしている。

　児童労働撲滅のため、インド、ネパールで現地の労働組合と協働して非正規学校を運営し、公立学校に通えない子供たちに基礎教育を実施している。

　このほか、当財団の紹介や労使紛争未然防止のための情報提供を行う広報活動や、国際労働運動で活躍できる人材育成事業も行っている。（JILAFホームページ：http://www.jilaf.or.jp/）

　このように、当財団の事業は、開発途上国の建設的な労使関係の構築と産業の発展に貢献し、その結果、雇用の安定と公正・公平な社会の実現のための国際的な枠組みの構築に寄与するものである。

（公益財団法人国際労働財団　副事務長）

第6章

静かに一大転換期を迎えた労働組合
―職場から地域・社会へ、労使関係から地域・社会関係へ―

はじめに―転換しだした労働者・労働組合

　労働組合は、その活動・運動の視界や広がり、また要求・改善すべき課題・テーマを土として職場、労働市場、家庭にわたる労働力再生産過程に求めてきた。その視界や広がりの中で、日本の場合、第二次世界大戦後の労働運動は、主に企業を足場に展開されてきた。企業が足場ということであれば、労働者・労働運動の関心・要求は、賃金、労働時間など企業レベルの労使で交渉・合意・協約化できる経済的・産業的諸問題が中心にならざるをえなかった。

　そのことは、基本的にはかつても、また現在も変わらない。労働者としての労働・生活は主として労働力再生産過程の広がりで、また実際の雇用や労働は企業・職場の中で展開されるからである。

　そのようなあり方を推し進め、定着させたのは、第二次世界大戦後に出発・確立する春闘（春期闘争）であった。その後、経済・社会状況が変化しても、労働運動、そして労使関係においては基本的にはなお春闘体制が維持されている。その土台として、企業別の労働組合（運動）と労使関係が労働組合運動の基軸になっている状況も変わらない。

　ただ、その流れ・状況の中でも、労働者・労働組合は、活動の広がりや内容を少しずつ変化させてきた。特に近年は、従来のあり方を超えてより広くより高い視野と関心で、生活・まちづくりなどの活動に参加、従事する労働者が増えてきた。実際に、労働者は、従来の労働力再生産過程を視野におく

労働者的・労働組合的認識・活動に加えて、市民としても地域や社会の諸問題をも生活の維持・改善に関わるものと受け止め、新しい動きを示しだしたのである。

長い間、家庭は労働者にとって労働力再生産の一過程としての生活の場であった。引き続き職場や労働市場に戻るために労働力を回復するための生活の場であった。単純に職場・労働市場と切り離された過程・場という認識ではなかった。

ところが、家庭という場は、労働者のみか、すべての市民が関わり、共有する場である。生起する問題やテーマも労働者に固有のものばかりではない。時代の変化と共に、自然、環境、景観、教育、文化、芸術、それらを包摂するまちづくりなどへの関心・取り組みも展開、追求される場である。すべての市民・国民が共有する場であれば、ニーズをかき立てるテーマ・課題・目標も、労働者のみかすべての市民・国民が関わるものが多い。

労働者も、そこでは労働者としての生活水準の維持・改善と共に、さらにより良い暮らしを求めて市民・人間としての視点・関心・課題にも興味を示し出す。それだけ労働者のニーズや生活目標が、従来の労働組合・労働運動では視野に入らなかった方向や高さにまでレベル・アップしつつあるということである。

日本でも、特に阪神・淡路大震災と東日本大震災後の推移は、労働者・労働組合が被災地・被災民の支援に関わる活動・運動において新しい動き・あり方に挑戦している姿を浮き彫りにしてくれた。大震災後、多くの労働者・労働組合が被災地・被災民の支援にいろいろの形で参加・関わりをもった。被災地で救援・支援活動に参加する例、被災地・被災民の状況を調査・発信する例、寄付集めを行い集まった資金・物品を被災地に届ける例、あるいは各地域で東北から避難した被災民との交流・支援をすすめる例等、多様な参加や活動、また支援や貢献を行った。

そのような動きは、2つの大震災による被災に対する支援などの活動が初めてではなく、実は大震災以前から少しずつみられだしていた。大震災後の動きは、そのような先行する実態をも明らかにしてくれたのである。戦後の

展開、特に 1960 年代、さらに 1970 年代以後の展開の中で、多くの労働組合が組織率、活動力、社会的影響力などの低下に見舞われた。その代わり、労働者が個々には地域活動など新しい時代に応える活動・あり方に着目、参加、挑戦をしだしていた。そのような状況が 2 つの大震災後明らかにされたのである。

　留意すべきは、そのような職場や労使関係を超える労働者・労働組合の動きが、新しい動向としてただ現象的に受け止められるだけでは片付かない段階に至ったということである。その動きは、「労働組合とはなにか」「労働運動とは何か」を問い直し、新しい時代・社会にあった労働組合の本質・目標・機能を再検討する必要も訴えていたのである。それだけに、派手に目立つような動きとしてではなく静かに進行してきたのに、実は極めて重要な動きであったのである。

　実際に、かなり以前から労働者、さらには労働組合も、個々には生活の向上・レベルアップのために職場を中心に労働力再生産過程における労働諸条件を維持・改善する運動に加えて、労働者福祉や労働者協同組合にも、また地域や社会にも目を向け、多様な活動に挑戦しだしていた。それほど労働組合とその運動を取り巻く環境の厳しさ、実際に労働組合に対する特に若者や女性の関心の低下、それにともなう組合員数や組織率の減少など組合離れは、深刻であったのである。

　それに対して、労働組合もただ手を拱いているだけではなく、多くの調査・研究、提言、挑戦、試行を繰り返していた。それが決定的な打開策・解決策を提起したり、大きな流れになったりするところまではいかなかったが、労働者のみか、次第に労働組合まで変わろうとしている印象も与え始めていた。しかも、それが、長く続いた春闘体制の枠を超えたり、労働組合の役割や機能に修正、転換を加えたりする動き・必要にもつながりかねない状況になっていたのである。

1. 2つの大震災に続く労働者の関心・活動と労働組合の変化

　今から60年ほど前の戦後すぐの時期（1955年）に出発した春闘に典型的にみられるように、戦後、日本の労働運動にあっては、第一線の活動・運動は主に企業・職場とそこでの労使関係を軸に、それだけに経済的問題を中心に追求されてきた。

　もちろん、日本の労働運動が政治的・法制的・全国的運動を放棄した訳ではない。春闘と共に、政治的・法制的・全国的課題・要求は主に労働組合の全国連合レベルで、また経済的・労使関係的要求・運動は主に個別組合レベルで、という役割分担なり両輪なりの形で、労働運動が展開されるようになってきた。

　戦後になってから、労働組合の組織形態としては、戦前にはまだ少数派であった企業別組合が主流に変わるので、春闘でも実際の運動・闘争は企業ごとの労使関係中心に進められてきた。企業別組合が、産業レベルでは連携しつつも、企業・職場で賃金、労働時間・休日など経済的・産業的問題をめぐって労使交渉を行い、協定・協約を結ぶというものであった。個別組合レベルでも社会的・政治的問題、また全国的・法制的問題も主張・要求として掲げられはするが、次第にスローガン程度の扱いにすぎなくなっていく。ただ、企業や職場を超える地域やそこでの生活、環境、景観、教育、文化、芸術、まちづくりなどの問題は、組合員個人の趣味・関心として組合外で取り組まれはしたが、労働組合とその運動からは視野や関心の外におかれ続けた。

　それを受けて、労働者は、職場を離れた地域・まちにおける関心・ニーズに関しては労働組合に依存することなく、生活する地域・まちで個々に、あるいは市民団体と共に取り組むのが常であった。

　このように、春闘の出発とその体制の定着と共に、長い間、労働組合は、企業別を中心とする個別組合と全国的視野に立つ全国連合レベルの分業・連携で表面上ことさら大きな問題もなく推移し、活動・運動を展開する。また

地域活動・まちづくり活動は、市民団体・公益団体に任せたままで特に問題はなかった。しかし、水面下では少しずつ問題が発生・拡大し、変化も進行していた。若者や女性の労働組合離れ、労働組合の組織率の低下や社会的地位・役割の低減などの動きがそれであった。

それらがうごめき、進行しだしたのは、労働者の生活のあり方・水準、また関心の変化・多様化を反映するものであった。社会保障・社会福祉など経済的問題に加えて、長い間労働組合が取り組むことのなかった環境、景観、教育、文化、芸術、まちづくりなども、より良い暮らしにとっては大切な課題・ニーズと労働者が受け止めだしていたのである。

ところが、そのような状況が背後や水面下でうごめくだけではなく、大きく表面化する状況が発生、拡大しだした。阪神・淡路大震災、続く東日本大震災の発生とそれに続く状況の展開であった。世紀の転換を前後して勃発した2つの大震災を機に明らかになった動きというのは、職場や労働市場を超える問題や活動、また労働諸条件など経済的問題を超える課題や活動にも、労働者が関心を向け、実際に活動に参加しだしたこと、またそれを労働組合も徐々に支援するようになったことである。

その後も、相変わらず労働運動の軸は表面的には春闘であり、企業・職場・産業、そして労働力再生産過程を広がりとするものであるが、それを超えようとする動きが労働者の間に、さらには遅れてではあるが、労働組合にも確実に広がってきた。

そのように労働者、さらには労働組合が労働力再生産過程を主たる視界・広がりとするあり方を超えて、地域や社会で展開される問題にも目を向ける動きは、一時的で、一過性のものとはいえない。労働組合とその運動が再生する大きな鍵・踏み台にもなる夢や希望につながる動きとも受け止められる。その点で予想以上に重要な動きとして注目されてよい展開である。ただ現状では、その動きはそれほど派手に目立たず、生まれてまもない春の爽やかな若葉や若芽に例えられる程度のまだ静かな活動、それだけ既存の労働組合のあり方・運動と目立って対立することもない活動にとどまっている。

それは、地域や社会に目を向ける新しい関心や活動が、それまで労働組合

で主流となってきた既存の活動・運動・方法を批判し、対決的に打ち出される形をとらないできたからでもある。また職場を超えて地域や社会に目を向ける関心・活動は、既存のリーダーや執行部からみても、危険な動きとして否定すべきものではなかったからでもある。そして、何よりもより良くより高い労働者の生活を実現するには不可欠な視点・課題だからでもある。

　たしかに、職場・産業を超えて地域や社会に目を向ける関心・活動は、労働運動としてはまだ大きな流れ・勢いには成長してはいない。労働運動の中央や主流からも、拒否・排除はされないが、強い理解や支持が寄せられている例ばかりでもない。既存の企業別の労使交渉、協定・協約化というあり方にはなじまない目標・課題・方法であるからである。

　しかし、その挑戦や活動は、今や労働組合リーダーたちも曖昧にせず注視・注目しなくてはならないほどになっている。さらには、労働組合とその運動の再生の鍵を握っている動き、あるいは新しい可能性を内包した動きといえるほどの受けとめ方も必要になっている。

　研究の領域・視点からみても、近年の労働組合をめぐる変化の動きは、シドニー・ウエッブ夫妻らの労働組合認識に始まる歴史的な流れで考えても、転換点になりうる注目してよい動きである。職場や労働市場など労使関係を超え、また従来の労働組合の目標や活動を超える社会・地域とそこでのニーズや諸課題に対する取り組み、また労働組合も労働者も無関心ではいられない公益や公共をめぐる活動は、今後労働者を含むすべての市民のより良い生活には欠かせないものである。

　かくして、労働者が、それらを追求する活動や方法に対して家庭や地域という職場を離れた生活の場において自主的に関与・従事しだしたことは、無視できない動きになっているのである。

2. 労働組合運動の広がりと機能の変化

　労働組合の理解や定義といえば、歴史的にはシドニー・ウエッブ夫妻が著名である。多くの国々の労働運動や労働組合法における組合の定義・あり方

に影響力をもってきたのは同夫妻の労働組合に関する理解・認識であった。

　ウエッブ夫妻が、合著『労働組合運動の歴史』(History of Trade Unionism) において労働組合を簡潔に定義したのは1894年であった。そこでは「労働組合とは、労働者の雇用条件を維持・改善する恒常的団体」と規定されていた。職場・労働市場とそこでの労働諸条件が主たる視野・対象に置かれた理解である。労働条件に関して、その劣悪さが批判を受けるのは、まず職場においてである。子どもや女性まで長時間労働、低劣な賃金、劣悪な職場環境の下に置かれた労働諸条件がまず労働組合・労働運動の活動の対象になったわけである。労働者や支援者の批判や改善要求もまずそのような職場の劣悪な労働諸条件に対して向けられる。それを受け止めたウエッブ夫妻が労働組合の課題としてまず雇用・労働諸条件の維持・改善に目を向けたのは、当然でもあった。

　しかるに、そのおよそ25年後、第一次世界大戦直後の1920年に、ウエッブ夫妻は労働組合とその運動の理解・定義を次のように改めた。

　　「労働組合とは、賃金労働者がその労働生活の諸条件を維持・改善するために組織する恒常的な団体である。」

　労働組合の目的・関心事が「雇用（雇用条件）」から広く「生活（労働生活の諸条件）」に変わったのである。その変更は、労働者が職場や労働市場の労働諸条件のみでなく、労働力再生産過程全体にも目を向けだし、特に職場と労働市場を離れた家庭における生活のあり方にも関心をもちだしたことを反映するものであった。また労働諸条件にも生活視点から自立した姿勢で立ち向かうようになることを反映するものであった。このような展開は、労働者が自覚し、自立していく流れ、また労働組合運動の歴史の基本的な流れでもあったのである。

　19世紀末には、ドイツで年金を除く疾病保険などの社会保険が導入されるし、イギリス、ニュージーランド等でも社会保険や高齢者サービスが導入されだす。労働者の関心も、労働運動の目標も、職場とそこでの労働諸条件のみではなく、労働者の団結権など労働基本権とそれが行使される労働市場、さらには労働力再生産の場である家庭における生活のあり方・水準の維

持・改善にも関心が向けられるようになっていた。ただ当初は家庭の局面における労働者の関心は、労働力再生産という流れ・広がり・つながりでの生活認識であった。労働者を超える市民・国民としてより良い暮しを広く追求する視点には届いてはいなかったのである。

　それでも、労働者・労働組合は、生活諸条件については労働者・労働力が再生産される職場－労働市場－家庭の３つの過程全体がバランスをとり、かつより高いレベルで維持・改善されることを目標とするようになった。労働組合・労働運動も、ある過程・局面が大きく改善されても、他の過程・局面が遅れているようでは、労働者生活全体のより良い改善・向上・安定は実現できないと受け止めるようになったのである。

　いったん、そのように生活の局面とそこでの質の向上に関心を示しだした労働者の目標・視野は、どんどん広がっていく。ほどなく経済的な社会保障・社会福祉に加えて、自然、環境・景観、教育、文化、芸術、まちづくりなどにも関心や目標を広げ出す。そのような労働者生活の向上やそれに伴う労働者の関心の拡大を受け止めた認識や対応が、近年特に注目を集める労働者・労働組合の新しい動きである。

　実際に、労働者生活の維持・改善には、職場の労働諸条件や労働市場の諸権利のみでなく、それらを超える社会保険、社会保障、さらには地域における自然、環境、教育、文化、芸術なども大切な課題になってきた。

　時の経過と共に、労働力再生産の流れの中でも、とりわけ職場と労働市場を離れる家庭の過程・局面が多様・多彩な意味を持って受け止められるようになる。職場から賃金さえ持って帰れば、家庭における暮らしが充足・満足できるという認識ではなくなっていく。経済・モノの充足に加えて、より良いまち・住宅街、その周辺のより良い環境・景観、街路樹や花で満ち溢れる通りや公園、優れた文化・芸術サービスなども、より良い労働者生活には欠かせないものに位置づけられるようになる。

　長い間、そのようなまちづくり、環境・景観保護、文化・芸術サービスなどは、労動者・労働運動の目標でも、関心事でもなかった。ところが、今や労働者の生活は、職場や労使関係のみで、また経済的・産業的な条件の整備

のみで満たされるものではなくなってきた。賃金や労働時間など経済的条件の改善に加えて、環境や景観、教育・文化・芸術サービスなども、より良い生活の実現にとって不可欠な条件になってきた。しかも、それらは、労働者のみかすべての市民・国民も関心をもつものである。

　そのような変化に、労働組合・労働運動はすぐには着いていけないし、対応もできないでいた。労働者の関心や目標の変化にもかかわらず、労働組合は産業を視界に職場・企業レベルで経済的条件の維持・改善に主たる関心・活動を示し続けた。そのずれ・乖離を埋めるように、労働者は個々に地域とそこにおける問題に少しずつ関心を示しだした。環境保護運動、文化・芸術サービスの拡充、福祉施設や被災地・被災者等へのボランティア活動などに、労働者が参加・従事しだしたのである。

　特に阪神・淡路大震災、続く東日本大震災では、労働者が個人としてだけではなく、労働組合としても被災民・被災地に対し、救援・支援活動を展開する例が目だった。職場・労使関係を超える視野や活動を次第に労働組合とそのリーダーたちも無視できなくなってきた。ストライキなどの労使をめぐる争議・闘争が減少して、どの労働組合も闘争資金などでは十分に余裕を持っていたので、その面からも既存の労働組合運動を超えて地域や組合外の人たちと共に活動する労働者・組合員の動きを支援することが可能であったのである。

3. 労働組合と社会的役割

(1) 第二次世界大戦前の労働組合は社会的・公益的役割が大

　労働組合は、どの国でも初期ほど社会的役割を強く担っていた。労働者は、資本主義初期には日本でも農民と共に主に下層階級を構成していたが、量的には労働者・農民が国民の主力を占めていた。しかも経済的にのみか、基本的人権など権利面や社会的地位でも差別を受け、底辺層を構成していた。それだけに、労働組合運動は、組合員である労働者の労働諸条件と生活諸条件の維持・改善を目ざす活動であったが、同時に国民全体の権利や地位

の向上にもつながる活動となっていた。

　労働組合は、もっぱら労働者・労働組合員のために運動する点で、純粋な公益団体ではないが、営利団体でもない。ただ、労働組合運動は、その社会性から労働者を超えて活動・運動を展開し、全国民にも及ぶ成果・効果を上げる側面を持っていた。実際に、戦前を通じて労働者のための労働運動が国民全体、特に下層の国民の地位や人権の向上にも寄与し、公益性・社会性で高い役割を演じたといってよい。

　例えば、低劣な生活水準、また基本的人権の軽視、選挙・集会・出版・デモンストレーションなどへの制限・抑制は、すべての国民に関わるものであり、労働運動がその面で成果を上げれば、労働者以外の国民にも、その成果は及ぶことになった。具体的に、国民全体に関わる普通選挙権、思想・信条・出版・集会などの自由の要求・運動にしても、労働運動が担うことによって支柱ができ、可能性・実現性が高まってくるのであった。

　日本でも、国民の生活水準が低く、基本的人権も保障されていなかった明治・大正・戦前昭和期には、差別意識が広く残り、弾圧も厳しかったので、そのような国民の地位・権利の改善・向上を要求し、実現することは容易なことではなかった。その種の要求・運動を担えた主力は、一部のインテリゲンチャを除けば労働組合とその組合員であった。労働組合が弾圧にもめげず、労働諸条件の維持・改善や労働者・人間としての権利の要求を行ったことは、国民全体の地位の向上につながり、高く評価されてよいものであった。それだけ、当時は労働組合・労働運動の社会的役割や貢献も大きかったといえるのである。

　にもかかわらず、日本では、第二次世界大戦前には労働組合法は成立することがなかった。争議権はもちろん認められることはなかったが、団結権と団体交渉権も、実質的には穏健派には部分的に容認されたものの、正式に法認されることはなかった。また女性を含む普遍的な普通選挙法の成立も実現できなかった。

　従って、戦前は主流を占めた産業別組合、職業別組合、合同労組などの横断組合はもちろん、1921年前後以降、機械・造船工業などであいついで成

立する企業別組合にしても、穏健な運動方針を持つもの以外は企業・経営陣からは団結権・団体交渉を権利としては認められず、普通には団体交渉にも応じてもらえなかった。

そのため、企業別組合でさえも、企業に閉じこもっているわけにはいかず、企業をこえる社会性の強い、あるいは戦闘的な運動を展開する例も珍しくなかった。実際に、戦闘的な企業別組合の事例も少なからず明らかになっている（小松隆二『企業別組合の生成』お茶の水書房、1971年）。また特定企業で争議が発生すれば、企業内の問題だからと支援・介入を控えるのではなく、方々の労働組合・労働者が応援に駆けつけるのも常であった。

それほどに、戦前には労働組合は、企業や産業、また労働領域を超えて社会にも目を向けたり、社会や国民に貢献したりすることが珍しくなかったのである。

(2) 第二次世界大戦後の転換—春闘の出発以後は経済的・産業的要求・活動中心に

第二次世界大戦後、団結権・団体交渉権・争議権を認め、労働組合を法認する労働組合法がようやく成立する。新憲法の下、主権在民が確認され、基本的人権も保障された。

戦後まもない1955年に、労使関係・労働運動の領域では春闘が始まり、産業を視界・広がりに主に企業ごとの団体交渉による賃金や労働諸条件の維持・改善が労働運動の主要な課題になった。戦後しばらくは社会的・政治的要求も掲げられたが、春闘の進展と共に個別組合は、社会的・政治的要求は主として全国的連合に委ね、賃金等経済的条件で企業ごとの労使が合意に達すれば、その年の春闘は終わるあり方を受け入れていく。

春闘は、時代とともに一層経済的要求を柱にする路線・性格を強めていく。企業レベルの団体交渉において賃金などで合意が得られれば、決着するあり方が当たり前になる。企業別労組を軸にした運動では、縦割りに閉ざされた企業の中での活動だけに、企業ごとに決着できる賃金など経済的要求が中心にならざるをえない。産業全体・日本全体の広がりや課題よりも、縦割

りに、ただし春闘という巨大な連携・連帯の力を背景に主に賃金などの経済的条件をめぐって企業ごとの運動・交渉で春闘はすすめられ、決着するのである。

　もちろん、春闘でも社会的要求や政治的要求も掲げられ続けるが、それらは企業レベルでは実質的に背後に退き、スローガン的な位置にとどまるのが一般的であった。

　このように、春闘が労働運動の主流になってからは、労働組合・労働運動の社会的・国民的役割は減少する。選挙など政治への影響力も歳月の経過と共に低下する。社会・地域とのつながりも弱いままである。賃金中心の経済闘争、それも企業ごとの経済闘争中心に運動は落ち着いていく。

　その間、春闘の成果、そして日本経済の発展もあって、たしかに労働者の労働・経済条件は改善もされた。それが明快になっていくと、労働者の関心は、賃金などの経済条件のより高い改善・向上には天井・限界を感じ出した職場・企業を超えて、地域や社会に向かいだした。地域における自然・環境・景観の保護、より良い暮らしを実現するまちづくり、高いレベルの教育・文化・芸術サービス、被災地等へのボランティアとしての参加・支援活動などに関心を拡げ出した。いずれも、既存の労働組合・労働運動が視野の外に置いてきたのに、労働者にはより良い暮らしの実現には不可欠の条件・課題と受けとめられるようになるテーマであった。

　ところが、労働組合・労働運動は、なおしばらくはそのような職場や労働市場を超える労働者の関心・ニーズには対応することができなかった。地域やまち、自然や環境、文化や芸術に関する関心や活動は、重要な課題・テーマとは認めつつも、労働運動の目標、課題、方法とは異質なものという認識を超えられなかった。それに対して、そのように既成の労働組合・労働運動の認識・枠を超えられない労働組合やそのリーダーでは、若者中心に労働者からみれば興味・魅力の乏しいものとして受け止められるようになっていく。

　しかるに、阪神・淡路大震災を契機とするボランティア熱の高まり、それを受け止めたNPO法（特定非営利活動促進法）の成立、さらに新世紀の到来後動き出す公益法人改革の流れのなかで、ようやく労働組合も、労働者・

市民の関心事である地域貢献・社会貢献を含む地域・まちづくり活動に少しずつ注意を向け、関わりを持ち出した。労働組合が従来の活動範囲である職場・労使関係を超え出したのである。地域・まちや社会に関心を示すことなしには、現状を超える労働者のより良い暮らしの実現ができないこと、またそれなしには若い労働者や女性を労働組合にひきつけることがむずかしいことに漸く気づきだしたのである。

その動きは、労働組合運動・リーダーに対しても、また労働組合研究者に対しても、大きな転換を要請するものであった。長い間受け入れられてきた労働組合の理解・認識を、労働組合関係者が超えることになる動きである。それは、ウエッブ夫妻以来の職場・労使関係における「労働諸条件の維持・改善」も、また職場・労使関係、そして家庭という労働力再生産過程全体にわたる「労働者の生活諸条件の維持・改善」をも超える広がり・課題への関心・対応を容認する方向に向かうものであった。

かくして、労働者の生活水準や生活のあり方が向上すると共に、20世紀から21世紀へと転換する時期には、労働者生活は、目標、関心、視野に関して、目立たない形で、しかし大きく拡大・転換しようとしていた。単に賃金、労働時間などの経済的・産業的問題だけではなく、あるいは職場・労働市場などの労使関係に関わる問題だけではなく、労働者・国民のより良い暮らしには、社会保障・社会福祉の問題などの維持・改善、さらにまちづくりなど地域の問題も重要で不可欠なものとして受け止められるようになったのである。

今や、第二次世界大戦前とは違う形ではあるが、労働者、続いて労働組合も、少しずつ職場や労働市場に加え、それらを超える社会的役割、そして地域的役割にも関心を示し、目を向けだした。労働組合とその運動に新しい社会的・地域的役割が見え出し、認識されだしたのである。そして、そのような動向・状況が、地域・まちづくりに関心のある労働者のみか、主要な労働組合にも、同時に研究者にもようやく受け止められようとしているのである。

4. 労働者の生活および意識の変化と労働組合

　以上のように、労働者・労働組合の意識や運動の主要な関心事が職場、労働市場、さらにそれらとつながる家庭へと拡がると共に、労働者・労働組合の意識や関心が変わり出す。家庭の局面には、労働者のみか、すべての市民・国民も同居・共生するので、労働者は労働者以外の市民とも否応なく関わり・つながりを持ちはじめる。労働者からみれば、職場や労働市場とつながる範囲の生活認識とはいえ、生活の場は労働者以外の市民も共有する場である。労働者の意識・位置・関心を超える必要も当然出てくることになる。

　いうまでもなく、職場や労働市場とそこでの問題には、経営者と共に労働者がもっぱら関わる。また家庭における問題にしても、当初は労働者が主として関わる問題に限って労働者・労働組合の関心事となった。社会保険でさえも、当初は労働者のみを対象とする労働者保険から始まったことは周知の事実である。しばらくは、労働者も労働組合も、すべての市民が関わる家庭の局面においても、労働者以外の市民のことは特に視野や意識におかない生活認識や運動認識を続けたのである。

　このように、資本主義・労働運動の初期、そしてそれからしばらくも、労働者・労働組合の最大の関心事は、労働力・労働者の再生産過程全体（職場－労働市場－家庭）を主に経済面から順当に維持・改善することであった。そこでは、主に経済的側面から賃金、労働時間などの労働諸条件や生活の諸条件を維持・改善することが関心事であった。労働者以外の市民のことは視野に入れなくてもことさら問題が起きることはなかった。その点では、経営者と共有できるものをもっていた。

　ところが、近年、家庭の局面においては、労働者にとっても労使関係や労働力再生産の課題や役割を超える問題が大きな関心事になってきた。まずは社会保険・社会保障、あるいは社会福祉、やがて地域・まち、自然、環境、景観、教育、文化、芸術などの問題も、労働者のより良い暮らしには不可欠という認識が拡大してきた。いずれも従来の視点や路線にたつ労働組合・労

使関係では、扱うことも、解決することもできなかった問題である。なんとなれば、それらは、労働者のみが関わる問題でも、また職場や労働市場のように経営者を除けば労働者のみが位置する場・過程で生起する問題でもなかったからである。

その上、阪神・淡路大震災、さらに東日本大震災に際しては、労働者も自然発生的にボランティアとして、一市民として支援に立ち上がった。その動きに、労働組合も協力・支援に動かざるを得なくなった。労働組合としては、新しい対応・活動を少しずつ受け入れ、経験することになったのである。

労働組合のリーダーも、従来の認識や理解に立つ労働運動・労使関係では、新しい状況や時代に的確には着いていけないこと、また組合員をも引きつけえないことを知り、学ぶことになった。

しかし、そうはいっても、労働組合が、職場や労働諸条件を超える地域やまちにおける諸問題を受け止めることは容易なことではなかった。既存の労使関係や労働運動の中に位置付けることも、団体交渉や労働協約に乗せることも、簡単ではなかったからである。にもかかわらず、明らかに労働者・労働組合をめぐる状況は変わりだした。それをまず労働者が家庭・地域において個々に受け止め、関わりだし、さらに遅れてではあるが、労働組合も無視できなくなってきたのである。

より良い暮らしを実現するまちづくりでは、たしかに賃金など職場から得られる収入、それを基に得られる家族の拠りどころとなる住宅など経済的条件が基本・土台となる。しかし、次第にそれら経済的条件を超えて、地域やまちづくりにおける諸課題へと関心・ニーズが市民にも、労働者の間にも高まっていく。それらには労働者も、市民として大きな関心を寄せていく。しかも、より良い暮らしを目ざすまちづくりは、市民、そして労働者の要望・ニーズにあわせて時と共に拡大・高度化していく。そして、職場や労働組合をどんどん超えていくのである。

ところが、それらの関心・課題は、労働組合とその運動の視野にはすぐには入ってこない。しかし、労働者は、市民として労働組合を超えてまちづくりなど地域・まちの活動・課題に関心を示し、取り組み出した。労働組合を

超えだしたのである。そうなると、労働者の高まるニーズを労働組合とその運動が地域やまちの問題だからとほおったままでよいのかという問題が出てきた。

　かくするうちに、労働者は、職場・労働市場など主に労働力の再生産過程に関わる経済的問題にしか応えてくれない労働組合・労働運動に、期待するものを減少させていた。労働組合が変わらないと、そのうち労働者は労働組合に愛想尽かしもしかねなくなってきた。何とならば、賃金や労働時間などの職場や労働市場の問題は、労働運動・春闘の努力・成果もあってすでにある程度維持・改善されていたので、労働組合ももうそれほど力を入れる余地がなくなっていたからである。

　今や、そう考える労働者が増え、職場を中心にした運動よりも、それを超えて地域・まちの問題・活動にまで強い関心を示す労働者が少なくない時代に入ってきた。その動きを知れば、労働組合とそのリーダーたちも、旧来の労働組合認識・運動認識のままでは労働者を労働組合に引き留めるのが難しくなっていることに気づかざるをえない。阪神・淡路大震災、さらに東日本大震災とそれに続く労働者の対応・動きは、労働組合にそのような課題を突きつけるに至ったのである。

5. 労働組合がNPO法人・公益法人を活用する時代
　　―労働者と市民の連携の時代

　労働組合・労働運動のあり方が時代と共に変化をしいられるのは、どの国でもみられる動きである。近年の動向では、労働者の生活の向上、それに伴う関心や目標の変化が背景において関わっている。とりわけ労働力再生産の過程・場である家庭（生活）のあり方に変化がみられることが大きく関わっている。

　労働者にとっては、長い間、家庭は労働者が職場で消費した労働力の再生産・回復の場であった。極端な場合は、長時間労働が厳しく、レジャー・休養などのゆとりにはそれほど時間が割かれず、睡眠と食事のために帰るだけ

の場でしかない時代もあった。職場や労使関係から自立した場である家庭が、初期ほど職場と労使関係、特にそこでの劣悪な労働条件・環境にしばられていたのである。

　労働運動が発展すると共に、職場における労働諸条件、さらに労働市場における諸権利が次第に改善される。さらに家庭においても、国の政策である社会福祉、社会保険、さらにはそれらが総合化される社会保障が登場、整備される。特に職場と労働市場には一般市民は関わらず、労働者が主に関わる場であるのに対し、家庭という場は労働者のみか、すべての国民・市民が等しく関わる。すべての国民・市民が共有する場である。それだけに社会福祉も社会保険も当初は労働者中心であったが、次第にすべての国民・市民にサービスの対象・適用が拡大される。それらが統合・総合される社会保障体制の段階では、すべての国民・市民が国の生活保障・サービスの適用の対象となる。

　そのように、労働者は、すべての国民・市民と共有する局面・場である家庭において、労働者のみか、すべての国民・市民の生活条件の維持・改善、同時に労働者以外の市民との関係・つながりを視野に入れる。労働者と市民の間に協働・共創の理念も生まれ、まちづくりなどには労働者のみとか、インテリゲンチャのみとかということではなく、すべての市民が共に関わり、担いあう環境・条件が整ってくる。まちづくり団体、NPO法人などが労働者を含めて市民によって組織される。そこには労働組合の力はまだそれほど及んでいない。にもかかわらず、労働者の中には、職場と労働市場で展開される労働組合活動には充足感を得られず、関心も示さないが、家庭のある地域の課題、例えば環境保護やまちづくりなどの組織・運動には関心を示し、市民としての夢・活動を託すものが増えてくる。

　この流れは、労働組合に若者や女性が関心を示さなくなる動き、労働組合の組織率が低下する動きに対応するものであった。それを認識しだした労働組合は、職場・労働市場を超えて、また労働力の再生産過程の局面を超えて、地域・まちにおけるより良い暮らしを目ざす諸活動に参加する労働者を支援する動きを示しはじめる。さらには労働組合として地域活動に参加する

例も出てくる。

　これらの動向を理解すれば、現在労働組合・労働運動が大きな試練の下にあること、変化・転換を進めざるを得ない状況下にあることを教えられる。かつてウエッブ夫妻がまず労働組合を「雇用条件を維持・改善するための組織」と位置づけたのであったが、時代の変化とともに「賃金労働者がその労働生活の諸条件を維持・改善するための組織」と理解・定義を改めたことは前述した。

　さらに、現在、労働組合は、同じ生活諸条件を維持・改善するにも、ウエッブ時代を超えて、職場や労働市場など労使関係を通してのみでなく、それを超えて、すべての国民・市民と協働・共創して生活諸条件の維持・改善に努める必要も認めざるを得なくなっている。職場や労使関係から得られる経済・モノ中心の労働者的なニーズから、それを超える環境、景観、文化、芸術、まちづくりなど人間・市民としての多様なニーズに関心も要求も拡大しだしたのである。労働力再生産を順当にすすめるためにも、またより良い生活を実現するためにも、自分たち労働者だけの課題や目的を掲げたり、また労働者だけの組織・運動として動いたりするのではなく、すべての国民・市民との協働・共創も視野に入れ、実践にまで進む時代に入る必要が出てきたということである。

　かくして、労働組合は、主に職場や労使関係からより良い経済的条件を引き出す旧来の運動のあり方を超えなければならなくなっている。労働者が住民・市民として取り組む地域・まちづくり活動や文化的・芸術的充足などに対しても、最低限労働組合は支援・共創などの姿勢を示さざるをえなくなっている。実際に、労働組合が自らそのような事業・運動に取り組んだり、あるいは労働組合の実働部隊・別働隊としてNPO法人や公益法人を組織したりする必要も出ている。まだ少数であるとはいえ、公益法人と同様に労働組合が別働隊として公益法人やNPO法人を設立する例も散見されるようになっている。

　そのような新たな動き・流れを、労働者も労働組合も受け止め、運動に活かすことによってしか、労働組合の再生は実現できないであろう。労働組合

が実働部隊として地域活動等に従事する NPO 法人や一般社団・財団法人を活用したり、またそれらを実際にいくつか結成したりしたら、若者や女性の労働組合を見る目も大きく変わるのではないか。いずれにしろ、労働者と市民、また労働組合と公益法人など市民団体・地域団体が手を結ぶ時代を迎えている。労働組合は、そのように時代や社会の動きに合わせて変わらなくてはならないのである。

（小松　隆二）

参考文献

ビアトリス & シドニー・ウエッブ（飯田鼎・高橋洸訳）『労働組合運動の歴史』日本労働協会、1973 年。
小松隆二『現代社会政策論』論創社、1993 年。
公益研究センター編『東日本大震災後の公益法人・NPO・公益学』文眞堂、2013 年。

資料

公益研究センター　活動報告

(1) 設立：2013年3月27日（土）（早稲田大学）
　　　公益叢書及び学会の今後を検討する会
(2) 公益叢書の刊行：第一輯『東日本大震災後の公益法人・NPO・公益学』
　　　2013年7月25日付けで、文眞堂より刊行
(3) 研究会
　　第1回　2013年7月27日（土）（早稲田大学）
　　　・佐竹正幸氏「公益法人制度改革について」（第一輯　第1章）
　　　・後藤嘉代氏「東日本大震災と労働組合の社会的役割」（第一輯　第7章）
　　第2回　2013年10月26日（土）（成城大学）
　　　・上野伸子氏「風評被害と規制科学」（第二輯に執筆）
　　　・山路憲夫氏「東日本大震災被災地支援と地域包括ケア」（第一輯　第5章）
　　第3回　2014年3月29日（土）（成城大学）
　　　・麻生裕子氏「公益の担い手としての労働者自主福祉」（第二輯に執筆）
　　　・世良耕一氏「コーズ・リレーテッド・マーケティングを通した企業と公益のありかた」（第一輯　第3章）
(4) 公益叢書第一輯の紹介・書評
　　① 紹介：全国公益法人協会『公益一般法人』853号（2013年9月15日）
　　② 紹介：公益法人協会『公益法人』2013年11月号
　　③ 書評：坪郷實氏「先端的な論点を提示」『週刊読書人』（2014年2月21日付け）
　　④ 紹介：白梅学園『地域と教育』27号（2014年3月号）

資料

公益叢書発刊の辞

（第一輯）

　阪神・淡路大震災および東日本大震災という2つの大震災を機に、公益および公益学は、その目的や理念、活動のあり方や方法、さらにその研究をめぐって再検証・再検討の必要に迫られている。

　資本主義社会にあっては、私益と公益、市場原理と公益原理の調和が不可欠である。競争原理を基本とする市場原理と私益のみでは、経済活動も市民生活も真の豊かさも、安定・安全・安心も得られない。社会の相互扶助・連帯・調和も容易には進まない。

　それほどに、全ての人が、経済活動のみか、公益活動にも意識はしなくても日頃から関わっている。豊かで調和のとれた社会ほど、公益の理念と活動が行きわたり、公益を主たる目的にする公益法人、NPO（法人）、ボランティアなど公益の諸団体も社会的に大きな役割を演じている。いわば「公益の日常化」「公益法人（NPOなども含む）の市民化」が進んでいるといえよう。

　東日本大震災の勃発は、改めて公益をめぐる日本的状況を浮き彫りにすることになった。甚大な被災・被害や混乱・混迷に直面するときこそ、公益の発露・実行が期待され、その実情が浮き彫りにされるからである。そこでは、市民の間には公益への関心が意外に強い状況、にもかかわらず、それが十分に活用されていない状況、さらに公益を本務とする公益の諸団体も、被災地や被災民に継続的に深く関わるには財政や人材面で力不足である状況が改めて確認された。また、公益を主たる研究対象とする団体の動きも鈍かった。公益研究を本格的にすすめるには、研究者の新しいつながりや新しい場の必要も認識させられた。

　それらを受けとめ、私どもは公益に関する新しい研究集団をつくること、それも形式だけを整えた旧来の学会方式ではなく、目的を共有し、それに向

けて日頃から研究を深めあうことを共通の認識とする研究集団をつくることを考えた。その議論のなかで、形式的な大会の開催などよりも、実際に研究の深化・水準の向上を図れる日頃の研究会活動を重視する研究集団の出発を確認しあったのである。

　その目標への第一歩として、まず研究センターを設立し、公益叢書を定期的に発行することにした。その第一冊目が本書である。この方式と研究センターで公益研究を深めあい、しかる後に新しい理念と目的をもつ学会を発足させることを予定している。

　このような対応・あり方こそ、公益をめぐる現在の状況に応えるものであり、また真に「公益の日常化」「公益法人の市民化」、そして「公益研究の本格化・高度化」をすすめるものと確信する。

　2013年3月27日

　　　　　　　　　　　　公益（公益法人・NPO・公益学）研究センター

あとがき：公益研究センターから現代公益学会へ

　巻頭に掲げたとおり、公益叢書第二輯は現代公益学会から刊行する。学会の設立趣旨は、第一輯の刊行主体であった公益研究センターのそれと何ら異なるわけではない。すでにセンター発足当初から、遠からず学会へ移行することは予定されてもいた。学会を名乗る方が、より広く、より多くの参加者を募るのに適しているのではないかとの判断に基づく。とはいえ、第一輯の準備段階では、原稿の取りまとめに手一杯で間に合わず、さしあたりセンターとせざるを得なかったというのが実情であった。

　同時に、現代公益学会の出発に際して強調しておきたいのは、通常の学会のあり方を踏襲しないとの合意がなされていることである。すなわち、通常の学会では、ともすれば大会の開催や学会誌の発行が最優先されがちになる。しかし、当学会は、むしろ公益叢書の刊行を活動の主軸とし、これに直接関わる研究会活動を重視して、必ずしも大会の開催に拘らない。すでに公益研究センターとしての短い活動期間にも、少人数ながら充実した研究会を開催してきたが（本書216頁参照）、今後は、よりいっそう研究会の拡充を図る。また、後進の育成に努めることはいうまでもなく、そのためのセミナーなども工夫していきたい。こうした学会を通じた公益研究の発展が、公益学の構築を促進するとともに、公益の実践活動に資するよう目指すことこそ、学会創設の原点である。

　ただし、現時点でのセンターから学会への移行について、慎重な意見が出た事実からもうかがえるように、準備万端整っての発足には程遠い。会則も不備なため、いわば走りながら、必要な修正を加えていかざるをえない。さらに、近い将来、学会を一般社団法人として登録することも具体的に計画中であり、そのための条件整備も求められる。

公益叢書の読者の皆様方には、この間の経緯についてのご理解をいただき、現代公益学会にご参加くださいますよう、改めてお願い申し上げたい。

大森　真紀（早稲田大学教授）

＊　　　＊　　　＊

現代公益学会　創立総会および第1回研究会

日時：2014年7月12日（土）　　場所：成城大学
　　14時～15時30分　創立総会
　　16時～17時　第1回 研究会
　　　　報告者：雨宮　孝子氏（内閣府公益認定等委員会 委員長代理）
　　　　　「公益法人制度改革の現状と課題」

執筆者紹介
(執筆順)

小松　隆二（こまつ・りゅうじ）　第Ⅰ部第1章、第Ⅱ部第6章
　現在：白梅学園理事長・慶應義塾大学名誉教授。慶應義塾大学経済学部卒、経済学博士。主著『企業別組合の生成』お茶の水書房、『理想郷の子供たち—ニュージーランドの児童福祉』論創社、『大正自由人物語』岩波書店、『ニュージーランド社会誌』『公益とは何か』論創社、『公益学のすすめ』慶大出版会、その他。

山路　憲夫（やまじ・のりお）　第Ⅰ部第2章
　現在：白梅学園大学子ども学部教授。1970年慶大経済学部卒、毎日新聞社社会部記者、論説委員（社会保障・労働担当）を経て、2003年より現職。東京都福祉サービス運営適正化委員会委員、東村山市介護保険運営協議会会長、NPO福祉フォーラムジャパン副会長など兼務。著書に『国民は在宅医療に何を求めているか』（「明日の在宅医療第一巻」所収、2008年、中央法規）、『医療保険がつぶれる』（2000年、法研）など。

北沢　栄（きたざわ・さかえ）　第Ⅰ部第3章
　現在：フリージャーナリスト。慶應義塾大学経済学部卒。共同通信経済部記者・ニューヨーク特派員、東北公益文科大学大学院特任教授等を歴任。公益法人問題などで参議院厚生労働委員会、同決算委員会、同予算委員会、衆議院内閣委員会で意見陳述。2010年12月「厚生労働省独立行政法人・公益法人等整理合理化委員会」座長として報告書を取りまとめた。主な著訳書に中小企業小説『町工場からの宣戦布告』（産学社）、『公益法人　隠された官の聖域』（岩波新書）、『官僚社会主義　日本を食い物にする自己増殖システム』（朝日選書）、『亡国予算　闇に消えた「特別会計」』（実業之日本社）、『リンカーンの三分間—ゲティスバーグ演説の謎』（ゲリー・ウィルズ著・訳、共同通信社）など。

上野　伸子（うえの・のぶこ）　第Ⅰ部第4章
　現在：東京大学大学院総合文化研究科学術研究員、千葉工業大学非常勤講師（リスクコミュニケーション担当）。東京大学大学院総合文化研究科広域科学専攻広域システム科学系博士課程修了、学術博士。財団法人未来工学研究所のシンクタンク業務に26年間携わったのち、退職（主任研究員）。主な論文に「食に関する論争のフレーミングと公衆の判断プロセスに関する研究」（博士学位論文、2012年）、「風評被害のメカニズム〜不測の事態にどう対応するか」『宣伝会議』713号、2007年、「食品の風評被害と軽減対策」『技術と経済』457号、2005年、（共著論文）「科学論争におけるステークホルダーのフレーミング分析：魚食に関する米国の論文誌上の論争を事例として」『科学技術社会論研究』9号、2011年、など。

新垣　千鶴子（あらがき・ちづこ）　第Ⅰ部第5章
　現在：育英義塾教員養成所非常勤講師。NPO法人日本共創カウンセリング協会理事。兵庫教育大学大学院連合学校教育学研究科修了。学校教育学博士。専門は道徳教育。沖縄県公立小学校教諭、教育委員会指導主事、教育研究所主任指導主事、小学校校長を歴任。琉球大学非常勤講師を20年間兼任。J・ライマー他著・荒木紀幸監訳『道徳性を発達させる授業のコツ　ピアジェとコールバーグの到達点』を共訳。

鈴木　不二一（すずき・ふじかず）　第Ⅱ部第1章
　現在：NPO法人働く文化ネット理事。東京都立大学人文学部卒。1974年情報労連調査部入局。連合総合生活開発研究所研究員、副所長を経て現職。専門は産業社会学、労働組合研究。主な論文に、「コーポレート・ガバナンスと労働組合」、稲上毅・連合総研編著『現代日本のコーポレート・ガバナンス』東洋経済新報社、2000年、所収。「企業の社会的責任と社会保障」、宮島洋・西村周三・京極高宣編『社会保障と経済　第1巻企業と労働』東京大学出版会、2009年、所収。

篠田　徹（しのだ・とおる）　第Ⅱ部第2章
　現在：早稲田大学社会科学部教授。早稲田大学政治学研究科博士後期課程中退、北九州大学法学部専任講師を経て、1997年より現職。主著『世紀末の労働運動』岩波書店など。

村上　陽子（むらかみ・ようこ）　第Ⅱ部第3章
　現在：連合（日本労働組合総連合会）非正規労働センター総合局長。早稲田大学教育学部卒業。（株）保健同人社にて雑誌編集に携わったのち、1994年連合本部事務局に入局。2013年10月より現職。主な論文に「雇用問題に対する連合の取り組みと今後の課題」『季刊労働法』226号、2009年、「労働組合の視点から」（水町勇一郎・連合総研編『労働法改革—参加による公正・効率社会の実現—』日本経済出版社、2010年）など。

東海林　智（とうかいりん・さとし）　第Ⅱ部第4章
　現在：毎日新聞社会部記者（厚生労働省担当）。法政大学法学部卒。1988年、毎日新聞に入社。社会部、サンデー毎日編集部、横浜支局デスクなどを経て現職。労働行政、労働問題、労働組合などを貧困問題と共に長く取材。著書『貧困の現場』（毎日新聞社、2008年）で日本労働ペンクラブ賞、一連の新聞報道で貧困ジャーナリズム賞などを受賞。

麻生　裕子（あそう・ゆうこ）　第Ⅱ部第5章
　現在：連合総合生活開発研究所主任研究員。埼玉大学大学院経済科学研究科修士課程修了。連合本部事務局を経て、2009年より現職。専門は社会政策。主な業績に『共助と連帯―労働者自主福祉の課題と展望―』（共著、教育文化協会発行・第一書林発売、2010年）、『図表でみる世界の社会問題　OECD社会政策指標―貧困・不平等・社会的排除の国際比較』（共訳、OECD編著、明石書店、2006年）など。

コラム　執筆者

「公益を支える会計と監査」（中村元彦：公認会計士）
「アジア化するニュージーランド」（山岡道男：早稲田大学大学院教授）
「古典芸能の補助金」
　　　　　　（後藤裕子：公益社団法人当道音楽会小勾当　生田流箏曲野川流三絃教授）
「篠笛ノススメ」（鈴木祐二：三菱UFJ信託銀行顧問・前副社長）
「ニュージーランドと公益」（和田明子：東北公益文科大学教授）
「公共サービス労働組合にとっての公益性」（徳茂万知子：元自治労副委員長）
「国際労働財団の公益事業」（勝尾文三：公益財団法人国際労働財団　副事務長）

公益叢書

第二輯

東日本大震災後の公益学と労働組合

2014年9月30日　第1版第1刷発行　　　　　　　　　検印省略

　　編　者　　現　代　公　益　学　会

　　発行者　　前　野　　　弘

　　　　　　　東京都新宿区早稲田鶴巻町533
　　発行所　　株式会社　文　眞　堂
　　　　　　　電話 03（3202）8480
　　　　　　　FAX 03（3203）2638
　　　　　　　http://www.bunshin-do.co.jp
　　　　　　　郵便番号(162-0041)振替00120-2-96437

印刷・モリモト印刷　製本・イマキ製本所
© 2014
定価はカバー裏に表示してあります
ISBN978-4-8309-4831-2　C3036